DPRK의 경제건설과 경제관리체제의 진화 (1949~2019)

DPRK의 경제건설과 경제관리체제의 진화 (1949~2019)

초판 1쇄 발행 2019년 11월 8일
초판 2쇄 발행 2020년 10월 15일

지은이 │ 박후건
펴낸이 │ 윤관백
펴낸곳 │ 돌선 선인

등 록 │ 제5-77호(1998.11.4)
주 소 │ 서울시 마포구 마포대로 4다길 4(마포동 32+1) 곳마루 B/D 1층
전 화 │ 02)718-6252 / 6257
팩 스 │ 02)718-6253
E-mail │ sunin72@chol.com

정가 18,000원
ISBN 979-11-6068-309-7 93320

DPRK의 경제건설과 경제관리체제의 진화

(1949~2019)

| 박후건 지음 |

도서출판 선인

개발경제학(Development Economics)에서 경제성장에 관한 가장 영향력 있는 이론은 솔로우 모형(Solow Model)이다. 이 모형에 따르면, 어느 한 나라의 경제성장은 노동투입 증가율과 자본투입 성장률 그리고 기술진보(technological progress)의 결과이고 장기적으로는 기술진보에 의존한다. 솔로우 모형의 핵심은 바로 이 기술진보에 있는데, 장기적으로 노동과 자본은 수확체감의 법칙(The Law of Diminishing Return)에 적용을 받아 지속적인 노동과 자본 투입으로 생산성은 높아지지 않고 오히려 떨어뜨리는 결과를 초래한다. 오로지 기술진보만이 노동생산성을 증가시키고 수확체감의 내재적 경향을 극복하기 때문에 기술진보가 (장기적인 관점에서) 어느 한 나라의 경제성장과 발전의 핵심이 된다는 것이다.

이 모형의 창시자인 로버트 솔로우(Robert Solow)는 기술진보가 외생적(exogenous)으로 주어지기 때문에 여기에 대한 정부 역할이 없으며 자유방임적 시장에 의해서만 기술진보가 이루어지고 촉진되며, 자유시장을 갖고 있는 모든 나라로 퍼져 궁극적으로 이들 나라의 경제성장은 같은 수준으로 수렴(converge)된다고 보았다. 이러한 솔로우 모형에 대해 폴 로머

(Paul Romer)는 기술진보가 외생적으로 주어지지 않고 내생적(endogenous)으로 즉, 기업들의 연구개발(Research and Development, 이하 R&D)에 대한 자구적인 노력, 여기에 정부의 R&D 지원 정책, 또는 국가적으로 과학과 공학의 육성정책 등에 의해서 결정된다고 보았다. 다시 말하여, 경제성장은 모든 나라에서 같은 수준으로 수렴되지 않고 각 나라에서의 기술진보에 대한 자구적인 노력의 여하에 따라 경제성장의 수준은 달라진다는 것이다.

조선민주주의인민공화국[1]의 역대 최고지도자들과 현 최고지도자는 과학기술의 진보를 경제재건과 건설의 핵심 축으로 보고 이를 국정의 가장 중요한 과제 중 하나로 제시하여 왔다.[2] 조선에서 과학기술의 진보가 현실에서

---

[1] 이 책에서는 북(North Korea)을 통상적으로 지칭하는 북한대신 북의 공식 명칭인 '조선민주주의인민공화국'(Democratic People's Republic of Korea, DPRK) 또는 줄여서 '조선'을 사용하였다. 북한(北韓)이란 대한민국의 북쪽 영토라는 개념이 담겨 있는 명칭이로써 북을 국가로서 인정하지 않는 의미도 포함되어 있다. 평화공존 그리고 나아가 평화통일이 단지 염원을 떠나 남과 북 모두에게 지상과제가 된 지 오래이지만 아직도 북을 북한으로 호칭하는 것은 시대착오적이며 반(反)평화적이라 아니할 수 없다. 북에서도 남을 남의 공식 명칭인 대한민국, 혹은 한국으로 부르지 않고 남조선이라고 하는데 이것 역시 같은 맥락에서 지양되어야 한다.

[2] 김일성은 1986년 1월 1일 신년사에서 다음과 같이 말했다.
"기술혁명을 하지 않고서는 당면한 경제건설을 성과적으로 추진할수 없을뿐아니라 최신과학기술에 기초하여 빨리 발전하는 세계경제발전추세를 딸라갈수없으며 나아가서 사회주의, 공산주의를 성과적으로 건설할수 없습니다. 오늘 우리 나라에서 경제발전의 기본고리는 기술혁명입니다. 기술혁명을 힘있게 다그치는 여기에 나라의 경제발전과 민족적번영의 확고한 담보가 있습니다. 전당, 전국, 전민이 떨쳐나서 기술혁명을 힘있게 벌려 나라의 기술발전에서 새로운 전환을 가져와야 하겠습니다. 현시기 기술혁명의 중요한 임무는 인민경제의 주체화, 현대화, 과학화를 실현하는데서 나서는 과학기술적문제들을 원만히 푸는것입니다. 우리는 기술혁명을 힘있게 다그쳐, 원료, 연료, 동력자원의 개발과 리용 분야의 기술을 혁신하며 기계공업과 전자공업, 자동화공업을 빨리 발전시키고 그에 기초하여 인민경제의 기술장비를 현대화하고 생산과 경영활동을 새로운 과학적토대위에 올려세워야 하겠습니다. (김일성, '신년사', 『로동신문』 1986년 1월 2일자).
김정일은 2003년 10월 15일 당 중앙위원회 책임일군들과 한 담화에서 다음과 같이 말했다.

나타났고 이를 통해 경제재건과 건설에서 성과가 있었다면 조선의 경제건설의 경험은 로머(Romer)의 내생적 성장이론(Endogenous Growth Theory)의 한 사례라고 볼 수 있다.

그러나 로머의 내생적 성장이론은 기본적으로 자본주의경제체제를 갖고 있는 국가들을 대상으로 하기 때문에 사회주의경제체제를 갖고 있는 조선의 경제건설 경험을 로머의 내생적 성장이론만으로 설명하기 어렵다. 이 책3)은 조선민주주의인민공화국에서 나온 문헌들과 자료들을 중심으로 내생적 성장이론만으로 설명할 없는 조선민주주의인민공화국의 독특한 경제

"우리 당은 시대와 혁명의 요구로부터 과학기술중시로선을 사회주의강성대국건설의 전략적로선으로 제시하였으며 사상중시, 총대중시와 함께 과학기술중시를 강성대국건설의 3대기둥의 하나로 내세우고있습니다…(중략)…우리 당은 이미 오래전부터 세계적으로 발전된 과학기술을 적극 받아들일데 대하여 강조하였으며 이것이 결코 주체적립장에 어긋나지 않는다는것을 명백히 밝히였습니다. 그러나 아직도 이에 대하여 확고한 인식을 가지지 못하는 경향들이 있습니다…(중략)…우리에게 요구되는 선진과학기술이라면 어느 나라의 것이든 적극적으로 받아들이여 우리의 것으로 만들어야 합니다. (김정일, "당의 과학기술중시로선을 철저히 관철할데 대하여: 조선로동당 중앙위원회 책임일군들과 한 담화," (주체92(2003)년 10월 15일), 『김정일선집 22(증보판)』 24~25쪽).
김정은 2019년 1월 1일 신년사에서 다음과 같이 말했다.
"인재와 과학기술은 사회주의건설에서 대비약을 일으키기 위한 우리의 주되는 전략적자원이고 무기입니다. 국가적으로 인재육성과 과학기술발전사업을 목적지향성있게 추진하며 그에 대한 투자를 늘여야 합니다. 세계적인 교육발전추세와 교육학적 요구에 맞게 교수내용과 방법을 혁신하여 사회경제발전을 떠메고나갈 인재들을 질적으로 키워내야 합니다. 새 기술개발목표를 높이 세우고 실용적이며 경제적의의가 큰 핵심기술연구에 력량을 집중하여 경제장성의 견인력을 확보하여야 하며 과학연구기관과 기업체들이 긴밀히 협력하여 생산과 기술발전을 추동하고 지적창조력을 증대시킬수 있도록 제도적조치를 강구하여야 합니다." (김정은, '신년사',『로동신문』 2019년 1월 2일자.

3) 이 책은 '북한연구학회보'와 '현대북한연구'를 통해 발표된 필자의 논문들("북한은 고난의 행군을 극복하였는가?: 북한자력갱생노선의 시련과 도전 그리고 재정립,"『북한연구학회보』제22권 제1호 227~254쪽 과 "북한 사회주의경제체제의 진화과정에 대한 고찰: 중앙집권적 계획경제에서 사회주의기업책임관리제까지,"『현대북한연구』 2018년 제21권2호, 94~127쪽)을 대폭 보완, 수정한 것임을 밝혀둔다.

건설의 경험에 대한 연구서이다.

조선의 문헌들과 자료들을 과연 믿을 수 있을까? 하는 의문이 나올 수 있는데, 이것은 70년간의 분단 속에서 반목과 불신이 제도화되고 문화화되어버린 현실을 고려하면 오히려 자연스럽고 당연한 것인지도 모른다. 그러나 조선의 최고지도자들의 언행은 조선왕조실록과 같이 '김일성전집', '김정일전집', 등에 세세히 기록되어 있고 이들의 주관한 회의나 대회 그리고 현지지도와 같은 공식행보는 '로동신문'과 '조선중앙년감'에 거의 빠짐없이 기사(記事)화되어 있다. 이런 기사들은 '위대한 수령', '친애하는 령도자' 등의 온갖 수식어로 미화되어 있으나 최고지도자들이 방문한 장소와 그곳에서 한 교시(敎示) 그리고 회의에서 한 발언과 담화 등은 그대로 기록되어 있다.

이것들을 알려진 객관적인 사실들과 비교하며 시대별로 추적, 연구한다면[4] '김일성전집'과 같은 정성적(qualitative)한 자료만 갖고도 조선의 객관적인 현실의 윤곽 정도는 파악될 수 있다. 여기에 조선이 WFP(World Food Program) 또는 FAO(Food and Agriculture Organization) 등지에 흘려보내는 자신들의 통계자료 그리고 "국가예산수입은 전년도에 비해 몇% 장성하였다"와 같이 대략적이기는 하지만 국가예산수입과 지출 그리고 인민

---

[4] 가령 1990년대 초반 조선이 '고난의 행군'이라는 사상 초유의 경제난을 겪은 것은 외부에도 잘 알려진 사실이다. 일반적으로 조선은 '고난의 행군'과 같은 자신들에게 불리한 사실들을 될 수 있으면 숨긴다고 알려져 있는데 그렇지 않다. '고난의 행군'의 실상은 조선의 문헌들에 적나라하다고 말하기는 어렵지만 곳곳에 나와 있다. 실례로 김정일은 '고난의 행군'의 어려운 시기를 회고하면 다음과 같이 말했다.
"고난의 행군, 강행군시기는 우리 혁명의 가장 어려운 시기였습니다…(중략)…제국주의자들의 끈질긴 정치군사적압력과 경제적봉쇄, 세계사회주의시장의 붕괴, 거기에 몇해째 계속된 자연재해로 하여 식량난, 원료난, 동력난이 닥쳐 대용식품으로 끼니를 에우는 사람들이 많아졌으며 공장들은 멎고 경제발전에서 불균형이 생겨나게 되었습니다." (김정일, "강계정신은 고난의 행군시기에 창조된 사회주의수호정신, 불굴의 투쟁정신이다: 조선로동당 중앙위원회 책임일군들과 한 담화 (주체97(2008)년 1월 30일)," 『김정일선집 23(증보판)』 (평양: 조선로동당출판사, 2014), 305~306쪽).

경제비와 같은 항목들이 '조선중앙년감'을 통해 발표된다. 이들은 마치 퍼즐의 조각과 같이 곳곳에 흩어져 있다. 하나의 완성된 그림이 이러한 퍼즐 조각들을 하나하나씩 맞추어 나오듯이 맞추기 노력 여하에 따라 조선 경제 건설에 대한 실체의 윤곽(contour)뿐 아니라 그 세부적인 구성(configuration)도 파악될 수 있다.

　이 책은 이러한 노력의 산물이다. 그러나 필자의 능력이 부족한 까닭에 이 책이 완성되기까지 많은 시간이 걸렸다. 2012년부터 본격적으로 시작하였으니, 어느덧 7년이라는 세월이 흘렀다. 솔직하게 말하지만 100권이나 되는 '김일성전집'과 같은 조선 문헌들을 수차례씩 읽고 객관적으로 알려져 있는 자료들과 비교, 분석하여 전체적인 맥락을 잡고 세부적인 실체를 파악하는 것은 고고학에서 여기저기 흩어져 있고 일부만 존재하는 유물들을 찾아 맞추고 거기에 시대적 상황 등을 연구, 고려하여 그 전체적인 모습과 구체적인 특징을 가늠하는 것처럼 쉽지 않은 작업이었다.

　최고지도자들의 독특한 성향도 연구하는데 차별적인 노력을 요하는 것이었다. 김일성과 김정일 모두 말할 때 주제와 내용을 명확히 하는 특징을 가졌지만 김정일은 요점만을 간단히 정리하듯이 말하는 반면, 김일성은 교시와 연설 등의 주제에 대한 요점뿐 아니라 부연 설명도 매우 상세히 한다. 현지지도나 회의 또는 대회에서 한 그의 한 마디는 책의 다섯 페이지 분량을 넘어 갈 정도로 길다. 이러한 김일성의 글과 말은 당시 상황에 대해서 많은 정보를 주지만 한편으로는 한 주제만이 아니라 그 주제와 연결되는 거의 모든 것을 지적하고 설명해 주기 때문에 이것을 찬찬이 읽고 제대로 해석하기까지는 많은 시간이 필요하다. 이와 같이 조선 문헌들을 접하고 연구하는 것은 늘 필자의 인내심을 시험하였고, (연구를 지속하기 위해서) 필자의 인내의 한계선은 늘 확장되지 않으면 안 되었는데, 이것을 실천에 옮기는 것은 참으로 어려운 일이다!

한국에서는 조선에 대한 연구를 아직 제대로 하기 어렵다고 생각한다. 조선에 대한 연구가 필자의 경험과 같이 어렵고 힘들어서가 아니라 '김일성전집'과 같은 조선 문헌들이 일반인들에게는 공개되지 않고, 연구자들도 문헌들을 소장한 도서관을 이용하기 위해서는 당국의 허락을 받아야 하는 등 제약이 많기 때문이다. 경남대학교 교수로서 한국에서 조선 문헌들을 가장 많이 소장하고 있는 경남대학교 극동문제연구소 소재 도서관의 특수자료실을 그 누구보다도 쉽게 이용할 수 있는 것은 필자에게 큰 행운이다.

이러한 도서관과 필자와 같이 조선을 연구하는 이들에게 최상의 연구환경을 제공해 주시고 늘 힘찬 격려와 따뜻한 배려를 아끼지 않는 박재규 경남대학교 총장께 고개 숙여 감사드린다. 필자는 선인출판사를 통해 이미 네권의 책을 출간하였다. 출판 환경이 어려운 가운데도 필자의 졸작을 이번에도 기꺼이 내어 준 선인출판사에 윤관백 대표에게도 심심한 사의를 표한다.

오랜 연구 기간 동안 필자가 이 책의 주제와 내용에 대해서 가장 많은 대화를 나눈 사람은 필자의 아내 김지혜이다. 물론 서로 말을 주고받는 쌍방향 대화보다는 필자가 연구하면서 이해하지 못하는 부분들, 연구하는 데 어려움과 여기에 대한 불만 (물론 때로는 필자가 오랜 연구 끝에 깨달음에 대한 기쁨을 이야기한 적도 있지만) 등을 일방적으로 아내에게 말하는 것이었지만, 그때마다 아내는 늘 진지한 모습으로 들어주었다. 그것은 이 긴 연구가 도중에 포기되지 않고 결실을 맺게 해 주었던 자양분이었다. 이 책이 조선의 경제를 연구하는 이들에게 밑거름으로 쓰이게 된다면 필자에게 그보다 더 큰 보람은 없겠지만, 이제 이 책에 대한 평가와 그 쓰임은 오롯이 독자들의 몫이다.

2019년 11월 어느 가을 삼청동 연구실에서

박 후 건

·

시작하면서

생산재와 토지의 사적 소유를 허용하지 않고 경제를 국가의 지도와 통제 아래서 사회주의체제로 운영하는 나라는 전 세계에서 조선뿐이다.[1] 대부분 사람들에게 조선의 경제는 "왜 그런 사회주의경제가 아직도 존재하는지? 또 얼마나 많은 사람들이 그런 말도 안 되는 경제체제에서 굶어죽고 고통을 받는지?" 등을 묻게 되는 일반 상식에 벗어난 웃음거리(joke)일 뿐이다. 조선을 연구하는 연구자들에게도 조선의 경제는 잘못된 체제에서 잘못된 사람들이 잘못 시작하여 나온 '사생아'(a bastard)이기 때문에 근본적으로 잘못 진행될 수밖에 없는 '바스켓 케이스'(a basket case)이며 그래서 결국은 망할 수밖에 없는, 또는 망해야 되는 것으로 인식되었다.

[1] 쿠바도 생산제의 대부분을 국가가 소유하고 있어서 사회주의경제체제라고 할 수 있다. 그러나 쿠바는 2011년부터 경제에서 국가가 차지하는 몫을 줄이며 자영업(self-employment)을 대폭적으로 늘리고 일부 부동산의 경우 사적소유(private ownership)와 개인농사를 짓는 사람들(private farmers)이 자신들의 농산물을 호텔 등지에 판매를 허용하는 등 경제체제개혁을 더디지만 진행 중에 있다. 따라서 쿠바를 생산재와 부동산의 사적소유를 허용하지 않고 있는 조선의 사회주의체제와 동일시하고 같은 범주(category)에 넣기는 어렵다.

조선경제에 대한 이런 인식은 베를린 장벽이 무너진 이후 소련이 해체되고 동구권 사회주의 경제권이 붕괴되면서 더욱 강화되었을 뿐 아니라 대부분의 연구자들은 이제 조선도 소련과 동구 사회주의 국가들과 같은 운명을 맞는 것이 단지 시간문제일 뿐이라고 조선의 몰락과 붕괴를 기정사실화하였다. 조선의 동향을 예의주시하던 미국 정보기관도 조선도 루마니아와 같이 몇 해 안에 내부적으로 붕괴될 것이라고 보았으며 그러한 인식을 배경으로 미국은 1994년 제네바 합의를 성사시키고도 그 이행에는 미온적이었다.[2] 즉 기다리면 조선은 어차피 붕괴될 것이기 때문에 조선으로부터 플루토늄을 생산할 수 있는 흑연감속로와 관련 설비의 동결한 대가로 미국이 조선과 국교를 정상화하고 정전협정을 평화협정으로 바꾸는 등의 약속을 계속 미루어 왔던 것이었다.

한국에서도 조선붕괴론은 1994년 김일성 사망 이후 주기적으로 제기되었으며, 이와 같은 조선붕괴론은 조선연구의 중요한 부분을 차지하고 있다. 조선이 붕괴될 수밖에 없는 가장 중요한 이유는 역시 경제이다. 위키리크스(WikiLeaks)를 통해 누출된 미국정보국의 기밀보고서에 의하면 2010년 2월 당시 천영우 외교부 2차장이 캐슬린 스티븐스(Catherine Stevens) 주한 미국대사에게 "조선은 이미 경제적으로 붕괴하고 있고 김정일 위원장이 사망하면 2~3년 안에 정치적으로 붕괴할 것"이라고 말한 것[3]으로 알려져 있다.

2019년 현재 조선은 김정일 위원장이 사망한 지 이미 9년째가 되고

---

[2] 박후건, "헬싱키 최종협약서와 한반도 적용의 문제: 인권존중 개념을 중심으로", 『역사비평』 통권 90호/2010년 봄, 497쪽.

[3] "The DPRK, Chun said, had already collapsed economically and would collapse politically two to three years after the death of Kim Jong-il,": https://wikileaks.org/plusd/cables/10SEOUL272_a.html (접속: 2017년 11월 11일).

있으나 붕괴되지 않았으며 조선경제에 대해 부정적인 보도로 일색이었던 언론에서도 최근 조선의 경제는 대북 제재 국면에도 불구하고 회복되어가고 있다는 보도가 나오고 있다.[4] 조선붕괴론에 있어서 최선봉에 서있다고 할 수 있는 니콜라스 에버스타드(Nicholas Eberstadt)[5]조차도 (조선 경제를) 이해하기 어렵지만 안정적으로 성장 중이라고 평가하고 있다.[6]

과연 조선경제는 어떤 상태에 있으며 붕괴되지 않지 않고 지금까지 유지되어온 이유는 무엇일까? 라는 의문이 자연스럽게 나온다. 이러한 의문은 조선경제에 대한 보다 근본적이며 본질적인 질문에 대한 답을 구하면서 풀릴 수 있을 것이다. 조선경제에 대한 보다 근본적이며 본질적인 질문은 다음 두 가지로 정리될 수 있다. 조선의 경제는 어떤 목표를 갖고 어떤 배경에서 또 어떤 방식으로 건설되어 왔는가? 조선을 둘러싼 주변 환경과 정세는 지난 70년간 지속적으로 변화하여 왔지만 조선은 붕괴되지 않고 사회주의경제체제를 고수하며 생존하고 있다. 이 세상에 존재하는 모든 것이 그렇듯이 어떠한 경우 등 생존의 지속성은 진화의 맥락에서만 담보될 수

---

[4] 심새롬 기자, "대북 제재에도 지난해 북한 경제성장률 3.9%로 17년 만에 최고" (『중앙일보』 2017년 7월 21일자, http://news.joins.com/article/21777887 (접속 2017년 7월 22일).

[5] Eberstadt는 북한이 붕괴될 수밖에 없는 (또는 붕괴되어야 하는) 이유들을 그의 수많은 글과 저서를 통해 주장하는데 그 대표적인 것들은 다음과 같다. "North Korea: Reform, Muddling Through, or Collapse?", *NBR Analysis*, vol. 4, no. 3, September 1993; "North Korea as an Economy Under Multiple Severe Stresses: Analogies and Lessons from Past and Recent Historical Experience", *Communist Economies & Economic Transformation*, vol. 9, 1997; "North Korean Economic Conditions and Prospects", Testimony before The Committee on International Relations, U.S. House of Representatives, September 24, 1998; The End of North Korea(Washington, DC: AEI Press, 1999); The North Korean Economy: Between Crisis and Catastrophe(Piscataway, NJ: Transaction Books: 2007); "The death of Kim Jong Il and North Korea's broken dynasty", Foreign Affairs, December 20, 2011.

[6] "Five years of Kim Jong Un: How has North Korea's economy fared?: In the second part of a six-part series, experts assess the new leader's economic performance", NK News December 20th, 2016 https://www.nknews.org/2016/12/five-years-of-kim-jong-un-how-has-north-koreas-economy-fared/ (접속: 2016년 12월 22일).

있다. 다시 말하여 조선의 사회주의경제관리체제도 주변 환경과 정세의 변화에 따라 진화하였기 때문에 사회주의체제를 고수하며 생존할 수 있는 것이다. 그렇다면 조선의 사회주의경제관리체제는 어떻게 진화하여 왔는가?

상기(上記)의 질문들에 대한 각각의 답을 찾는 것이 이 책의 주요 목적이다. 조선은 유일지도체제라는 독특한 정치체제를 갖고 있다. 유일지도체제하에서의 조선의 중요한 모든 정보는 당 조직을 통하여 최고지도자에게 집하, 보고되며 최고지도자는 이러한 정보를 관리, 분석하고 그것을 토대로 국정(國政)의 우선순위를 정하여 국사(國事)를 처리하게 된다. 이 책에서는 최고 지도자였던 김일성과 김정일 그리고 현재 최고 지도자인 김정은의 행적(行蹟)과 말(言) 그리고 글(書)을 통해 상기의 질문들에 대한 답을 구하려고 한다. 조선의 최고 지도자의 행적은 '조선중앙연감'[7]을 통해 자세히 다루어지고 있으며 최고지도자의 말과 글은 실록(實錄)처럼 모두 담은 전집(全集) 또 선택적으로 담은 선집(選集)[8] 그리고 로동신문 등을 통해 발표되고 있다. 따라서 이 연구는『조선중앙연감』(1950년~2017년),『김일성전집』(1권~100권)『김정일선집(증보판)』(1권~25권) 그리고『로동

---

[7] '조선중앙연감'은 최고지도자의 현지지도, 주요 담화 및 연설, 대외활동에 관한 자료, 당 및 국가 기구회의를 비롯한 주요 정치관련 자료, 조선의 지리와 역사, 경제, 문화, 대외관계, 남북관계, 해외교포운동의 현황과 성과들의 자료들로 구성되어 있는데, 이 중 최고지도자의 현지지도와 주요 담화 및 연설이 이 연구에서 집중적으로 분석될 것이다.

[8] 김정일의 담화, 연설, 결론을 선택적으로 담은『김정일선집』(증보판, 이하 선집)은 1권부터 25권까지 조선로동당출판사에서 출간되었고 선집은 김정일이 1952년부터 2011년 12월 자신의 사망 이전까지 한 담화, 연설, 결론을 선택적으로 싣고 있다. 김정일의 담화, 연설, 결론들을 연대순에 따라 전면적으로 수록한『김정일전집』(이하 전집)도 1권부터 24권까지 같은 출판사에서 출간되었으나, 전집은 1952년 7월부터 1974년 12월까지의 기간만을 다루고 있어 본 연구에서는 선집을 사용하였다. 김정은의 담화, 연설, 결론을 담은 저작집이나 선집 또는 전집은 아직 존재하지 않는다. 그러나 김정은이 한 담화와 연설 그리고 회의나 대회에서 내린 결론은 대부분 로동신문을 통해 보도되기 때문에 이 책에서는『로동신문』을 참조하였다.

신문』(1960년 1월 1일~2019년 4월 30일)을 중심으로 분석하면서 조선 경제 정책과 현황 그리고 이론을 담고 있는『근로자』『경제연구』그리고『김일성종합대학교학보: 철학, 경제』등의 자료들도 함께 참조하여 위에 대한 답을 찾을 것이다.

이 책은 모두 4장으로 구성되어 있다. 제1장에서는 김일성 시대(1949~1994년)를 관통하고 조선 사회주의경제체제의 독특성의 근간을 이루는 '대안의 사업체계'를 중심으로 조선의 사회주의경제건설에 대해서 살펴볼 것이다. 보다 구체적으로 조선 사회주의경제건설은 어떤 배경에서 어떤 목적을 갖고 시작되었고, 또 어떤 시행착오(trial and error)를 거치면서 중앙집권적 계획체계인 '계획의 일원화 그리고 세부화 체계'에서 시장을 보조적으로 활용하고 독립채산제의 바탕에서 경제가 관리, 운영되는 '련합기업소체계'로 진화하였는지 살펴볼 것이다. 제1장에서는 또한 김일성 시대에 시작되고 형성된 조선 사회주의경제체제의 특성에 대한 심층적인 분석도 아울러 이루어질 것이다.

제2장에서는 김정일 시대(1995~2011년)의 경제건설(재건)을 다룰 것이다. 주지하다시피 김정일 시대는 '고난의 행군'이라는 조선 사상 초유의 경제난을 맞으면서 시작되었다. 조선의 문헌들을 분석하여 보면 조선은 2011년경 '고난의 행군'을 완전히 끝내고 새로운 경제건설시기로 들어가는 것으로 나타난다. 이것의 진위 여부를 조선의 쌀 생산과 화학비료 생산을 중심으로 살펴볼 것이다. 그리고 만약 조선의 주장이 맞는다면, 조선은 어떻게 또 어떤 과정을 통해 경제위기를 벗어 날 수 있었을까? 일반적으로 어느 한 국가에서 경제위기를 극복한다는 것은 경제위기에 처하기 이전의 경제구조와 체계에서 그 경제위기를 초래한 요인들이 제거되거나 개선된다는 것을 의미한다. 그러면 '고난의 행군' 이후 조선의 경제구조와 체계는 어떻게 바뀌었을까? 위의 질문(들)에 대한 답(들)을 해당 시기 '김정일선

집'과 '조선중앙년감' 등을 중심으로 분석하여 도출하는 것이 제2장의 주과제이다.

제3장에서는 김정은 시대(2012~) 조선 경제에서 가장 큰 화두 중 하나인 '사회주의기업책임관리제'에 대한 분석이 다각도에서 이루어질 것이다. 조선 사회주의경제관리의 '완성'으로서 '사회주의기업책임관리제'가 담고 있는 내용, 아울러 '사회주의기업책임관리제'에서의 기업체의 운영원리와 방식 그리고 시장의 위치와 역할 등이 제3장에서 다루어 질 주요 주제들이다.

제4장에서는 조선의 경제건설과 경제관리체제의 진화를 시대별로 정리하고, 이에 대한 총괄적인 평가가 이루어질 것이다. 끝으로 조선 경제건설의 향후 전망에 대한 소고(小考)로 이 책은 마무리될 것이다.

제1장

"경제지도에서 우리 당의 일관한 원칙과 방법은 우가 아래를 도와주고 정치사업을 앞세워 군중을 움직이고 대중의 힘과 지혜에 의거하여 경제건설과업을 수행하여나가는 것입니다. 우리 당의 이 원칙과 방법은 대안의 사업체계에 훌륭히 구현되었습니다. 모든 경제지도기관들과 경제지도일군들이 대안체계의 요구대로 일한다면 경제지도사업은 다 잘 되여 나갈 것입니다."

정치적지도와 경제기술적지도의 결합   정치사업

기술지도사업   생산현장에 대한 자재공급체계

▲ 청산리정신 / 방법과 대안의 사업체계

천리마운동, 대안의 사업체계 그리고 중앙집권적 계획체제

1. 중공업우선 전략과 병진노선

조선은 1953년 휴전 이후 '중공업의 선차적 복구 발전과 경공업, 농업의 동시 발전'(이하 '중공업우선전략')이라는 발전전략을 갖고 경제건설을 하여왔다. '중공업우선전략'은 1953년 8월 5일 조선로동당 중앙위원회 제6차 전원회의에서 채택되었는데 김일성은 이것을 다음과 같이 설명한다. "우리는 전후경제건설에서 중공업의 선차적 복구발전을 보장하면서 경공업과 농업을 동시에 발전시키는 방향으로 나아가야 할 것입니다. 그래야 우리나라의 경제토대를 튼튼히 할 수 있고 인민생활을 빨리 개선할 수 있습니다."[1] 즉 자립적 경제기반을 갖기 위해 중공업을 우선적으로 발전시키고 그것을 바탕으로 경공업과 농업의 생산력 증대의 필수적인 생산재를 만들어 경공업과 농업도 함께 발전시키겠다는 것이었다.

---

[1] 김일성, "모든 것을 전후인민경제복구발전을 위하여: 조선로동당 중앙위원회 제6차 전원회의에서 한 보고(1953년 8월 5일)", 『김일성전집 16』 (평양: 조선로동당출판사, 1997), 24쪽.

조선의 '중공업우선전략'은 초기에는 엄청난 성과를 가지고 왔다. '중공업우선전략'이 기본 경제발전 전략으로 채택된 이후 조선은 전후 3개년계획(1954년~1956년)시기에 공업생산 성장률은 연평균 41.7%에 이르러 전후 공업부문에 대한 복구를 성공적으로 마치었다고 하며 알곡도 287만 톤 생산함으로써 전쟁 전 수준을 넘어섰다고 한다.[2] 또한 공업화의 기초를 마련하고 식의주(食衣住)를 기본적으로 해결한다는 과업을 안고 시작한 5개년계획기간(1957년~1961년)에도 공업성장률이 연평균 36.6%를 구가하여 계획목표를 2년 앞당겨 달성하였다고 한다.[3]

문제는 제1차7개년계획부터 시작된다. 조선은 제1차7개년계획기간 동안 한국에서 반공을 국시(國是)로 한 군사쿠데타(1961년), 쿠바 미사일 위기(1962년) 그리고 미국이 베트남 전쟁에 대한 군사개입을 본격화하게 된 통킨만 사건(1964년)으로 안보에 대한 위기감을 갖게 되자 경제와 국방을 함께 발전시키자는 병진노선을 1966년 10월 제2차 당 대표자회에서 채택하였다.[4] 국방부문에 투자를 더 늘려 국방을 강화하자는 병진노선은 결국

---

[2] 김일성, "3개년인민경제계획실행총화를 잘할데 대하여: 조선민주주의인민공화국 내각 제3차전원회의에서 한 결론(1957년 4월 6일)", 『김일성전집 20』 (평양: 조선로동당출판사, 1998), 191쪽.

[3] 김일성, "조선로동당 제4차대회에서 한 중앙위원회사업총화보고(1961년 9월 11일)", 『김일성전집 27』 (평양: 조선로동당출판사, 1999), 334~335쪽.

[4] 병진노선은 1966년 10월 제2차 당 대표자회에서 공식적으로 채택되었지만, 병진노선으로 국방에 대한 집중적인 투자가 이루어지는 것은 1964년부터이었을 것으로 추정된다. 김일성은 1963년 10월 김일성군사대학 제7기 졸업식에서 다음과 같이 말하면서 국방비의 증가의 필요성을 역설하였으며, 이것이 1964년 예산에 반영되었을 것이다.
"다음으로 당이 내세운 자위적군사화방침을 철저히 관철하여야 합니다. 이를 위해서는 먼저 전체 인민이 무장하여야 합니다…(중략)…전체 인민이 무장하려면 어떻게 해야 하겠습니까? 인민군대를 간부화하여야 합니다…(중략)…다음으로 전국을 요새화하여야 합니다. 우리에게는 원자탄이 없습니다. 그러나 우리는 그 어떤 원자탄을 가진놈들과도 싸워서 능히 견디여낼수 있습니다…(중략)…우리는 이르는곳마다 굴을 파놓아야 합니다. 공장도 땅속에 많이 건설하여야 하겠습니다…

국방건설에 토대라 할 수 있는 중공업에 투자를 더 늘리자는 노선으로서 필연적으로 다른 부문에 대한 투자는 줄어들 수밖에 없었다. 이러한 중공업에 대한 편파적인 투자는 생산재 생산의 과잉을 그리고 소비재 생산의 부족을 야기해 소위 '축적(accumulation)과 소비(consumption)' 사이의 균형을 깨뜨리는 결과를 초래한다. 이러한 축적과 소비의 불균형은 생산자들의 생산에 대한 의욕을 저하시켜 전체 성장률에도 부정적인 영향을 미치게 된다. 조선의 병진노선에 의해 유발된 축적과 소비의 불균형에 대해 좀 더 자세히 분석하여 보자.

〈표 1-1〉 국가예산지출에서 국방비가 차지하는 비중 (1960년~1994년)

단위: %

연도	1960	1961	1962	1963	1964	1965	1966	1967	1968	1969	1970
국방비/총지출	3.1	5.1[5]	7.1[6]	9.1[7]	15.1%[8]	21.1%[9]	27.1[10]	30.4	32.4	31.0	29.2

연도	1971	1972	1973	1974	1975	1976	1977	1978	1979	1980	1981	1982
국방비/총지출	31.1	17.0[11]	15.4	17.0[12]	16.4	16.7	15.7	18.7[13]	18.7[14]	18.7[15]	14.8	14.6

연도	1983	1984	1985	1986	1987	1988	1989	1990	1991	1992	1993	1994
국방비/총지출	18.6[16]	14.6	14.4	14.0	13.3	12.2	12.0	12.0	12.1	11.4	11.5	11.4

※출처: 『조선중앙년감』 1961년~1995년.

(중략)…우리는 기계공업, 금속공업 등 인민경제 모든 부문이 일단 전쟁이 일어나면 전쟁을 위하여 복무할 수 있도록 준비하여야 하겠습니다…(중략)…한편으로는 전시에 쓸수 있는 예비를 미리부터 마련하여야 합니다…(중략)…쌀, 소금, 강재, 천 등 다 예비를 조성합니다. 우리에게 이런 예비가 많고 전시에 모든 경제가 전쟁에 복종할 수 있게 된다면 능히 자위를 할 수 있습니다." (김일성, "우리 인민군대를 혁명군대로 만들며 국방에서 자위의 방침을 관철하자(발취): 김일성군사대학 제7기졸업식에서 한 연설(1963년 10월 5일)", 『김일성전집 32』 (평양: 조선로동당출판사, 2000), 13~17쪽).

5) ‘조선중앙년감’에 1961년부터 1966년까지 국가예산지출총액에서 국방비의 비중은 기재되어 있지 않다. 그러나 1967년 국가지출총액에서 국방비의 비중은 30.4%이다. 국가예산지출총액에서 국방비의 비중이 1960년부터 1966년까지 7년 기간 중 변화지 않고 일정하다가 1967년에 갑자기 1960의 비중보다 10배 가까이 늘어나지는 않았을 것이다. 조선은 (다른 나라들과 마찬가지로) 자신의 국방비가 늘어난 것을 부각시켜 선전하는 것을 선호하지 않는다. 앞에서 분석하였듯이 조선의 국방비가 크게 늘어나기 시작한 해는 1964년이다. 1961년, 1962년 그리고 1963년의 국방비는 1960년에 비해 크게 늘어나지 않았지만 늘어났기 때문에 기재하지 않았을 것이다. 따라서 1961년부터 국방비가 국가예산지출총액에서 차지하는 비중이 1960년에 비해 매년 2% 늘어난 것으로 가정하면, 1961년, 1962년 그리고 1963년 국가예산지출총액에서 국방비가 차지하는 비중은 각각 5.1%, 7.1% 그리고 9.1%가 된다. 1964년부터 1966년까지 국가예산지출총액에서 국방비가 차지하는 비중이 매년 6%씩 크게 늘어났다고 가정하면 국방비의 비중은 1964년 15.1%, 1965년 21.1% 그리고 1966년 27.1%가 된다.

6) 각주 5)를 참조.

7) 각주 5)를 참조.

8) 각주 5)를 참조.

9) 각주 5)를 참조.

10) 각주 5)를 참조.

11) “특히 예산지출의 30%씩 달하던 국방비지출을 주동적으로 줄여 이해에 17%만 돌리었다.” (『조선중앙년감』 1973년, 258쪽).

12) 1974년도 국방비지출이 국가예산지출에서 차지하는 비중은 조선중앙년감에 기재되어 있지 않다. 그러나 『조선중앙년감』 1975년 353쪽에 “국가예산수입이 공고한 토대 우에서 빨리 늘어난 결과 이해에 사회주의대건설을 힘있게 벌리고 국방력을 강화하며 인민생활을 향상시키는데 드는 그 방대한 자금을 원만히 보장하고도 3억4,306만원에 달하는 수입은 초과를 가져왔다.”라고 되어 있어, 1974년도 국방비지출의 몫이 1973년도 국방비지출의 몫인 15.4%보다 많은 것임을 시사해 주고 있다. 이런 것들을 고려해 보면 국가예산지출에서 국방비가 차지하는 비중이 1972년 수준인 17%이상으로 복귀되었기 때문에 기재하지 않았을 것으로 추정된다.

13) 1978년도 국방비가 국가예산지출에서 차지하는 비중도 조선중안년감에 기재되어 있지 않지만 국방비지출에 관련하여서는 다음과 같이 서술되어 있다. “그리하여 1978년도 국가예산은 새 전망계획의 경제건설사업을 수행하며 나라의 국방력을 강화하고 인민생활을 더욱 높이는데 드는 방대한 자금수입을 보장하고도 9억1천370만원에 달하는 거액의 재정예비를 가지게 되었다.” (『조선중앙년감』 1979년, 275쪽). 이것은 1978년도 국방비지출이 1977년도의 것에 비해 늘어났음을 시사한다. 조선중앙년감에는 해당년도의 국방비지출이 국가예산지출에서 차지하는 비중이 이전 년도의 것보다 가시적으로 클(3% 이상) 경우 기재하지 않는 경향이 있다. 따라서 1978년도 국방비지출이 국가예산지출에서 차지하는 비중은 1977년도의 것보다 3% 더 많은 18.7%로 추정하였다.

병진노선의 일환인 자위적 '군사화방침'은 전 국민을 무장시키고 전국을 요새화하며 민간경제 모든 부문에서 군수용품을 생산(그리고 비축)할 수 있는 체계를 만드는 것이다. 이것은 일시에 될 수 없는 것이며 점진적으로 이루어질 수밖에 없다. 또한 민간경제 모든 부문에서 군수용품을 생산하는 체계를 구축하는 것은 그것을 위해 따로 비용을 책정하는 것보다는 이미 책정된 예산에서 군수용품을 어느 비중으로 생산하는가하는 문제였으므로 실험적으로 비중을 조절해 가면서 자위(自衛)의 수준을 맞추었을 것이다. 이러한 가정을 바탕으로 조선의 1964년도, 1965년도 그리고 1966년도 국방비는 총지출의 약 약 17.8%~26.6% 정도였을 것으로 추정할 수 있다.[17]

14) 1979년도 국방비가 국가예산지출에서 차지하는 비중역시 조선중앙년감에 기재되어 있지 않다. 그러나 다음의 구절, "그리하여 1979년도 국가예산은 사회주의경제건설과 국방건설, 인민생활향상에 필요한 자금을 원만히 보장하고도 5억530만원에 달하는 재정예비를 가지고 성과적으로 결산하였다." (『조선중앙년감』 1980년, 151쪽) 은 1979년도 국방비지출이 국가예산지출에서 차지하는 비중이 1978년도 것에 비해 줄지 않았음을 시사하고 있어 1979년도 국방비지출이 국가예산지출에서 차지하는 비중은 1978년도의 것과 같은 18.7%로 추정하였다.

15) 1980년도 국방비가 국가예산지출에서 차지하는 비중도 조선중앙년감에 나와 있지 않는데 전년도의 것에 비해 줄지 않았기 때문에 기재하지 않았을 것이다. 따라서 1980년도 국방비지출이 국가예산지출에서 차지하는 비중도 1978년도의 것과 같은 18.7%로 추정하였다.

16) 1983년도 국방비가 국가예산지출에서 차지하는 비중은 조선중안년감에 기재되어 있지 않지만 국방비지출에 관련하여서는 다음과 같은 구절이 있다. "그리하여 이해 국가예산은 경제건설과 국방건설, 인민생활향상을 위하여 필요한 방대한 자금을 원만히 보장하고도 3억6,500만원에 달하는 재정예비를 가지고 성과적으로 결산하였다." (『조선중앙년감』 1984년, 268쪽). 이 역시 1983년도 국방비가 국가예산지출에서 차지하는 비중이 1982년도의 것에 비해 3% 이상 늘어났음을 시사한다. 따라서 1983년도 국방비가 국가예산지출에서 차지하는 비중은 17.6%로 추정하였다.

17) 1차병진노선이 천명된 이후 공업부문 총 지출에서 중공업과 경공업이 차지하는 비중은 3%~6% 각각 증가되고 감소되었다. (이태섭, "북한의 집단주의적 발전전략과 수령체제 확립" (서울대학교 정치학과 박사논문, 2000), 202쪽). 총지출에서 공업부문이 차지하는 비중이 60%임을 감안하면 중공업에 추가적으로 투자된 비중은 총지출의

1964년부터 본격적으로 시작된 중공업에 대한 더욱 편파적인 투자는 국방건설의 토대가 되는 중공업 이외에 부문[18]에서의 예산삭감을 의미한다. 조선은 대규모중앙공업과 함께 중소규모의 지방공업을 배합하여 발전시키는 것을 원칙[19]으로 소비재산업을 육성하고 운영하여 왔으며 지방공업은 경공업생산총액에서 약 절반 정도의 비중을 차지하고 있었다.[20] 그러나 경공업과 지방에 대한 예산지출의 삭감, 즉 국가의 경공업과 지방산업에 대한 투자 삭감은 소비재 생산에 부정적인 영향을 미치게 되었다. 소비재 유통 총액의 성장률은 1962년 13%에서 1963년 3%로 급격히 떨어졌으며 국가거래수입금 총액에서 지방산업이 차지하는 비중도 1962년 51.3%에서 1963년 45.6%로 낮아졌다.[21]

약 1.8~3.6% 정도이다. 전국에 참호를 파고 대피소와 초소 그리고 유사시 군사시설로 곧바로 쓰일 수 있는 시설 등을 만드는 것은 매년 전체 예산에서 최소 1~2% 이상 할여하여야 가능한 건설공사이다. 또한 주요 민간 중공업공장들을 지하에 건설하고 군수물자를 생산할 수 있는 체계로 만드는 것은 상당히 많은 비용이 들어가는 것이며 이러한 체계를 만드는데 최소한 전체 중공업투자액의 20%~30% 이상 필요하다고 추정하고 이 모든 추가적 비용을 합산 [(1.8~3.6%) + (1~2%) + (12~18%)] 하여 기존의 국방비(전체 예산의 3%)에 더하면 1964년부터 1966년까지 국방비는 연간 최소 17.8%에서 최대 26.6% 정도였다고 추정할 수 있는데, 이것은 각주 5)에서 추정한 1964년 15.1%, 1965년 21.1% 그리고 1966년 27.1%와 유사한 수치(數値)이다. 따라서 각주 5)에서 1962년부터 1966년까지 추정한 국가예산지출총액에서 국방비가 차지하는 비중은 합리성의 범주에서 크게 벗어나지 않는다고 할 수 있다.

[18] 단 농촌에 대한 투자는 1964년 김일성의 '농촌테제'가 발표되면서 오히려 늘어났다. 1964년 농촌에 대한 투자는 1960년에 비하여 2.32배 늘어났다고 한다. (오성묵, "농업생산력에 상응하여 관리 운영 수준을 제고하자", 『근로자』 1966년 1월(상) 제1호, 13쪽).

[19] "대규모의 중앙공업과 함께 중소규모의 지방공업을 병행하여 발전시키는 것은 우리 당이 일관하게 견지하고 있는 독창적인 우리 식의 경공업건설방침이다. 이 방침은 이미 실천을 통하여 그 정당성과 생활력이 뚜렷이 확증되었다." (김창석, "당의 경공업혁명방침 관철과 일군들의 경제조직사업", 『근로자』 1992년 제3호, 48쪽).

[20] 로동신문에 의하면 전체 소비재 생산에서 지방 공업이 차지하는 비중은 1956년 13%에서 1962년 51%로 증가하였다고 한다. ("1962년 경제 계획 실행에 관한 중앙통계국 보도", 『로동신문』 1963년 1월 17일자).

[21] 이태섭, 앞의 논문, 201쪽.

조선은 1963년 이후 소비재 유통 총액 및 국가거래수입금 총액에서 지방산업이 차지하는 비중 등에 대해서 발표를 하지 않고 있는데 이 부문들에 대한 성과가 1963년 이후로 계속 좋지 않고 악화되었기 때문에 공식적으로 밝히지 않았던 것으로 볼 수 있다. 김일성이 병진노선의 배경을 설명하면서 밝히었듯이[22] 조선은 '제국주의에 의한 전쟁의 위협이 있는 한' 경제건설과 국방건설을 병진하는 노선은 이어갔는데 이것은 경제부문 간의 불균형을 지속적으로 악화시키며 조선 농민들 그리고 근로자들의 생산에 대한 의욕을 떨어뜨리는 결과를 초래하였다.[23] 즉 병진노선으로 인하여 소비재 생산이 희생되면서 조선 근로자들의 물질적 동기(material incentive)를 충족시키지 못하게 되었고 노동 생산력(labor productivity)에 부정적인 영향을 미치게 되었던 것이다.

조선이 소비재 생산이 충분히 되지 못하는 상황에서 경제를 원활히 운영하는 것에는 한계가 있을 수밖에 없는 것이었다. 국방비에 대한 과도한 지출로 산업부문 간의 심각한 불균형이 가중되자 심지어 중공업부문을 지도하고 있었던 경제부문 지도일군들 사이에서도 우려의 목소리가 나오

---

[22] "전쟁이 일어나면 다 파괴될 것이라 하여 국방건설에만 치우치고 경제건설을 제대로 진행하지 않는 것도 잘못이며 평화적기분에 사로잡혀 경제건설에만 치우치고 국방력을 충분히 강화하지 않는 것도 잘못입니다…(중략)…전쟁방지의 가능성은 어디까지나 가능성이며 제국주의가 남아있는 한 결코 평화의 절대적담보란 있을 수 없으며 임의의 시각에 전쟁이 일어날수 있는 것입니다." (김일성, "현정세와 우리 당의 과업: 조선로동당대표자회에서 한 보고(1966년 10월 5일)", 『김일성전집 37』 (평양: 조선로동당출판사, 2001), 268~269쪽).

[23] "지금 농촌상점들에 질좋은 상품이 얼마 없다보니 농민들이 돈을 가지고도 요구되는 상품을 마음대로 사지 못하고 있습니다. 그러니 농민들의 생산의욕이 어떻게 높아지겠습니까…(중략)…농민들은 농촌상점에 상품이 없으면 돈을 가지고 있어도 소용이 없으므로 더 많은 알곡을 생산하기 위하여 애쓰지 않으며 먹고 남는 량곡도 잘 수매하려 하지 않습니다." (김일성, "농촌에 여러 가지 상품을 더 많이 보내주기 위하여: 방직공업부문일군협의회에서 한 연설(1967년 1월 11일)", 『김일성전집 38』 (평양: 조선로동당출판사, 2001), 58~59쪽).

기 시작하였다. 그러나 당시 최고지도자였던 김일성은 과거의 경험을 앞세우면서 경제부문 지도일군들의 우려를 통렬히 비판하고 일소시켰다.[24]

이렇듯 국방력 강화를 위해 예전보다 더 많은 자원을 군사부문(중공업)에 배분한 병진노선으로 조선에서 자원부족 문제는 더욱 악화되었다. 그런데 자원부족 문제는 역설적으로 제1차5개년계획을 성공적으로 이끈 '천리마운동'으로 이미 심각한 상태에 처해 있었다. 최고지도자인 김일성이 근로현장에 직접 내려가 대중들을 만나 증산과 혁신을 독려하고 이에 고무된 대중들이 증산과 혁신운동에 대대적으로 나서면서 시작된 '천리마운동'으로, 경제건설에서는 공업생산 연평균 성장률이 5개년계획기간(1957~1961) 동안 36.6%를 기록하는 등 놀라운 성과를 내었다. 그러나 대중들의 도덕적 동기를 자극하여 증산과 혁신을 촉구하는 '천리마운동'에는 자원을 효율적으로 사용하는 것에 대한 동기가 부여되지 않았기 때문에 필연적으로 자원을 오남용하게 되고 낭비하는 결과를 초래하였다.

김일성에 의하면 공장과 기업소들이 국가 전체를 고려하지 않고 기관본

---

[24] 김일성은 자신의 경험에 의하면 당에서 새 노선이 나올 때마다 그것을 방해하는 동요분자, 소극분자, 보수분자들이 늘 생겼다면서 자신의 노선에 우려를 갖고 있는 당 간부들을 다음과 같이 비판하였다.
"정전직후에 우리가 중공업을 우선적으로 발전시키면서 경공업과 농업을 동시에 발전시키는 당의 경제건설의 기본로선을 내놓았을 때에도 동요분자, 반대분자들이 얼마나 많았습니까?…(중략)…또 1957년, 1958년에 우리가 천리마대고조를 일으킬 때에도 우리 대렬안에 동요분자, 소극분자, 보수분자들이 많이 나타났습니다. 그러면 지금은 이런 동요분자, 소극분자, 보수분자들이 우리 대렬에 없겠습니까? 결코 없다고 말할 수 없습니다. 올봄에 내각전원회의에서 계획문제를 가지고 국가계획위원회, 금속공업성, 경공업성, 화학공업성과 같은 몇개 중요한 경제성들의 사업을 검토한 일이 있는데 그때 벌써 경제부문 지도일군들 속에 소극성이 매우 많다는 것이 드러났습니다. 특히 그때 우리는 국가계획위원회와 금속공업성 책임일군들이 저지른 소극성에 대하여 호되게 비판하였으며 강한 타격을 주었습니다." (김일성, "당면한 경제사업에서 혁명적 대고조를 일으키며 로동행정사업을개선강화할데 대하여: 조선로동당 중앙위원회 제4기 제16차 전원회의에서 한 결론(1967년 7월 3일)", 『김일성전집 39』 (평양: 조선로동당출판사, 2001), 157쪽).

위(이기)주의적으로 운영되면서 엄청난 양의 자원이 낭비되는데 석탄의 경우, 조선 전체 생산량의 삼분의 일이 제대로 써보지도 못하고 낭비되고 전력은 얼마나 낭비하는지 개략적인 숫자조차 알지 못하고 있는 형편이었다고 한다.[25] 이와 같은 자원부족 문제는 더 이상 좌시할 수 없는 지경까지 이르게되었고 중공업부문에 자원을 더욱 집중하는 병진노선을 실행하기 위해서는 자원이 낭비되는 문제를 근본적으로 해결할 조치가 필요하였다. 김일성은 중앙집권적 계획명령체계, 즉 '계획의 일원화와 세부화 체계'에서 그 해답을 찾았다. 1965년 9월 23일 국가계획위원회 당 총회에서 그는 조선 경제에서 당면하고 있는 가장 큰 문제는 '계획화사업'이라면서 다음과 같이 말하였다.

> 오늘 우리나라 인민경제의 지도관리에서 풀어야 할 가장 중요한 문제는 계획화사업을 결정적으로 개선하는 것입니다…(중략)…모든 생산수단이 사회적소유로 되어있는 사회주의사회에서는 계획이 없이는 도대체 경제가 움직일 수 없으며 사회주의경제는 오직 계획적으로만 발전할 수 있습니다…(중략)…공업부문들에서 생산이 정상화되지 못하고 랑비가 많으며 인민생활이 응당한 수준에 오르지 못하는 것과 같은 이러저러한 결함들은 무엇보다도 계획화사업을 잘하지 못하는데 원인이 있습니다.[26]

이어 그는 지금까지 유지시켜온 '계획화체계'에는 크게 두 가지 모순이 있었다고 지적하였다. 첫째모순은 국가계획기관일군들의 요구와 생산자들의 요구가 부딪치면서 생기는 모순이다. 국가계획기관일군들은 될수

---

25) 김일성, "조선로동당 중앙위원회 제4기 제11차전원회의에서 한 결론(1965년 7월 1일)", 『김일성전집 35』 (평양: 조선로동당출판사, 2001), 353~354쪽.

26) 김일성, "인민경제계획의 일원화, 세부화의 위대한 생활력을 남김없이 발휘하기 위하여: 국가계획위원회당총회에서 한 연설(1965년 9월 23일)", 『김일성전집 35』 (평양: 조선로동당출판사, 2001), 437~438쪽.

제1장 천리마운동, 대안의 사업체계 그리고 중앙집권적 계획체제 31

록 보장은 적게 해 주면서 많은 것을 생산할 것을 요구하고 생산자들은 될 수록 많은 것을 보장받으면서 생산은 적게 하려고 하면서 생기는 이 문제는 결국에는 계획화에서 국가계획기관일군들의 관료주의, 주관주의와 생산자들의 기관본위(이기)주의, 지방본위(이기)주의와의 모순으로 나타난다는 것이다. 둘째 모순은 국가계획기관일군들은 전반적 나라 살림살이와 전반적 경제발전의 전망(가능성)을 아는 반면 객관적 현실과 구체적 생산예비를 잘 모르고, 생산자들은 구체적 현실과 기업소의 생산예비에 대해서는 잘 알지만 나라의 전반적 살림살이 형편과 전반적 인민경제발전의 전망(목표)을 잘 모른다는 것이다.

따라서 이 두 가지 모순을 잘 해결하여 '계획화사업'을 한다면 과학적이고 실행 가능한 계획을 세울 수 있다는 것이었다. 나아가 김일성은 "인민경제계획화사업이 바로 되려면 계획화에서 군중로선을 관철하여 국가계획기관들의 주관주의와 관료주의를 없앨 뿐만 아니라 계획사업에 대한 국가적 지도통제를 강화하여 생산자들의 기관본위주의, 지방주의도 철저히 없애야 하고 이 문제를 풀기 위한 오직 하나의 길은 '계획의 일원화'를 실현하는 것"[27])이라고 결론지었다. 위의 김일성의 결론에서 가장 중요한 대목은 바로 대중노선을 관철시키는 계획화 사업이 진행되었을 때 기존 계획화 사업에서 필연적으로 나타나는 두 가지 문제, 즉 국가중앙계획기관들의 주관주의와 기관 및 지방본위(이기)주의 모두를 극복할 수 있다고 한 부분이다. 여기서 군중노선이란 무엇을 의미하는 것일까?

김일성이 강선제강소를 직접 방문하고 현지지도를 하면서 시작된 '천리마운동'은 전국적으로 확산되어 엄청난 증산의 효과를 내었다. 그러나 앞에서도 지적되었지만 '천리마운동'은 생산의 효율성보다는 '증산' 그 자체

---

27) 김일성, 앞의 연설(1965년 9월 23일), 450쪽.

에 목적이 맞추어 졌기 때문에 자원의 오남용으로 낭비를 야기시키면서 자원부족 문제를 더욱 가중시키는 결과를 초래하였던 것이다.[28] 여기에 더해 '지배인유일관리제'로 운영되고 있던 공장, 기업소들의 관리운영체계는 자원부족 문제를 해결하는 데 있어서 도움보다는 악화시키는 기제로 작용하고 있었다. '지배인유일관리제' 아래서 지배인의 보상은 지배인이 책임지고 있는 공장이나 기업소가 생산하는 생산량에 맞추어 졌기 때문에 지배인은 자신이 맡고 있는 공장이나 기업소의 생산능력을 중앙계획기관에 과소, 축소 보고하고 국가로부터는 최대한 많은 자재를 받으려 하였다. 이러한 행위가 일반화되면서 자원부족의 문제는 더욱 악화된 것이었다.

김일성에게 자재의 오남용으로 인한 자원낭비의 문제는 그냥 간과하고 묵고할 수 있는 사항이 아니었다. '천리마운동' 자체가 소련으로부터 들어오는 원조가 대폭 삭감되어 자원부족 문제가 증폭되면서 시작되었기 때문이었다. 김일성은 1961년 11월 27일부터 12월 1일까지 진행된 당중앙위

---

[28] 김일성은 천리마운동의 열기가 식어가고 있을 무렵인 1963년 1월3일 당중앙위원회 부부장급 이상 간부들에게 '깜빠니야식사업방법'을 언급하면서 이를 지양해야 한다고 다음과 같이 말하였다.
"경제사업에서 중요한 것은 깜빠니야식사업방법을 버리고 생산과 건설을 정상화하는 것입니다. 정전직후에 우리는 깜빠니야식으로 공장을 복구건설하였습니다. 물론 당시의 형편에서 이것은 옳았습니다. 복구건설을 깜빠니야식으로 함으로써 우리는 많은 것을 빨리 건설할 수 있었습니다…(중략)…또한 공장을 빨리 건설하였기 때문에 좀 조잡하게 건설되었으며 골간은 꾸려졌으나 채 갖추지 못한 부문들이 많습니다…(중략)…2.8비날론공장도 조잡하게 만든 설비를 놓았기때문에 생산을 정상화하지 못하고있습니다. 다른 부문에서도 이것이 있으면 저것이 없고 저것이 있으면 이것이 없고 그래서 생산을 제대로 하지 못하고있습니다." (김일성, "당사업과 경제사업에서 나서는 몇가지 과업에 대하여: 당중앙위원회 부부장이상일군들앞에서 한 연설 (1963년 1월 3일)," 『김일성전집 30』 (평양: 조선로동당출판사, 2000), 168~169쪽). 김일성의 위의 지적에서 알 수 있듯이 '깜빠니야식사업방법'이란 천리마운동이 한창 진행되었을 때 효율성은 고려하지 않고 무턱대고 성과만 내려는 사업행태를 지칭하는 것이다. 이렇듯 이러한 증산운동은 한편으로 양적인 측면에서 엄청난 성과를 내었지만, 또 한편으로 자원의 효율적 배분과 사용을 고려되지 않고 밀어붙이기식으로 지속되면서 엄청난 자원의 낭비도 함께 가져 왔던 것이다.

원회 제4기 제2차전원회의 확대회의에서 성, 관리국들의 경제지도수준을 높이고 기업소들의 관리운영사업을 근본적으로 개선할 데 대한 과업을 제시하고 이어 공업에 대한 관리체계를 개편하는 사업에 착수하였다고 한다. 그리고 같은 해 12월 김일성은 대안전기공장(당시)을 두 차례 방문하여 공장 당 및 행정일군협의회를 소집하고 공장의 관리운영과 관련된 전반적 문제들을 토의하고 이를 토대로 그전의 공업관리체계와는 근본적으로 다른 새로운 공업관리체계를 내오도록 하는 획기적인 조치를 취하는데 이것이 바로 김일성이 위에서 강조한 군중노선이 관철된 '대안의 사업체계'였다.

2. '대안의 사업체계'와 '계획의 일원화와 세부화 체계'

'대안의 사업체계'는 협동농장에 적용되었던 '청산리방법'[29]을 공장과 기업소에 보완, 확대 적용한 것이다. '대안의 사업체계'가 이전 공장과 기업소 운영체계와 비교하여 두드러지게 다른 점은 공장과 기업소의 운영과 관리가 지배인 단독체계에서 공장이나 기업소 당위원회의 집체적 관리운영 체계로 바뀐 것이었다. 따라서 공장과 기업소의 운영과 관리에서 당적 지도와 통제가 강화되었는데 이를 통해 각 공장과 기업소에 대한 당의 노선을 통일적으로 관철시킬 수 있는 체계가 마련된 것이었다.

이것은 '계획의 일원화체계', 즉 국가적 차원에서 계획을 통일적으로

---

[29] 청산리 방법이란 관료주의와 형식주의를 극복하기 위한 새로운 당 사업 체계와 방법으로 아래 사람들을 관료주의적으로 명령과 지시로 움직이는 것이 아니라 밑에 내려가 도와주고 대중과 토의를 바탕으로 걸린 문제를 해결해 주는 방법이며, 구체적인 하부 실정 파악을 바탕으로 대중을 당 정책 관철로 조직, 동원하는 사업체계를 말한다. (편집국, "청산리 방법은 사회주의 건설을 촉진하는 위력한 무기이다", 『근로자』 1963년 제3호, 10~12쪽).

수립하고 수행하는 데 있어서 관건적인 의미를 가지고 있다. 기존의 '지배인유일관리제'에서는 지배인이 각 공장과 기업소가 소속된 성이나 관리국을 통해 국가계획위원회에게 자신이 관리하는 공장이나 기업소의 생산능력을 보고하고 일정한 협상30)을 거쳐 그 공장이나 기업소의 연간 생산 계획량을 할당받고 여기에 대한 자재 배정서를 받아 이것으로 다른 공장 또는 기업소와 계약을 체결하고 직접 자재를 확보하게 되어 있었다.

반면에 '대안의 사업체계'31)에서는 위가 아래를 도와주는 원칙하에서 각 관리국에 자재 상사를 따로 만들고 자재 상사가 그 관리국에 속한 공장이나 기업소가 필요한 자재를 다른 관리국의 자재 상사로부터 구매하여 산하 공장과 기업소에 직접 공급하도록 하였다. 그리고 집체적 지도의 원칙 아래 공장과 기업소에 자재공급을 통합적으로 관리하는 자재공급부를 두게 하고 공장 또는 기업소 당위원회의 지도를 받는 부지배인으로 하여금 관리하게 하여 자재 공급과 이용에 대한 통일적 관리가 강화되었던 것이다.32) 1963년 11월 내각 결정으로 조선의 모든 공장과 기업소는 '대안의 사업체계'로 운영되는 것이 제도화되었는데 이로써 '계획의 일원화'를 현실에서 실현할 수 있는 제도적 장치가 마련되었던 것이다.

---

30) 이러한 협상의 향방은 지배인의 능력(?)에 달려 있을 수밖에 없다. 지배인의 능력은 자신의 공장이나 기업소가 속해 있는 성 또는 관리국의 담당 관리(들)에게 영향력을 발휘하여 자재 배당을 얼마나 자신의 공장이나 기업소에 유리하게 받아 올 수 있는 가로 판별되기 때문이었다.

31) "모든 부문에서 대안의 사업체계를 철저히 받아들이도록 하여야 하겠습니다…(중략)…대안의 사업체계란 한마디로 쉽게 말하면 위가 아래를 도와주는 사업체계입니다…(중략)…결국 대안의 사업체계의 본질은 군중로선을 관철하는데 있습니다. 대안의 사업체계를 세운다는 것은 관료주의적 사업체계를 없애고 군중로선에 의거한 사업체계를 세운다는 것을 의미합니다." (김일성, "당사업과 경제사업에서 나서는 몇 가지 과업에 대하여: 당중앙위원회 부부장이상 일군들 앞에서 한 연설(1963년 1월 3일)", 『김일성전집 30』 (평양: 조선로동당출판사, 2001), 174쪽).

32) 김일성, "새로운 경제 관리 체계를 내올 데 대하여"(1961년 12월 15일), 『김일성전집 28』 (평양: 조선로동당출판사, 1999), 235~236쪽.

위에서 살펴보았듯이 '대안의 사업체계'는 군중노선이 관철되도록 도
안되었고 '계획의 일원화'는 '대안의 사업체계'의 틀에서 설계되었기 때문에
'계획의 일원화체계'를 단순히 스탈린식 중앙집권적 계획명령체계(Stalinist
Centrally Planned Command System)의 일종으로 보는 것에는 무리가 따른
다. '대안의 사업체계'는 위가 아래를 도와준다는 원칙 아래 경제 사업의 운
영과 관리에서 관료주의를 배격하고 군중노선, 즉 군중 속으로 들어가 현실
을 파악하고 대중들의 협력을 이끌어내어 경제 사업을 진행시킨다는 것으로,
이것을 명령체계(Command System)와 등치시키기는 어렵기 때문이다. 경제
사업을 대중들 속에 들어가 걸린 문제를 같이 토의하고 이를 토대로 그들의
협력과 협조를 이끌어 낸다는 의미에서 협력체계(Cooperative System)로 보
는 것이 '계획의 일원화체계'가 내포하고 있는 계획화의 내용과 의미에 보다
부합된다고 할 수 있다. 따라서 '계획의 일원화체계'가 담고 있는 내용을 풀
어 명명(命名)한다면 중앙지도적(중앙에서 이끄는) 계획협력체계(Centrally
Planned(Guided) Cooperative System)[33] 정도가 될 것이다.

조선의 경제계획체계가 '계획의 일원화'에서 끝났으면 중앙지도적(중

[33] 여기에 대해서 김일성은 다음과 같이 설명하고 있다.
"이 체계는 계획화에서 사대주의와 교조주의를 반대하고 우리나라의 구체적 실정에
맞게 맑스-레닌주의원리를 창조적으로 발전시킨 독창적인 체계입니다. 맑스, 엥겔
스, 레닌의 로작들도 읽어보았고 사회주의경제건설을 직접 지도한 경험이 있는 쓰
딸린의 저작들도 읽어보았습니다. 그리고 다른 나라의 계획화체계에 대해서도 많이
연구하여 보았습니다. 그러나 우리나라의 실정에 맞는 합리적인 계획화체계는 어느
맑스-레닌주의 고전에도 씌여있지 않았으며 다른 나라 사람들이 쓴 책에도 없었습
니다. 우리에게는 오직 계획화에 관한 맑스-레닌주의의 일반적 리론을 우리나라의
현실에 맞게 발전시켜 자기의 머리로 자기 나라의 계획화체계를 완성하여나가는 길
밖에 다른 길이 없었습니다…(중략)…이 체계는 계획화에서 위대한 청산리정신과
대안의 사업체계를 구현한 것으로서 중앙집권적지도와 지방의 창의 창발성, 프로레
타리아독재와 군중로선을 옳게 배합한 가장 위력적인 체계입니다." (김일성, "인민경제
계획의 일원화, 세부화의 위대한 생활력을 남김없이 발휘하기 위하여: 국가계획위원
회 당총회에서 한 연설(1965년 9월 23일)", 『김일성전집 35』 451~452쪽).

앙에서 이끄는) 계획협력체계로 명명하고 경제계획에서 새로운 부류로 구분지어 되는 데 큰 문제가 없었을 것이다. 그러나 김일성의 조선경제에 대한 새로운 계획체계에 대한 구상은 '계획의 일원화체계'에서 멈추지 않았다. 김일성은 1965년 9월 23일 국가계획위원회 당 총회에서 '계획의 일원화체계'와 함께 '계획의 세부화 체계'를 실현하여야 한다고 주문하였다. 김일성이 보기에 조선의 계획화사업은 과학적 타산과 구체성이 결여되어 경제 모든 부문의 세부분까지 포괄하지 못하기 때문에 설비 이용률도 낮으며 생산도 정상적으로 되지 않고 건설도 되지 않아 경제건설에 심각한 결함이 되고 있었다.

여기에 대한 김일성의 비판을 구체적으로 살펴보면 다음과 같다. 조선에서는 광석 몇 톤, 강철 몇 톤, 시멘트 몇 톤, 자동차 몇 대, 트랙터 몇 대 하는 큰 수자에 대한 계획만 있고 여기에 필요한 부품들 가령 볼트가 몇 개, 치차가 몇 개 하는 세부적인 계획이 부재하다. 이렇듯 세부적인 계획이 없다보니, 설비 이용률이 낮고 완성품을 만들어 내는데 부품들의 수가 맞지 않아 늘 자재와 자원의 낭비가 초래되며, 생산, 건설도 잘 안 될 수밖에 없다는 것이다.[34]

김일성 입장에서 조선의 경제건설의 가장 큰 문제는 자원부족 문제인데, 이러한 실정에서 자재와 자원의 낭비가 세부적 계획의 부재에 인한 계획의 결함으로 가중된다는 것은 결코 허용될 수 없는 일이었다. 이에 대한 김일성의 입장과 태도는 매우 확고하고 강경하였다. 국가계획위원회 일군들 중 일부에서 모든 생산품에 대한 세부적인 계획을 세우는 것이 물리적으로 어렵다는 입장을 표명하자 김일성은 다음과 같이 말하면서 그들의 입장을 호되게 비판하였다.

34) 김일성, 앞의 연설, 453~454쪽.

국가계획위원회 일군들 가운데 다른 나라에서도 하지 못하는 세부계획화를 우리가 어떻게 하겠는가고 생각하는 사람들이 더러 있는 것 같은데 다른 나라에서 못한다고 하여 우리도 하지 못할 조건이 어데 있습니까. 또 어떤 일군들은 세부계획화를 하려면 계획지표가 1만 여종이나 된다고 하면서 주저하는 것 같은데 계획지표가 많다고 하여 물러설수는 없습니다. 지금 천을 많이 짜지만 아이들의 옷을 만들 천은 적으며 뜨락또르나 자동차를 많이 생산하지만 부속품이 없어서 제대로 쓰지 못하고 있습니다. 이것은 다 세부계획화를 잘하지 못하는 것과 관련되어 있습니다. 계획지표가 1만종이 아니라 몇만종이 된다고 하더라도 세부계획화를 하여야 합니다. 세부계획화를 계획지표가 많아서 하루 이틀에 못하면 한두달이나 한해가 걸려서라도 하여야 하며 국가계획위원회에 일군들이 적어서 하기 힘들면 공장, 기업소들에서 사람들을 뽑아 올려서라도 하여야 합니다.[35]

　　김일성의 이러한 교시가 그대로 반영되어 '계획의 일원화와 세부화 체계'는 1965년부터 조선의 공식 경제계획체계로 자리 잡는데 국가적 차원에서 계획을 통일적으로 세우고 관리하는 '계획의 일원화체계'에 모든 부문들과 공장과 기업소들의 세부까지 포괄되고 이들을 빈틈없이 맞물리는 '계획의 세부화 체계'가 더해지고 법적 통제력을 가지면서[36] 조선의 경제계획체계는 중앙집권적 계획명령체계(Centrally Planned Command System)의 성

35) 김일성, "당사업을 강화하며 나라의 살림살이를 알뜰하게 꾸릴데 대하여: 조선로동당 중앙위원회 제4기 제12차전원회의에서 한 결론(1965년 11월 15~17일)", 『김일성전집 35』 235~236쪽.

36) "례를 들어 인민경제적 수요에 비추어 금속공업부문에서 생산, 보장하여야 할 제품의 가지 수가 1,000종이라면 마땅히 1,000종을 다 생산하는 것이 이 부문의 국가적, 법적 과제로 되게 하여야 하며 화학공업부문에서 화학제품을 500종 생산해야 한다면 500종을 국가과제로 맞물려주어야 하고 경공업부문에서 만종을 생산해야 한다면 만종을 법적과제로 다 맞물려주어야 할 것입니다." (김일성, "인민경제계획의 일원화, 세부화의 위대한 생활력을 남김없이 발휘하기 위하여"(1965년 9월 23일), 『김일성전집 35』, 457~458쪽).

격을 갖게 되었던 것이다.

중앙에서 사회의 모든 생산과 유통 그리고 소비를 총괄하여 장악하고 이 모든 것이 빈틈이 없이 맞물리도록 계획하는 것은 어려운 것을 떠나 불가능한 일이다. 사회가 국가적 단위가 되면 계산하고 통제하여야 할 변수가 너무나도 많아지기 때문이다. 슈퍼컴퓨터의 인공지능(artificial intelligence)을 활용하여 이처럼 무수히 많은 변수들을 계산하고 처리하여 계획을 세울 수도 있을 것이다. 그러나 당시는 조선뿐만 아니라 그 어디에도 인공지능을 가능케 하는 슈퍼컴퓨터가 있지 않았고, 만약 있다고 하여도 모든 생산과 유통 그리고 소비가 빈틈없이 맞물리게 계획을 하는 것, 즉 '계획의 세부화'의 실현은 불가능의 영역에 있었다.

불확실성(uncertainty)은 경제 어디에도 존재하며 그것을 통제한다는 것은 마치 날씨와 자연재해를 예측하고 통제하는 것과 같이 불가능한 일이기 때문이다. 경제에서 그리고 우리의 자연에서 불확실성을 배제할 수 없기 때문에 사회의 모든 생산과 유통 그리고 소비를 총괄, 장악하고 이 모든 것이 서로 빈틈없이 맞물리는 계획을 세우고 계획대로 실행하는 것은 가능하지 않는 일이며 그러한 계획을 세우려고 시도하고 노력하는 것조차 바람직하지 않다고 할 수 있다.

그렇다면 김일성은 왜 그토록 '계획의 일원화와 세부화 체계'에 집착하였을까? 위에서 분석되고 살펴보았듯이 조선에서의 자원부족 문제는 더 이상 좌시할 수 없는 수준까지 와 있었기 때문에 최고지도자로서 여기에 대해 대책을 반드시 내놓아야 하는 것이 가장 중요한 이유일 것이다. 김일성이 '계획의 일원화와 세부화 체계'에 집착한 또 다른 이유는 그가 인식하고 있는 사회주의경제의 우월성과 그것이 실현되는 방도 그리고 그가 이상적으로 생각하는 사회주의경제체제의 모습, 즉 집단주의에 바탕을 둔 경제체제에서 찾을 수 있다.

김일성은 생산수단이 사회적으로 소유되어 있는 사회주의사회에서(생산수단이 사적 소유로 되어 있는 자본주의사회와 비교하여) 경제는 계획적으로, 균형적으로 발전할 수 있다고 인식하고 있었다. 여기서 경제가 계획적으로 발전한다는 것은 사회에 존재하고 잠재되어 있는 자원, 생산설비 그리고 노동력과 같은 모든 생산요소들이 유휴 되거나 사장되지 않게 모두 찾아내고 동원하여 경제건설에 활용되는 것을 의미한다.

또한 경제가 균형적으로 발전한다는 것에서의 '균형'이란 크게는 '축적과 소비' 간의 균형, 보다 세부적으로는 공업과 농업, 중공업과 경공업 그리고 생산과 비생산(서비스) 간의 균형을 의미한다. 경제를 계획적으로 그리고 균형적으로 발전시키기 위해서는 일원적(통일적)이며 세부적인 계획이 필요하다는 것이다. 그런데 김일성에 의하면 이러한 계획화 사업을 실행하는 데 크게 두 가지 문제가 존재하며, 이 두 문제가 사회주의경제가 계획적으로 그리고 균형적으로 발전하는 데 걸림돌이 된다는 것이다.

앞에서도 살펴보았지만, 한 가지 문제는 중앙의 주관적 욕망에 의하여 관료주의적으로 계획을 세우기 때문에 그것이 객관성을 가지지 못하며 인민경제에 숨어있는 예비를 다 반영하지 못한다는 것이며, 또 다른 문제는 생산자들이 나라의 전체를 위하기보다는 자기 자신과 자기 기관, 자기 지방의 이익을 앞에 내세우려고 하고, 이와 같은 사람들은 계획을 적게 받아 상금이나 탈 생각이나 하지 조금이라고 더 생산하여 나라에 이익을 줄 생각은 하지 않기 때문에 자원의 낭비가 초래되고 생산의 장성이 제대로 이루어지지 않는다는 것이다.[37)

이 모든 문제들은 '계획의 일원화와 세부화'가 '혁명적군중로선'이 관

---

37) 김일성, "지도일군들의 당성, 계급성, 인민성을 높이며 인민경제의 관리운영사업을 개선할데 대하여: 조선로동당 중앙위원회 제4기 제10차전원회의에서 한 결론(1964년 12월 19일)", 『김일성전집 33』 (평양: 조선로동당출판사, 2001), 466~467쪽.

철되는 '대안의 사업체계'의 틀에서 진행되었을 때 해결될 수 있다는 것이 김일성의 생각이다. 그의 생각을 보다 구체적으로 살펴보면 다음과 같다. 국가계획위원회(또는 지구계획위원회)가 군중노선에 입각하여 직접 생산현장에 내려가 공장당위원회와 함께 근로자들과 협의하여 계획화 사업을 하게 되면 계획은 현실을 반영하여 보다 객관적이 될 수 있다. 또한 공장과 기업소가 확고한 '대안의 사업체계' 틀에서 운영된다면, 즉 당위원회의 집체적 지도 아래에서 당의 정책과 방침이 관철되는 방향에서 운영된다면, 기관본위주의나 지방본위주의도 극소화시킬 수 있다는 것이다. 결국 계획화사업을 '대안의 사업체계'의 틀에서 진행하여 중앙의 관료주의와 생산현장에서의 기관 또는 지방본위(이기)주의를 극복하여 경제를 균형 있게 발전시키자는 것이 김일성의 지론(持論)이다. 이러한 그의 지론에는 그가 이상적으로 생각하는 공산주의 상이 담겨져 있는데 그것은 다음과 같다.

> 자본주의사회에서는 혼자서 잘살기 위하여 서로 경쟁하며 서로 때려 엎으려고 싸우고 있지마는 공산주의사회에서는 모든 사람들이 다 같이 잘살게 됩니다. 우리가 공산주의를 건설하는 것은 혼자서 잘살기 위하여서가 아니라 모든 사람들이 다같이 일하고 다같이 잘살기 위하여서입니다. 공산주의사회에서 사람들은 공동의 리익과 공동의 목적을 가지며 긴밀하게 서로 도와주는 동지적관계를 맺게 됩니다. 공산주의사회에서는 〈하나는 전체를 위하여, 전체는 하나를 위하여〉 모든 사람들이 서로 돕고 고락을 같이하면서 화목하고 단합된 하나의 대가정을 이루게 됩니다. 이와 같은 사회에서는 개인의 향락과 영예만을 바라는 리기주의가 용납될 수 없습니다. 이러한 리기주의정신을 가지고는 공산주의사회를 건설할 수 없으며 공산주의사회에서 살수도 없습니다.[38]

---

38) 김일성, "청소년교양에서 교육일군들의 임무에 대하여: 전국교육일군열성자대회에서 한 연설(1961년 4월 25일)", 『김일성전집 27』 (평양: 조선로동당출판사, 1999), 97쪽.

'하나는 전체를 위하여, 전체는 하나를 위하여'[39]가 경제에 적용되어 조선의 독특한 사회주의경제운영체계로 고안된 것이 바로 '대안의 사업체계'이다.[40] 다시 말하자면 김일성은 '대안의 사업체계'를 통해 그가 그리고 있는 이상적인 공산주의 상에 걸맞은 경제건설을 하려고 하였던 것이다. 그는 계획화사업이 '대안의 사업체계'에서 이루어지게 되면, 중앙(전체)은 주관적이고 관료주의적인 사업행태를 지양할 수 있고(즉, 전체는 하나를 위하고), 각 공장 또는 기업소(하나)는 기관 또는 지방본위(이기)주의를 넘어 사회 전체의 이익을 고려할 수 있기(즉, 하나는 전체를 위하기) 때문에 '계획의 일원화와 세부화'가 실현될 수 있고 경제건설에서 장성을 이룰 수 있다는 것이다.[41]

---

[39] '하나는 전체를 위하여, 전체는 하나를 위하여'라는 명제는 1972년 12월 27일 최고인민회의 제5기 1차 회의에서 개정된 사회주의헌법 제4장(공민의 기본 권리와 의무) 49조에 명시될 정도로 조선에서는 단지 이상적인 상을 넘어 반드시 실현하고 성취하여야 할 과제와 목표가 된다.

[40] "대안의 사업체계는 그전의 사업체계와는 근본적으로 다르며 공산주의적 기업관리의 요소를 많이 가지고 있는 우월한 사업체계입니다. 이 새로운 사업체계는 〈하나는 전체를 위하여, 전체는 하나를 위하여〉라는 집단주의적, 공산주의적 생활원칙을 훌륭히 구현하고있습니다. (김일성, "대안의 사업체계를 더욱 발전시킬데 대하여: 대안전기공장당위원회 확대회의에서 한 연설(1962년 11월 9일)", 『김일성전집 30』(평양: 조선로동당출판사, 2000), 2쪽).

[41] 여기서 당의 역할이 강조되고 부각되는데, 국가계획위원회는 당의 영도 하에, 즉 위가 아래를 도와주는 원칙에서 생산현장에 내려가 공장당위원회와 함께 군중과 협의하여 계획을 수립하고 각 공장당위원회에서는 당의 정책이 관철될 수 있는 방향에서, 즉 각 공장과 기업소가 자신 공장과 기업소의 이익만을 생각하고 고집하는 기관본위(이기)주의에 빠지지 않게 지도하여 '하나는 전체를 위하여 전체는 하나를 위하여'를 관철시킨다는 것이다. 따라서 당원들은 행정경제사업에 끼어들거나 대신하는 소위 '행정경제사업을 가로타서는 행위'는 결코 해서는 안 되며 정치사업, 사람들과의 사업을 통해 근로대중을 꾸준히 교양시키고 당의 정책이 관철되도록 하기 위한 조직사업과 선전사업에 주력해야 한다는 것이다.
이러한 경제사업에서 당과 당원들의 역할과 위상은 조선의 경제의 성격을 논함에 있어서 매우 중요하다. 조선은 사회주의경제체제를 지금까지 고수하고 있다고 하는데 여기서 관건이 되는 것은 바로 경제건설에서 당과 당원들의 역할과 위상에 대한

이러한 계획화사업에서 가장 큰 문제가 되는 것은 계획화의 크기와 범위(scale and scope)이며 김일성도 이 점을 인정하였지만[42] 천리마운동의 시발점이 된 그의 강선제강소 현지지도 경험은 군중노선이 제대로만 실현되고 가동된다면, 대중에게 잠재되어 있는 측량하기 어려운 힘을 일깨울 수 있고 그 무엇도 가능할 수 있다는 그의 믿음에 지대한 영향을 주었던 것으로 보인다. 김일성은 '계획의 세부화 체계'를 경제에 전면적 도입의 필요성을 강조하면서 다음과 같이 말하였다.

> 사회주의사회에서는 나라의 모든 경제생활이 계획에 의하여 진행됩니다. 모든 물자와 자원이 계획적으로 리용되며 모든 공장, 기업소들이 계획에 의하여 움직이고 모든 사람들이 계획에 의하여 일합니다. 그렇기 때문에 계획은 아주 세밀하게, 과학적으로 세우지 않으면 안됩니다. 설비능력, 나라의 자원과 자재, 자금, 로력과 같은 모든 것을 구체적으로 따져 계획을 세워야 합니다. 계획을 세우는 데서는 심지어 측정하기 어려운 사람들의 사상의식수준까지도 타산하여야 합니다. 설비능력은 좀 약하다 하더라도 사람들의 사상의식수준이 높으면 같은 설비를 가지고도 그것을 더 효과적으로 리용하여

변화 여부이다. 만약 당과 당원들의 역할과 위상이 그대로 유지된다면 조선의 주장대로 조선의 경제는 여전히 집단주의에 바탕을 둔 사회주의경제체제라고 할 수 있다. 반면 경제사업에서 당과 당원들의 역할과 위상이 변하여 중국과 같이 정치와 경제가 나뉘어져 각기 다른 영역에 있거나, 대부분의 옛 사회주의국가들과 같이 정치가 경제논리에 밀려 아래 위치하게 된다면 조선의 경제는 더 이상 사회주의경제체제라고 할 수 없을 것이다. 이 주제에 대해서는 2장과 3장에서 보다 구체적으로 살펴보게 될 것이다.

[42] 여기에 대해 김일성은 다음과 같이 말하였다. "계획화사업이 매우 어렵고 복잡한 사업인 것만은 틀림없습니다. 우리가 벌써 거의 20년 동안이나 계획경제를 운영해오고 있으나 아직도 이 사업을 잘하지 못하고 있습니다." (김일성, "지도일군들의 당성, 계급성, 인민성을 높이며 인민경제의 관리운영사업을 개선할데 대하여: 조선로동당 중앙위원회 제4기 제10차 전원회의에서 한 결론(1964년 12월 19일)", 『김일성전집 33』 (평양: 조선로동당출판사, 2000), 464쪽).

생산을 더 많이 낼수 있는 것입니다. 1957년에 강선제강소 로동자들
이 높은 애국적열성을 내여 공칭능력 6만톤의 분괴압연기에서 12만
톤의 강재를 생산한 사실은 이에 대한 좋은 실례입니다.[43]

　　김일성이 이렇게 인식하게 된 계기를 제공한 강선제강소에서 일어난
일에 대해서 좀 더 구체적으로 살펴보자. 최창익, 박금철, 윤공흠 등이
1956년 당 중앙위원회 8월 전원회의에서 '중공업우선정책'과 김일성 우상
화를 반대하면 정치 쿠데타를 일으켰으나, 김일성의 추종세력에게 제압당
하고 실패한다. 이 쿠데타 세력은 당시 소련의 '세브(또는 코메콘)'정책과
소련에서 일어났던 반(反)스탈린 운동에도 적극 찬성하고 동조하여, 이들
의 배경에는 소련이 있었던 것으로 알려졌다. 반 김일성 쿠데타가 실패하
고 쿠데타 세력이 숙청당하자, 소련은 조선에 대한 원조를 전후 복구 3개
년 기간보다 약 50% 이상 줄인다.[44]

　　소련으로부터 오는 원조의 급감은 조선 경제에 치명타와 같았다. '중
공업우선노선'에 절실히 필요한 자본의 많은 부분이 소련을 위시로 한 외
국으로부터 오는 원조에 의존하고 있었으며 '중공업우선정책'을 고수하기
위해서는 외국으로부터 지속적인 원조가 절실하였기 때문이었다. 김일성
은 1956년 12월 전원회의의 '중공업우선정책'을 고수하고 12월 28일 몇몇
일군들을 데리고 강선제강소에 내려가 그곳 지도일군들과 협의회를 열고
다음해에 강재를 계획보다 1만 톤 더 생산할 수 없겠는가? 라고 하니 그들

[43] 김일성, 앞의 결론(1964년 12월 19일), 464~465쪽.
[44] 조선은 소련으로부터 전후복구3년계획 기간(1954년~1956년) 동안 총 3억6천7백5십만
　　달러의 원조를 받았다. 그러나 소련으로부터의 원조는 소위 '8월종파사건' 이후 급격
　　히 감소하여 1957년에서 1960년 기간 동안 조선이 소련으로부터 받은 원조는 1억5천
　　6백만 달러밖에 되지 않았다. (Phillip H. Park, *Self-Reliance or Self-Destruction?* (New
　　York: Routledge, 2001), p. 41).

은 분괴압연기의 공칭능력이 6만 톤이기 때문에 실행하기 어렵다 하였다. 김일성은 공장지도일군들과 더 토론해도 문제가 해결될 것 같지 않아 노동자들에게 직접 호소하기로 하고 창고로 쓰려고 지어 놓은 건물에 노동자들을 모아 놓고 다음과 같은 내용으로 연설을 하였다고 한다.

> 지금 나라의 형편은 매우 어렵습니다. 다음해부터 제1차 5개년계획을 수행하게 되는데 우리에게는 자금과 자재도 부족하고 로력과 설비도 부족하다. 그런데다가 반당반혁명종파분자들은 당을 반대하여 머리를 쳐들고 수정주의자들은 우리에게 압력을 가하고 있으며 미제와 남조선 괴뢰도당은 또다시 '북진'을 하겠다고 떠들어 대고있습니다. 우리는 오직 로동계급밖에 믿을데가 없습니다. 동무들이 내부예비를 찾아내여 강재를 계획보다 1만톤만 더 생산하면 나라가 허리를 펼 수 있습니다.[45]

김일성이 연설을 마치자 노동자들은 모두 일어나 만세를 부르면서 당의 요구대로 강재를 무조건 생산하겠다고 결의하고 나섰으며 모두 합심하여 내부예비(內部豫備)를 동원하여 6만 톤 능력의 분괴압연기에서 12만 톤의 강재를 생산하는 기적을 창조하였다고 한다. 강선제강소의 소식이 전해지자 전국의 많은 공장과 기업소들이 강선제강소 따라 배우기 운동이 일어났다고 하며 이것이 김일성이 조선의 사회주의건설운동과 동의어(同意語)라고 하는 '천리마운동'의 시작이었다.

강선제강소에서 이러한 경험은 김일성으로 하여금 경제건설에서 사람들과의 사업, 즉 정치사업의 중요성을 일깨는 계기가 되었으며 정치사업으로 고무되고 조직된 군중들은 개인들의 단순 합이 아닌 측정하기 어려운

---

45) 김일성, "내부예비를 최대한으로 동원하여 더 많은 강재를 생산하자: 강선제강소 지도일군 및 모범로동자들의 협의회에서 한 연설(1956년 12월 28일)", 『김일성전집 10』, 270쪽.

플러스알파($+\alpha$)의 시너지(synergy)적 능력과 힘을 낼 수 있다는 인식을 심어주었던 것으로 보인다. 이러한 김일성의 인식은 현실에서 과잉된 형태로 나타났다. 위에서 보는 것과 같이 김일성은 강선제강소의 사례를 들면서, "계획을 세우는데 있어서는 심지어 측정하기 어려운 사람들의 사상의식수준까지도 타산하여야 한다"고 하면서 "설비능력은 취약하더라도 사람들의 사상의식수준이 높으면 동일한 설비를 가지고도 그것을 더 효과적으로 이용하여 생산을 더 많이 할 수 있다"고 하였다. 위에서도 분석되었지만, 물질적인 요소들을 모두 아우르는 계획도 불가능의 영역에 있는데 그 실체조차 파악되기 어려운 사상의식수준까지 타산하여 계획을 세우라고 주문하는 것은 과학의 영역을 벗어나는 것이었다.

이런 배경에서 시작된 조선의 중앙집권적 계획체제인 '계획의 일원화와 세부화 체계'는 파행적으로 운영될 수밖에 없었으며 원래 목적이었던 자원의 오남용을 지양하여 낭비를 막고 자원을 효율적으로 그리고 균형적으로 활용하여 경제를 계획적으로 균형적으로 운영하는 것과의 거리는 더욱더 멀어지게 되었다. 국가계획위원회에서는 보다 현실적으로 계획화 사업을 진행하려고 '계획의 세부화'를 수정하려 하였으나 김일성은 이들을 다음과 같이 비판하면서 이들에게 자신의 '계획의 세부화' 방침에 대한 입장은 확고하다는 점을 재확인 시켜주었다.

계획부문일군들은 사회주의경제법칙과 계획화리론을 잘 모르다보니 계획화사업에서 이러저러한 편향을 나타내고 있습니다. 특히 계획화사업에서 우리 당의 혁명적군중로선과 계획의 일원화, 세부화 방침을 옳게 관철하지 못하고 있습니다. 심지어 일부 계획일군들은 세부계획화를 불가능한 것으로 생각하면서 그 실현을 위하여 적극 노력하지 않으며 여전히 낡은 방법에 매여달려 계획을 주관주의적으로, 형식적으로 세우고 있습니다.[46]

또한 병진노선에 의해 중공업에 대한 편파적인 투자가 더욱 심화되면서 생산재생산의 과잉을 그리고 소비재 생산의 부족 현상이 초래되면서 '축적과 소비' 사이의 불균형은 더욱 악화되면서 조선 근로자들과 농민들의 생산에 대한 의욕도 떨어지게 되었다.[47] 이렇듯 조선에서 '축적과 소비'의 불균형 문제는 항시적인 것이 되었다. 또한 경제 규모가 커질수록 '계획의 일원화와 세부화 체계'에 바탕을 둔 중앙집권적 계획체제는 더욱 심각한 난관에 봉착하게 되고 시간이 지날수록 계획에서 일원화와 특히 세부화는 실현하기 어려운 과제가 되었다.[48]

---

[46] 김일성, "기업관리를 정규화하기 위한 교육사업을 잘할데 대하여: 인민경제대학창립 20돐 기념보고회에서 한 연설(1966년 6월 30일)", 『김일성전집 37』, 22~23쪽.

[47] 이것은 김일성의 다음 연설에서 확인된다. "오늘 우리나라의 전반적공업토대는 공업국가의 수준에 올라섰으나 인민생활은 아직 높지 못하며 중공업의 발전에 비하여 경공업은 뒤떨어져있습니다…(중략)…다 아는바와 같이 사회주의경제건설에서 가장 중요한 것은 축적과 소비, 생산수단생산과 소비재 생산의 균형을 옳게 맞추는 것입니다. 만일 이 균형을 옳게 맞추지 않으면 확대재생산을 끊임없이 실현할 수 없으며 인민생활을 체계적으로 높일수 없습니다." (김일성, "지방공업을 발전시켜 인민소비품생산에서 새로운 전환을 일으키자: 전국지방산업일군대회에서 한 연설(1970년 2월 27일)", 『김일성전집 44』 (평양: 조선로동당출판사, 2002), 261쪽).

[48] 이 점은 계획의 일원화와 세부화 체계가 시행된 지 이미 오랜 시간이 지났어도 계획화사업이 제대로 진행되지 않는다는 김일성의 다음 지적들을 통해 알 수 있다.
"우리가 내놓은 계획의 일원화, 세부화 방침은 사회주의경제를 가장 과학적으로, 합리적으로 관리 운영할 수 있게 하는 우월한 계획화방침입니다. 그런데 지금 계획의 일원화, 세부화 방침을 옳게 관철하지 못하여 수요와 공급이 맞지 않게 자재공급계획을 세우고 있으며 그렇게 하니 자재공급에서 혼란이 생기고 있습니다." (김일성, "인민경제의 계획규률을 강화하며 사회주의경제건설에서 새로운 앙양을 일으킬데 대하여: 조선로동당 중앙위원회 제5기 제19차전원회의에서 한 결론(1979년 12월 12일)", 『김일성전집 70』 (평양: 조선로동당출판사, 2007), 490쪽).
"나는 이미 오래전에 계획의 일원화, 세부화 방침을 내놓고 그것을 철저히 관철할데 대하여 강조하였습니다. 그런데 지금 계획의 일원화, 세부화 방침을 정확히 관철하지 못하여 나라의 경제를 계획적으로 발전시키는데 일정한 지장을 주고있습니다." (김일성, "정무원 책임일군들의 역할을 높여 당의 경제정책을 철저히 관철하자(조선민주주의인민공화국 정무원 책임일군협의회에서 한 연설(1980년 3월 5일)", 『김일성전집 71』 (평양: 조선로동당출판사, 2007), 76쪽).

3. 축적과 소비의 불균형에 대한 시정노력

3-1) part I: 경공업육성

소비재 생산이 지속적으로 부진되는 현상도 그냥 좌시할 수 없는 문제였다. 이에 조선은 국가 투자의 우선순위를 바꾸기보다는 한편으로는 대규모 공장과 기업소에서 소비재를 생산하는 분공장(分工場)[49]을 만들게 하고 또 다른 한편으로는 군(郡) 단위 지방들에서 필요한 소비재 생산을 지방스스로 하는 자구책으로 소비재 생산의 부진을 만회하려고 하였다. 김일성은 이러한 자구책을 '분공장체계[50]'라고까지 하였는데 소비재 생산을

"국가계획위원회 일군들에게 주관주의, 관료주의, 형식주의, 요령주의가 얼마나 심한가 하는것은 그들이 똑똑한 기초자료가 없이 계획화사업을 하고 있는것만 보아도 잘 알 수 있습니다. 국가계획위원회 일군들이 계획을 세우는데 필요한 기초자료들을 가지고 있지 못하다보니 무슨 계획을 얼마 높이라고 하면 구체적인 타산도 없이 계획수자만 높여 아래에 내려 보내고 있습니다." (김일성, "인민경제계획화사업을 개선 강화할데 대하여: 정무원 및 국가계획위원회 책임일군들과 한 담화(1982년 12월 2일)", 『김일성전집 76』 (평양: 조선로동당출판사, 2008), 525쪽).

[49] 김일성은 삭주직물공장과 수풍직물공장을 분공장의 예시로 제시하며 분공장체계를 다음과 같이 구체적으로 설명하였다.
"당은 분공장체계를 전국적으로 실시하기 전에 먼저 시험적으로 구성방직공장을 모체공장으로 하고 삭주직물공장과 수풍직물공장을 분공장으로 하는 하나의 분공장체계를 만들어 운영하도록 하였습니다. 구성방직공장에서 기사장을 비롯한 기술일군들이 자주 분공장에 나가 걸린 문제를 풀어주고 기술적으로 적극 도와준 결과 삭주직물공장과 수풍직물공장은 짧은 기간에 몰라보게 달라졌습니다. 삭주직물공장은 처음에 보잘 것 없는 자그마한 공장이였는데 지금은 신발용천을 짜는 훌륭한 공장으로 되었습니다. 수풍직물공장도 처음에는 수풍발전소의 창고를 하나 내여 거기에 직기 몇 대를 들여놓고 집에서 놀고있던 가정부인들로 조직한 자그마한 공장이였습니다. 그런데 구성방직공장에서 이 공장을 잘 도와주었습니다. 설비들이 고장나면 제때에 고쳐주고 못쓰게 된 설비는 새 것으로 바꾸어주었습니다. 그리하여 오늘 이 공장도 질 좋은 천을 짜내는 훌륭한 공장으로 되었습니다." (김일성, "7개년계획의 중요 고지들을 점령하기 위하여 천리마의 기세로 총돌격하자: 조선로동당 중앙위원회 제4기 제17차전원회의 확대회의에서 한 결론(1968년 4월 25일)", 『김일성전집 40』 (평양: 조선로동당출판사, 2001), 303쪽).

증산하기 위해 만들어진 '분공장체계'는 기존 경공업체계에 비해 지도에서 합리성을 높이고 지방(또는 노동자구(勞動者區)[51]와 같은 지역) 스스로 필요한 소비재를 지방의 부존자원 또는 '예비'라고 불리는 생산과정에서 남거나 쓰이지 않았던 자원에 의거하여 생산하도록 하여 자조(自助)적이며 중앙에서 큰 투자 없이 소비자들의 생활필수품을 생산할 수 있어 경제적인 것으로 평가 받을 수 있다. 그러나 '분공장체계'를 통해 소비재 생산을 획

[50] 분공장이 처음 언급된 것은 김일성의 1962년 8월 8일 지방당 및 경제일군창성연석회의에서 한 결론에서였으며 분공장체계가 처음 언급된 것은 1968년 4월 25일 김일성의 조선로동당 중앙위원회 제4기 제17차전원회의 확대회의에서 한 결론에서였다. 분공장은 처음에는 어느 특정한 소비재를 생산하는 공장에서 노동자구나 먼 곳까지 그 소비재를 공급하기 어려울 경우 소규모의 분공장을 노동자구 등지에 내는 것을 의미하였으나 분공장들을 통해 소비재 생산을 증산하려는 의도에서 분공장체계로 확대, 강화되었던 것이다. 나아가 분공장이 '분공장체계'로까지 의미부여가 되었던 것은 분공장이 도시의 공장이나 노동자구에서 뿐만 아니라 지방(군 단위)에서 운영하는 지방 가내작업반까지 포함하고 있는 전국적 차원의 프로젝트였기 때문이다.
김일성은 지방산업공업에서 군지방공업경영위원회의 역할을 높여야 함을 강조하면서 다음과 같이 말했다. "지방공업을 발전시키는 것과 함께 가내작업반을 더 많이 조직하여야 하겠습니다. 우리 일군들은 반드시 공장을 차려놓아야만 상품이 나올수 있는 것처럼 생각하는데 이것은 잘못입니다. 간단한 생활필수품이나 식료품은 가내작업반에서도 만들수 있습니다…(중략)…우리는 큰 공장을 지을 생각만 하지 말고 가내작업반을 많이 꾸리고 거기에 털실을 비롯한 소소한 자재를 대주어 여러 가지 소비품을 만들도록 하여야 하겠습니다. (김일성, "당사업을 강화하며 나라의 살림살이를 알뜰하게 꾸릴데 대하여: 조선로동당 중앙위원회 제4기 제12차전원회의에서 한 결론 (1965년 11월 15~17일)", 『김일성전집 36』(평양: 조선로동당출판사, 2001), 119~120쪽).

[51] 400명 이상의 성인 주민들이 살고 있고 그들의 65% 이상이 노동자들로 이루어진 공장·광산·탄광·임산 마을과 어촌 등에 조직되는 말단 행정단위. 1952년 12월 조선 전역의 행정구역 개편(3단계)시 새로 등장했으며 노동력을 집단적으로 관리하여 생산성·효율성을 높이고 통제를 좀 더 용이하게 하기 위해 일정 구역을 설정했다. 노동자의 직장(광산·공장·어촌·농장·임산기지 등), 주거지, 학교, 공공시설이 모여 있어 하나의 지역사회 내지 행정구역을 형성하며 그 규모는 동 또는 읍 단위 정도이다. 최초의 시행 당시에는 41개 노동자구가 신설되었다. 2002년 3월 통일부의 발표에 따르면 평양직할시에 10개의 노동자구가 있으며 평안남도에 29개소. 평안북도에 31개소. 자강도에 17개소. 양강도에 66개소. 함경남도에 32개소. 함경북도에 44개소. 황해남도에 10개소. 황해북도에 7개소. 강원도 7개소로 총 255개의 노동자구가 있다. (NKChosun: http://nk.chosun.com/bbs/list.html?table=bbs_22&idxno=3671&page=1&total=42&sc_area=&sc_word=)

기적으로 늘여 소비재를 수요에 맞게 공급하는 데에는 한계가 있었다.

김일성도 인정하고 있듯이 '분공장체계'는 중앙에서 운영하는 규모가 크고 기술적 토대가 튼튼한 공장들이 같은 지역 또는 지방에 있는 기술력이 상대적으로 취약한 중소규모의 공장을 도와주는 체계[52]로 중앙에서 운영하는 공장들이 중소규모의 공장들의 상황을 정확히 파악하고 관리와 운영에 필요한 노하우(know-how) 적절히 알려주고 지도해 줄때 효과를 볼 수 있다. 결국 이러한 체계는 제도적(institutionally)으로 규정되고 집행되지 않으면 효과를 보기 어려운 것이었다.

제도적인 뒷받침 없이 또 물질적인 투자 없이 단지 당의 의도와 의지만 강조하고 밀어붙인다고 소비재 생산에서 획기적인 증산은 일어나기 어렵다. 그러나 분공장체계를 만들어서 활성화하라는 김일성의 지시가 있었으므로 분공장은 우후죽순(雨後竹筍) 격으로 전국으로 퍼져나가게 되었으며 후에 1983년부터 김정일의 발기와 지도로 본격적으로 일어난 '8월3일인민소비품생산운동'과 '고난의 행군'시기 '장마당'으로 일컫는 시장이 확산되는 배경과 토대가 된다.

〈표 1-1〉에서 보는 것과 같이 조선은 1972년부터 총지출의 30%를 상회하던 국방비를 약 절반 정도인 17%로 줄인 이후부터 '고난의 행군'이 본격적으로 시작되는 1994년까지 총지출의 11%에서 16% 안팎에서 국방비를 지출하였다. 이것은 병진노선이 본격적으로 시작되지 이전 국방비의 비중과 비교하여 볼 때 큰 차이가 있는 것이다. 병진노선이 1966년 10월 당대표자회에서 공식화된 이후 조선의 국방비는 1967년부터 1971년 기간 동안 총지출의 30%를 상회하는데, 이것은 병진노선에 입각한 '자위적군사화방침'에 따른 '전인민의 무장화', '전국의 요새화', '전군의 간부화' 그리고 '전군의

52) 김일성의 앞의 결론(1965년 11월 15~17일), 『김일성전집 36』, 117쪽.

현대화'를 추진하면서 추가적으로 들어간 비용이었다.[53] 즉 총예산에서 14%~19%[= 30% - (11%~16%)] 정도가 추가 비용인 것이었다.

병진노선이 실질적으로 시작된 1964년 이전 국방비가 국가예산지출총액에서 차지하는 비중은 3%~9%로, 군(軍)을 유지하고 운영하는 최소 경상비용이었을 것이다. 그렇다면 1973년부터 1994년까지의 총지출에서의 국방비 비중인 11~16%에서 최소 경상비용을 제(除)한 것이 바로 민간경제 모든 부문에서 군수물자를 생산할 수 있는 체계를 만들고 유지, 운영하는 데 들어가는 비용이라고 추정할 수 있다(각주 17 참조). 즉 추가적 비용 지출로 '전민무장화', '전국요새화', '전군간부화' 그리고 '전군현대화'의 목적을 어느 정도 이룬 다음, 민간경제부문에서 군수물자를 생산할 수 있는 체계를 만들고 운영하는 것에 매년 총예산에서 7~8% 추가적으로 배정된 것이었다.

김일성은 경제의 모든 부문이라고 했지만, 대부분의 군수물자가 중공업에서 생산되는 점을 고려할 때 이 추가적 예산 배정은 중공업부문에 집중되었을 것이다. 그러나 한편으로 김일성은 6개년계획기간(1971~1976) 동안 경공업의 저발전(underdevelopment)을 가장 중요한 문제로 지적하고 경공업에 대한 투자를 늘려 자체로도 경공업공장을 많이 건설하는 것은 물론이고 외국에서 공장 자체를 사와서라도 경공업을 발전시켜야 한다고 강조하였다.[54]

김일성은 또한 재일동포 과학자대표단과 한 담화에서 현재(1972년)

[53] 이것은 김일성의 다음의 발언에서 확인할 수 있다. "1966년에 열렸던 당대표자회의는 조성된 정세에 대처하여 경제건설과 국방건설을 병진시킬데 대한 로선을 내놓았으며 이에 따라 전국요새화, 전민무장화, 전군간부화, 전군현대화 방침을 관철하는데 많은 추가적투자를 하였습니다." (김일성의 앞의 연설(1970년 2월 27일), 『김일성전집 44』, 264쪽)

[54] 김일성, "조선로동당 중앙위원회 제5기 제3차전원회의에서 한 결론(1971년 11월 18일, 23일)", 『김일성전집 47』 (평양: 조선로동당출판사, 2003), 456쪽.

인민생활과 직접 연관 되어 있는 경공업, 화학공업 부문에 투자를 많이 하고 힘을 집중하고 있고, 특히 도(道)단위로 지방 경공업공장들을 많이 건설하고 있으며 경공업제품의 양과 가지 수를 늘리고 그 질을 높이기 위한 투쟁을 힘 있게 벌리고 있다고 하였다.[55] 나아가 그는 이러한 투쟁을 2~3년간 잘하면 인민들에게 질 높은 경공업제품들을 충분히 공급할 수 있어 인민들의 생활수준을 지금보다 훨씬 높일 수 있을 것[56]이라고 자신하였다.

결국 1972년부터 경공업에 대한 투자가 이전 기간(1963~1971)보다 늘어났다는 것인데 '김일성전집'을 비롯한 조선 어느 문헌에도 총예산에서 경공업에 할당된 비중이나, 투자액수는 찾아 볼 수가 없다. 그러나 김일성은 6개년기간 중 경공업에 투자를 제1차 7개년계획기간 늘려 하고 있다고 누차 강조하였으며, 1975년 10월 호주 기자인 베체트(Burchett)와 한 담화에서 6개년계획기간 중에 경공업에 대한 투자를 많이 하여 6개년계획을 앞당겨 완수할 수 있게 되었다[57]고 한 점 등을 미루어 보아 6개년계획기간 중 경공업에 대한 투자는 제1차7개년계획기간보다 늘어난 것으로 보인다.

그러면 얼마나 늘어났을까? 6개년계획기간(1971~1976) 동안 총지출에서 국방비가 차지하는 비중의 평균은 18.8%이며 제2차7개년기간(1978~1984) 동안 총지출에서 국방비가 차지하는 비중의 평균은 14.9%이다. 이것의 차(差)는 3.9%이다. 조선이 이 두 기간 중 경공업 이외에 대한 다른 부문에 투자를 늘리지 않았다고 하면 3.9% 모두 경공업에 대한 투자로 배당되었

---

55) 김일성의 앞의 연설(1970년 2월 27일), 『김일성전집 44』, 279쪽.

56) 김일성, "재일본조선인과학자들은 우리 나라의 과학기술발전에 적극 이바지하여야 한다: 재일본조선인과학자대표단과 한 담화(1972년 12월 16일)", 『김일성전집 50』 (평양: 조선로동당출판사, 2003), 149쪽.

57) 김일성, "오스트랄리아 작가이며 기자인 월프레드 버체트와 한 담화(1975년 10월 21일)", 『김일성전집 58』 (평양: 조선로동당출판사, 2005), 111~112쪽.

을 것이다. 그러나 김일성도 밝히고 있지만[58], 조선은 자립경제건설노선에 입각해 경공업의 원료와 자재도 자체로 생산하는 공업구조와 체계를 지향하고 있었다.

따라서 경공업의 대표적인 방직공업을 발전시키기 위해서는 방직공업의 원료를 생산하는 2.8비날론공장(화학공업)의 생산을 추동시켜야 하며 2.8비닐론공장의 원활한 가동을 위해서는 비날론의 원료가 되는 석탄 공급이 제대로 이루어져야 한다. 또한 이 모든 것을 원활히 운영하기 위해서는 전력공업의 든든한 뒷받침이 필요하다. 이러한 점들을 고려할 때 위의 총지출의 3.9%는 일부는 경공업에, 또 일부는 다시 화학공업 등과 같은 중공업에 투자되었을 것인데, 김일성의 다음 발언에서 통해 중공업에 더 많은 비중이 투자되었음을 감지할 수 있다.

> 우리에게는 지금 좋은 천이 많지 못합니다. 그래서 우리는 한 3년동안 화학공업과 방직공업에 힘을 넣어 좋은 천을 더 많이 생산하려고 합니다. 우리의 경험에 의하면 경공업공장들을 건설하는 것은 그리 어렵지 않습니다. 우리가 힘을 조금만 넣으면 경공업공장들을 얼마든지 건설할 수 있으며 인민들의 생활을 훨씬 높일 수 있습니다. 제일 힘든 것은 국방공업을 건설하는 것입니다…(중략)…우리는 지난날과 마찬가지로 앞으로도 계속 중공업을 우선적으로 발전시키려고 합니다. 중공업의 토대만 튼튼하면 경공업을 발전시키는 것은 그리 어렵지 않습니다.[59]

공업에 대한 총투자에서 중공업과 경공업의 비중은 각각 60%와 40% 정도였을 것으로 추정된다.[60] 이것은 병진노선 초기 8년 동안 공업에 대한

58) 김일성, 앞의 연설(1970년 2월 27일), 282쪽.

59) 김일성, "총련조직을 더욱 강화할데 대하여: 재일조선인축하단과 한 담화(1972년 6월 14일)", 『김일성전집 49』(평양: 조선로동당출판사, 2003), 103쪽.

총투자에서 중공업과 경공업의 비중이 각각 80%와 20%인 것보다는 높은 것이었다. 경공업에 대한 투자가 늘어나 것에 힘입어 6개년계획기간 중 경공업생산액 목표를 달성하여 조선에서 소비품생산은 양적으로 늘어났다. 그러나 질적으로 낙후되어 소비자들의 소비품에 대한 수요를 충족시키기에는 부족하였다.[61]

더 큰 문제는 위에서도 지적되었지만 자립적 경제건설의 노선에 따라 자기완결적인 경제구조와 체계를 구축시키다 보니 경공업을 발전시키기 위해서는 중공업을 더욱 발전시켜야 하였고, 소위 '축적(accumulation)과 소비(consumption)사이의 균형'은 늘 중공업에 대한 편파적인 투자로 인하여 이루기 어려운 요원한 목표가 되었다. 이와 같은 축적과 소비 간의 지속적인 불균형으로 인하여 근로자들의 노동에 대한 동기는 지속적으로 떨어지게 되었으며 조선경제는 중공업에 대한 물리적인 투자가 늘어나도 생산이 그것에 상응하여 늘어나지 않는 수확체감 법칙(the law of diminishing return)의 영역 깊숙한 곳으로 빠지게 되었다.

3-2) part II: 지방예산제와 지방산업공장

축적과 소비의 균형을 맞추기 위한 노력의 일환으로 조선은 1973년

---

[60] 이러한 총 공업투자에서 중공업과 경공업의 비중 배분은 병진노선이 나오기 이전의 비중 배분을 따른 것이다.

[61] "최근에 경공업건설을 많이 하였기 때문에 축적의 장성에 소비의 장성을 빨리 따라 세울 수 있는 조건이 마련 되었습니다. 그러나 아직도 우리가 그처럼 중요시하는 축적과 소비사이의 균형문제가 원만히 풀렸다고는 볼수 없습니다. 축적과 소비사이의 균형을 바로잡는데서 6개년계획기간에 큰 전진이 있었지만 우리는 축적과 소비사이의 균형을 원만히 보장하기 위하여 계속 노력하여야 합니다." (김일성, "제2차7개년계획 작성방향에 대하여: 계획부문일군협의회에서 한 연설(1974년 7월 10~11일)", 『김일성저작집 55』 (평양: 조선로동당출판사, 2004), 15쪽).

지방스스로 자신의 살림살이를 책임지는 '지방예산제'를 실시한다. 김일성은 1975년 4월 8일 최고인민회의 제5기 제5차회의에서 지방예산제'를 원만하게 실시하려면 지방예산수입을 결정적으로 늘여야 하며 지방예산수입을 늘리는 데서 가장 중요한 것은 지방공업을 빨리 발전시키는 것이라고 지적하였다. 또한 지방공업을 발전시키는 것은 지방예산수입을 늘리기 위해서뿐 아니라 일회용잡화생산을 빨리 추켜세우기 위해서도 절박한 요구로 나서고 있다고 하면서 재차 지방공업을 활성화시키고 발전시킬 것을 주문하였다.[62]

　　이로부터 5년이 지난 1980년 3월 26일 당 중앙위원회 정치위원회에서 김일성은 지방예산을 세우는 데서 무엇보다 중요한 것은 수입을 더 늘리는 것이라면서 지방예산수입을 늘리려면 '지방산업공장'들을 정상적으로 돌려 여러 가지 생활필수품을 많이 만들어 인민들에게 팔아주어야 한다면서 다시 소비에서 지방공업의 역할을 강조하였다. 나아가 그는 정무원에서는 도들에 외화벌이 과제를 똑똑히 주고 돈을 벌어 경공업원료도 자체로 사다가 쓰도록 하여 지방자치권을 높이며, 지방예산에서 국가에 바치는 돈을 늘리지 않도록 하여 지방이 자신이 번 돈을 가지고 지방경제를 발전시켜 인민생활을 높이도록 하여야 한다고 강조하였다.[63] 이렇듯 김일성은 지방공업육성을 축적과 소비의 불균형을 해소하는 방안의 하나로 보고 지방의 자치권을 높여서라도 지방공업을 육성하려고 하였다. 지방도 이에 호응하여 지방공업육성을 위한 자체적인 노력을 1973년 이후 지속적으로 하여 왔다.

[62] 김일성, "지방예산제를 더욱 발전시킬데 대하여: 조선민주주의인민공화국 최고인민회의 제5기 제5차회의에서 한 연설(1975년 4월 8일)",『김일성저작집 57』(평양: 조선로동당출판사, 2003), 3~10쪽.

[63] 김일성, "올해 국가예산을 바로세울데 대하여: 조선로동당 중앙위원회 정치위원회에서 한 연설(1980년 3월 26일)",『김일성전집 71』, 155쪽).

그러나 지방의 이러한 노력은 '계획의 일원화와 세부화 체계' 밖에서 진행되는 것이라서 국가계획위원회가 제동을 걸었던 것으로 보인다.

이에 대한 김일성의 반응은 1974년 7월 10일과 11일에 열린 계획부문 일군협의회에서 한 연설에서 찾아볼 수 있다. 그는 6개년계획기간 중 축적과 소비 사이의 균형을 바로잡는 데 큰 전진이 있었지만 축적과 소비 사이의 균형을 원만히 보장하기 위하여 계속 노력하여야 한다고 하면서 제2차7개년계획의 총론적 작성 방향에 대해서 교시하여 제2차7개년계획에서 가장 중요한 과제도 6개년계획과 같이 축적과 소비의 균형, 즉 소비를 늘여 축적과 균형을 맞추는 것에 두었다. 그는 제2차7개년계획을 세우는 데서도 '계획의 일원화와 세부화'의 원칙을 지켜야 한다고 하면서 다음과 같이 말하였다.

> 계획을 일원화한다고 하여 지방의 창발성을 너무 억제하여서는 안 됩니다. 지방의 창발성을 적극 장려하여야 합니다…(중략)…일용품생산과 식료품생산을 발전시키고 편의봉사망을 늘이는데서 지방들이 창발성을 적극 발휘하게 하여야 인민들의 생활을 더 빨리 높일수 있습니다. 우리 계획일군들이 계획의 일원화체계에 대하여 너무 협소하게 생각하는것 같은데 지방에 창발성을 주는 것이 결코 일원화 계획체계와 모순되지 않습니다. 지방계획기관들에 방향을 주어 지방계획을 만들게 한 다음 그것을 국가의 유일적 계획화체계에 넣으면 그것도 계획의 일원화를 실현하는 것으로 됩니다. 그리고 이번 전망계획 작성에서 계획을 조잡하게 세우지 말고 계획의 세부화를 똑똑히 실현하여야 하겠습니다. 계획의 세부화를 철저히 실현하려면 모든 생산 예비와 잠재력을 다 알아야 합니다. 그래야 세부적으로 모든 것을 잘 맞물릴 수 있습니다.[64]

[64] 김일성, 앞의 연설(1974년 7월 10~11일), 50쪽.

위에서 보는 것과 같이 김일성은 지방에 '창발성'을 주는 것이 '계획의 일원화체계'와는 모순되지 않으니 지방에서 창발성을 발휘하여 소비품을 생산하고 유통하는 것을 적극 장려하여야 한다고 하였다. 그러나 계획이 사전(ex-ante)적인 것이기 때문에 당년계획은 그 전년도에 마련되어야 계획으로서의 그 의미가 성립된다. 김일성이 지목한 지방의 '창발성'이란 지방에서 스스로 유휴 자재나 자원을 찾아내고 내비를 동원하여 그 지방에 필요한 소비품의 생산과 유통을 하는 것을 일컫는데 지방에 있는 유휴자재나 자원 그리고 내비는 그 성격상 계획화사업에 들어가기가 어렵다. 가령 어느 군(郡)에서 유휴자원을 찾아내어 식료품공장을 만든다고 하면 그 군에서도 유휴자원을 사전에 정확히 파악할 수가 없기 때문에 지방계획기관들이 아무리 노력한다고 해도 지방계획에 포함시킬 수가 없게 된다.

또한 이러한 지방의 '창발성'은 '계획의 세부화 체계'와는 결코 같이갈 수 없다. '창발성'은 물질적 동기가 동반되거나 김일성의 말대로 '정치사업'으로 독려되는데 여기에 대한 성과를 사전에 정확히 파악하는 것은 가능하지 않기 때문이다. 이렇듯 경제에서 지방자치권의 비중이 높아지면서, '계획의 일원화와 세부화 체계'는 더욱 더 실현하기 어려운 과제가 되어버렸다.

지방산업공장들, 특히 중소규모의 지방공장들은 원래부터 계획화사업에 포함되지 않았기 때문에 '지방예산제'로 지방의 자치권이 높아지고 지방이 자신이 번 돈을 지방산업공장들에게 투자하여 지방에서 필요한 소비품을 스스로 생산하게 허용하고 권장함으로써 이들 공장들은 '계획의 일원화, 세부화 체계' 밖에서 운영되게 되었다. 그리고 그 규모가 커지면 '계획의 일원화, 세부화 체계' 밖에서 운영되는 경제의 규모 또한 커지면서 전체 경제에서 '계획의 일원화와 세부화 체계'의 영역은 작아진다. 그러나 한편으로 축적과 소비의 만성적인 불균형이 지방공업 육성으로 인해 해소되어 가고 있다는 자신감을 얻고 있을 때[65] 김일성은 축적과 소비의 균형을 결정적으로 악화시키는 경제건설 계획안을 발표한다.

4. 중공업우선정책으로의 회귀: 사회주의경제건설의 10대전망목표

조선은 1980년 10월 제6차 당대회를 갖게 되는데 여기서 김일성은 사회주의경제건설의 10대전망목표(이하 '10대전망목표')를 다음과 같이 내놓는다.

> 우리는 인민경제 모든 부문에서 생산을 높은 속도로 장성시켜 가까운 앞날에 한해에 1,000억키로와트시의 전력, 1억 2,000만톤의 석탄, 1,500만톤의 강철, 150만톤의 유색금속, 2,000만톤의 세멘트, 700만

---

[65] 김일성이 이러한 자신감을 얻었을 시기는 1980년이었던 것 같다. 그는 전국 지방산업일군대회에서 다음과 같이 말하였다.
"우리 당이 대규모의 중앙공업과 중소규모의 지방공업을 병진시킬데 대한 방침을 처음 내놓았을 때 우리 나라의 지방공업은 보잘 것 없었으며 우리 일군들은 지방공업을 창설하는 문제를 매우 어렵게 생각하였습니다…(중략)…그러나 각급 당조직들과 전체 당원들과 근로자들은 분발하여 지방산업공장을 대대적으로 건설하기 위한 투쟁을 힘있게 벌렸습니다. 특히 1962년 8월 지방 당 및 경제일군창성련석회의가 있은 이후시기와 1970년 2월 전국지방산업일군대회가 있은 이후시기에 지방산업공장을 건설하는 사업이 활발히 벌어졌습니다. 그리하여 오늘 지방산업공장은 1969년에 비하여 거의 2배로 늘어났으며 군마다 평균 18개 이상의 지방산업공장을 가지게 되였습니다…(중략)…지방공업부문에서 처음에는 만들기 쉬운 몇가지 제품을 생산하였다면 지금은 인민생활에 필요한 여러 가지 제품을 만들어 내고 있습니다. 오늘 우리의 지방공업은 인민소비품생산에서 중요한 자리를 차지하고 있으며 나라의 공업총생산액에서 차지하는 몫도 대단히 높아졌습니다…(중략)…일제의 식민지통치로 말미암아 수공업마저 다 파괴되고 전쟁에 의하여 모든것이 잿더미로 되였던 빈터우에서 령으로부터 시작하여 짧은 기간에 거의 4,000개나 되는 현대적인 지방산업공장을 건설하여 인민들이 먹고 입고 쓰고 사는데 필요한 것을 자체로 생산보장할 수 있게 된것은 기적이라고 말할 수 있습니다(필자 강조)." (김일성, "지방공업을 더욱 발전시키자: 전국지방산업일군대회에서 한 연설(1980년 6월 30일)", 『김일성전집 71』 (평양: 조선로동당출판사, 2007), 379~381쪽).

톤의 화학비료, 15억메터의 천, 500만톤의 수산물, 1,500만톤의 알곡을 생산하며 앞으로 10년동안의 30만정보의 간석지를 개간하여야 하겠습니다. 이것이 1980년대에 우리가 도달하여야 할 사회주의경제건설의 10대전망목표입니다."[66]

'10대전망목표'는 매우 웅대한 것이라고 김일성도 인정하였지만, 이것은 매우 웅대한 것을 떠나 불가능에 가까운 목표였다. 김일성은 제2차7개년계획(1978~1984)에 대해서 이야기하면서 제2차7개년계획이 가져올 성과에 대하여 다음과 같이 예측하였다.

1984년에 가서 전력생산을 560억~600억키로와트시에 이르게 할 것이다. 제2차7개년계획기간에 한해동안의 석탄생산량은 7,000만~8,000만톤, …(중략)…유색금속 100만톤고지를 점령할것이다…(중략)… 강철생산은 740만~800만톤…(중략)…1984년에 세멘트생산량을 1,200만~1,300만톤에 이르게 할것이다…(중략)…1984년에 가서 직물생산량을 8억메터에 이르게 하여야 한다…(중략)…1984년에 수산물생산량을 350만톤…(중략)…제2차7개년계획기간에…(중략)…알곡 1,000만톤고지를 점령하며…(중략)…새 대상들에 힘을 집중하여 10만정보의 간석지를 막을것이다.[67]

위의 김일성의 예측에서 볼 수 있듯이 '10대전망목표'는 제2차7개년계획에서 각 부문별 목표액보다 40~50% 많은 것이다. 또한 '10대전망목표'는 1980년대 사회주의경제건설의 전망목표, 즉 1980년대 안에 성취하여야 할

66) 김일성, "조선로동당 제6차대회에서 한 중앙위원회사업총화보고(1980년 10월 10일)", 『김일성전집 72』(평양: 조선로동당출판사, 2007), 295쪽.

67) 김일성, "조선민주주의인민공화국 인민경제 발전 제2차7개년(1978~1984)계획에 대하여: 조선민주주의인민공화국 최고인민회의 법령 최고인민회의 제6기 제1차회의에서 채택(1977년 12월 17일)", 『김일성전집 65』(평양: 조선로동당출판사, 2006), 423~430쪽.

목표이므로 제2차7개년계획은 성공적인 수행을 전제(前提)할 뿐만 아니라 다음 7개년계획기간(1987~1993) 동안 제2차7개년계획기간보다 높은 성장률을 구가하여야 성취될 수 있는 목표였다. '계획의 일원화와 세부화 체계'가 제대로 그리고 원만히 진행되지 않아 자원부족 문제가 더욱 악화되고 축적과 소비의 균형이 맞지 않는다는 비판을 지속적으로 해온 김일성이지만, 그에게 1956년 12월 강선제강소의 현지지도경험은 너무나도 강하게 각인되어 있었던 것 같다.

그는 '천리마운동'에서 이루어진 엄청난 증산이 정치사업을 잘 만하면 언제든지 재현될 수 있는 일로 간주하고 '10대전망목표'를 내놓았던 것이다. 그러나 조선의 상황은 그리 녹록치가 않았다. 앞에서도 분석되었지만 축적과 소비의 지속적인 불균형으로 근로자들의 노동 그리고 생산에 대한 동기가 취약해지고 있었으며 '천리마운동'식의 대중을 동원하여 때때로 벌이는 증산운동으로 인하여 내부예비(內部豫備)도 고갈되고 있었다. 이러한 상황에서 생산력을 높일 수 있는 유일한 방법은 기술혁신(technological innovation)뿐이었다. 조선은 기술혁신의 중요성은 인지하고 공산주의사회를 건설하는 데 인민정권에 사상, 기술, 문화의 3대혁명을 더하면 된다는 입장에서 3대혁명을 1970년부터 추진하고 있었지만, 괄목할 만한 성과를 거둔 부문은 사상과 문화에서였다(김일성이 이것을 인정한 시점도 1993년이 되어서였다).[68]

조선은 '10대전망목표'를 달성하고 자신의 자기완결적인 자립경제의 토대를 더욱 견고히 하고 이것을 바탕으로 선진국반열에 올라서려고 하였다.[69] 그러나 조선이 기술혁신 없이 '10대전망목표'를 추진하면 할수록 자

---

[68] 김일성, "우루과이 3월 26일운동 대표단과 한 담화(1993년 2월 20일)",『김일성전집 93』(평양: 조선로동당출판사, 2011), 48쪽.

[69] 김일성의 앞의 보고(1980년 10월 10일),『김일성전집 72』294쪽

립경제의 토대가 취약해지는 역설(逆說)이 발생하였다. 역설은 조선이 생산의 필요한 모든 자원과 원료까지 다 스스로 해결할 수 없었다는 것에서 기인(起因)하였다. 특히 금속공업의 주요 원료인 코크스(cokes)와 화학(비료)공업과 운송(運送)에 필수원료라고 할 수 있는 원유(crude oil)는 조선에 부존되어 있는 자원들이 아니었으며 전적으로 수입에 의존하고 있었다.

금속공업은 김일성이 조선 경제의 생명선이라고 할 정도로 모든 공업부문의 기간(基幹)이며 이들의 생산력을 높이는 데 중요한 역할과 기능을 담당하고 있었으며, 화학(비료)공업은 "비료는 쌀이며 쌀은 곧 사회주의다"[70]라고 김일성이 늘 강조하듯이 식량생산과 증산에서 중추적 역할을 하고 있었다. 물론 높은 기술력을 바탕으로 코크스와 원유를 대체할 수 있지만, 조선은 아직 그런 기술을 갖고 있지 않았다. 따라서 '10대전망목표'를 추진하면 할수록 코크스와 원유에 대한 수입은 늘어날 수밖에 없었던 것이었으며, 자립경제는 외부의 작은 충격에도 흔들릴 수밖에 없는 취약성을 노정하게 되었다.

'10대전망목표'는 또한 경제의 모든 부문들이 서로 유기적으로 긴밀히 연결되어 높은 상호의존을 전제로 성취될 수 있는 목표이기 때문에 '10대전망목표'를 추진하면 할수록 경제구조에서 자기완결성은 높아진다. 특히 전기, 석탄, 금속, 철도·운수, 이 4대 부문들 간의 상호의존도[71]는 '10대전

---

[70] 김일성, "사회주의경제건설에 대한 지도를 개선강화할데 대하여: 조선로동당 중앙위원회 제6기 제2차전원회의에서 한 결론(1980년 12월 20일)", 『김일성전집 72』 (평양: 조선로동당출판사, 2007), 597쪽.

[71] 전기를 생산하는 전기공업은 모든 산업의 토대이며 기간(基幹)이라고 할 수 있고 전기공업의 주원료 중 하나인 석탄은 석탄공업을 통해 생산한다. 석탄공업은 채취공업과 기계공업의 뒷받침이 있어야 하는데 채취공업과 기계공업의 자재는 금속공업에 공급한다. 금속공업은 또 철도운송공업에게 자재를 제공한다. 철도운수공업이 발전하여야 금속공업에서 석탄 및 광산물(鑛産物) 등의 원료를 운송 받아 생산 활동을 할 수 있으며, 모든 공업부문의 발전은 철도·운수의 원활한 운송과 배송을 바탕으로 이루어질 수 있다.

망목표' 아래서 더욱 높아 질 수밖에 없었다. 이러한 부문들 간의 높은 상
호의존은 한편으로는 부문 간의 시너지를 내며 상호상승의 선순환을 만들
기도 하지만 또 한편으로는 한 부문에서의 문제가 마치 도미노(domino)현
상과 같이 다른 부문에게로 그대로 전파 그리고 증폭될 수 있는 악순환을
만들기도 한다.

이러한 문제점들은 안고 '10대전망목표'는 제2차7개년계획(1978~1984
년) 기간에 본격적으로 추진되는데 김일성의 예상과는 다른 방향으로 가
고 있었다. 김일성은 1985년 신년사에서 제2차7개년계획에 대한 총화도
거른 체 '80년대속도' 창조운동에서 커다란 성과가 있었고 농업근로자들
이 "1,000만톤의 알곡 고지우에 승리의 기발을 휘날렸다."[72]라고 짧막하게
경제건설 성과에 대해 언급하였다.[73] 결국 계획대로 성과를 내지 못하였
던 것이다. 뿐만 아니라 '10대전망목표'를 달성하기 위해 중공업부문에 대
한 편파적인 대규모의 투자가 들어가면서 내실 없이 경제의 규모만 커져가
면서 이미 유명무실해 버린 '계획의 일원화와 세부화 체계'라는 중앙집권적

---

[72] 김일성은 제2차7개년계획기간(1978~1984) 중 유일한 성과로 알곡 1,000만 톤 생산을
들었지만, 김일성의 이후 발언들을 분석하여 보면 1984년 말까지 조선의 알곡 생산
은 1,000만 톤에 이르지 못하였음을 알 수 있다. 김일성은 1990년 5월 28일 정무원
제9기 제1차 전원회의에서 다음과 같이 말하였다. "주체농법의 요구대로 집약화수준
을 높이면 지금 있는 부침땅을 가지고서도 알곡 1,000만 톤을 능히 생산할 수 있습니
다. 알곡을 1,000만 톤 생산하면 식량을 내놓고 집짐승먹이로 300만 톤을 돌리고도
많은 예비량곡을 저축할 수 있습니다. 올해에 알곡생산을 늘이기 위한 투쟁을 힘있
게 벌려야 하겠습니다." (김일성, "중앙인민위원회와 정무원의 사업방향에 대하여 조
선민주주의인민공화국 중앙인민위원회 제9기 제1차회의, 정무원 제9기 제1차 전원
회의에서 한 연설(1990년 5월 28일)", 『김일성전집 89』 (평양: 조선로동당출판사,
2010), 266쪽). 제2차7개년계획이 끝난 지가 6년이 넘었지만 김일성이 위와 같이 여
전히 알곡 1000만 톤 생산을 독려하고 있는 것으로 미루어 보아, 제2차7개년계획기
간 동안 알곡 1,000만 톤 생산을 달성하였다는 발표는 사실과는 거리가 있었던 것으
로 분석된다.

[73] 김일성, "신년사(1985년 1월 1일)", 『김일성전집 81』 (평양: 조선로동당출판사, 2010),
7쪽.

계획체제는 수정 없이 그냥 그대로 진행되기 어려운 상황에 처하게 되었던 것이다.

5. 계획의 합리화: 독립채산제와 '련합기업소체계'

여기에 대해 김일성은 조선이 과도기(過渡期)에 있는 사회주의사회임을 상기시키며 사회주의경제를 관리·운영하는 데서 가장 합리적인 방법은 독립채산제이며 아울러 사회주의사회에서 독립채산제를 실시하는 것 또한 하나의 원칙임을 강조하였다. 그리고 그는 독립채산제가 실시될 수 있는 단위는 관리국이나 '련합기업소'가 적당하다며 다음과 같이 말하였다.

> 지금은 우리가 새로운 경제관리체계를 내올 때와는 사정이 많이 달라졌습니다…(중략)…지금은 인민경제의 규모가 비할 바 없이 커졌으며 공장, 기업소들이 굉장히 많아졌습니다. 이런 조건에서 모든 공장, 기업소들에 자재를 원만히 보장해주고 공장, 기업소들 사이의 협동생산을 빈틈없이 조직하며 모든 자재와 협동생산품을 제때에 실어 나른다는 것이 간단한 문제가 아닙니다…(중략)…국가계획위원회를 비롯한 위원회, 부들에서 전국의 수많은 공장, 기업소들을 직접 다 대상하여 자재를 정확히 맞물리고 제때에 보장해준 다는 것도 사실상 어려운 일입니다. 그렇다고 하여 우리가 사회주의적인 경제관리운영방법을 떠나서 그 어떤 다른 방법으로 사회주의경제를 관리운영 할 수는 없습니다…(중략)…그러면 자재보장문제, 협동생산문제, 수송문제를 원만히 풀기 위하여서는 어떤 대책이 필요하겠습니까? 내가 초보적으로 생각한데 의하면 이 문제를 풀기 위하여 관리국과 련합기업소들을 합리적으로 조직하고 관리국과 련합기업소 범위에서 독립채산제를 실시하며 개별적인 공장, 기업소들에서도 독립채산제를 실시하도록 하는 것이 좋을 것 같습니다.[74]

다시 말하여 '계획의 일원화와 세부화 체계'는 국가의 모든 생산과 유통 그리고 소비를 주관하게 고안된 것이나, 국가라는 단위가 너무 크기 때문에 계획의 규모를 나누어서 관리하여야, 즉 계획의 합리화(rationalization of plan)를 하여야 하고 그 단위는 관리국이나 '련합기업소'가 적당하다. 또 이렇게 계획의 단위를 나눌 수 있는 정당성은 조선이 아직 과도기를 거치고 있는 사회주의사회라는 현실에 있다는 것이다.

계획의 합리화에 대한 필요성과 더불어 김일성의 현 계획체제에 비판은 중공업부문에 대한 편파적인 투자로 인한 축적과 소비의 만성적인 불균형에 대한 지적으로 이어진다. 김일성은 1984년 12월 10일 조선로동당 중앙위원회 제6기 제10차 전원회의에서 국가계획위원회가 주관주의적으로 현실에 맞지 않는 계획을 세워 아래에 내려 보내 인민경제계획이 원만히 수행되지 못하였고, 계획이 수정되지 않으면 안 되게 되었다며 국가계획위원회를 비판하면서 다음과 같이 지적하였다.

> 국가계획위원회에서 처음에 세운 다음해 인민경제계획은 너무 높은 계획이였습니다. 국가계획위원회에서 처음 세운 계획에는 다음해에 공업총생산액을 118%로 높이는 것으로 예견되어 있었습니다. 그런데 그것을 분과회의들에서 토론한 다음 112%로 낮추었습니다. 그러나 이것은 결코 낮은 수자가 아닙니다. 나라의 경제규모가 커진 오늘의 조건에서 한해에 공업총생산액을 12% 높인다는 것은 대단한 것입니다.[75]

김일성의 앞의 지적한 내용을 좀 더 풀어 보면 다음과 같다. 원래 계

---

74) 김일성, "독립채산제를 바로 실시하는데서 나서는 몇가지 문제에 대하여: 조선민주주의인민공화국 정무원 상무회의에서 한 연설(1984년 11월 13일)", 『김일성전집 80』 (평양: 조선로동당출판사, 2009), 328~329쪽.

75) 김일성, "조선로동당 중앙위원회 제6기 제10차전원회의에서 한 결론(1984년 12월 10일)", 『김일성전집 80』 (평양: 조선로동당출판사, 2009), 423쪽.

획대로 진행하면 다음해(1985년)의 공업총생산액은 118% 높이는 것이었지만 현실성이 없어 분과회의에서 다시 토론을 거쳐 112%로 낮추어 잡았다는 것이다, 그러나 이것도 현실을 고려할 때 높다는 것이다. 즉 제2차7개년계획을 마치고 새로 세운 계획에 따르면 다음 계획의 연평균 공업생산율을 18%로 잡았는데 이것은 현실적으로 불가능한 것이고 다시 수정해서 나온 12%도 나라의 경제의 규모가 커진 현실을 고려할 때 실현하기에는 무리가 따른다는 말이다.

위에서 파악할 수 있는 사실은 제2차7개년계획기간 동안 연평균 공업생산율이 18%가 되지 않았고, 12%보다도 낮았다는 것이다. 이것은 이제 근로자들의 동기(incentive)를 높이지 않고서는 생산력(productivity)을 더 이상 높일 수 없는 시기에 들어섰음을 시사한다. 김일성은 같은 회의에서 현 단계 경제건설에서 전력생산의 정상화와 이를 위해 석탄증산의 절실함에 대해 강조하면서 이것들을 실현하기 위해서는 경공업의 발전이 반드시 같이 따라 주어야 함을 다음과 같이 호소한다.

> 오늘 우리 나라에서 인민소비품생산을 늘이는 것은 매우 절실한 문제로 나서고 있습니다. 질 좋은 여러 가지 인민소비품을 많이 생산공급하여야 우리 인민들을 더 잘 살게 할수 있으며 근로자들의 물질적관심성을 높일 수 있고 독립채산제를 바로 실시할 수 있습니다. 인민소비품생산을 늘이는 문제는 사회주의경제관리를 개선하며 독립채산제를 바로 실시하는 문제와 밀접히 련관되어 있습니다. 근로자들이 돈을 벌면 그것으로 상점에서 아무 물건이나 마음대로 살수 있게 되어야 물질적관심성을 가질수 있습니다. 상점에 필요한 물건이 없으면 근로자들이 돈을 많이 벌어도 소용이 없습니다. 쓰지 못하는 돈은 종이장에 지나지 않습니다. 지금 상점들에 천도 얼마 없으며 좋은 물건도 적습니다. 우리 인민들은 당을 믿고 사랑하기 때문에 생활에서 불편한 점이 좀 있어도 말하지 않습니다.[76]

위의 김일성 연설에서 흥미로운 점은 김일성도 근로자들의 물질적 동기를 높이는 것이 조선 경제건설의 현 단계에서 가장 중요한 문제임을 인식하고 근로자들이 물질적 동기가 담보될 수 있는 체계로 독립채산제를 지목하고 있다는 점이다. 공장과 기업소들에서 독립채산제가 올바로 운영되기 위해서는 근로자 개인의 물질적 동기가 높아져야 한다는 것인데 이를 위해서는 근로자 개인이 한 노동에 대한 보수는 반드시 사회주의분배 원칙인 '일한만큼 받아가는' 것에 의거하여 이루어져야 한다는 것이다. 이로써 독립채산제는 조선 경제 관리 · 운영에서 핵심어(keyword)가 된 것이었다.

또한 이것은 모든 공장과 기업소들이 이를 바탕으로 관리, 운영되어야 한다는 것을 함의하고 있다. 이어 김일성은 인민생활에서 낭비가 많이 발생하게 하는 체계(system)의 문제가 없어져야 한다고 지적하면서 국가 공급에서 누구에게나 고루 분배되는 평균주의가 없어져야 한다고 강조하였다.[77] 또한 인민생활을 높이기 위하여서는 공장, 기업소들에 생활필수품 직장과 작업반들이 나오게 하고 농촌과 가두(街頭) 인민반들에 부업반과 가내작업반을 많이 꾸려 인민소비품의 가지 수와 양을 늘리며 편의봉사사업을 발전시켜야 한다고 역설하였다. 나아가 그는 이것에 대하여 다음과 같이 구체적으로 교시한다.

[76] 김일성, "독립채산제를 바로 실시하는데서 나서는 몇가지 문제에 대하여: 조선민주주의인민공화국 정무원 상무회의에서 한 연설(1984년 11월 13일)" 『김일성전집 80』 (평양: 조선로동당출판사, 2009), 338쪽.
[77] 김일성은 의복의 예를 들면서, 국가에서 인민들에게 무상으로 옷을 너무 많이 제공하여 낭비가 초래되고 있다고 하면서 이것은 의복에 국한된 문제가 아니라 어느 부문에도 해당되는 심각한 문제라고 비판하였다. (김일성, "조선로동당 중앙위원회 제6기 제10차전원회의에서 한 결론(1984년 12월 10일)", 『김일성전집 80』 (평양: 조선로동당출판사, 2009), 431쪽).

내 생각에는 생활필수품 직장과 작업반, 가내작업반과 부업반을 한 1만개 새로 조직하는 운동을 벌리는것이 좋을것 같습니다…(중략)… 지금 우리 나라에 협동농장이 한 3,000개 있는데 농장마다 부업반을 하나씩 조직하여도 3,000개나 됩니다. 부업반을 협동농장마다 1개 씩 내오고 군소재지들에 여러가지 부업반을 조직하면 부업반이 작은 군에는 한 30개, 큰 군에는 50~60개씩 될 것입니다…(중략)…군마다 부업반을 50개씩 내오면 농민시장이 흥성거리게 될 것이며 1~2년 사이에 지방예산수입이 쑥 늘어나고 우리 인민들의 생활이 한 계단 높아지게 될 것입니다.[78)]

김일성이 위의 발언들은 단순한 교시(敎示) 아니라 당 중앙위원회 전원회의에서 한 결론이었다. 그러므로 이것은 반드시 실행에 옮겨져야 할 당 중앙의 결론(명령)이 되는 것이었으며 이 결론(명령)에 의하여 향후 조선의 경제체계는 '계획의 일원화, 세부화 체계'로 대변되는 중앙집권적 계획경제체제에서 각 부문 또는 연관기업소에 내부시장을 갖고 계약을 위주로 자재조달과 생산이 이루어지고 사회주의적 분배를 바탕으로 하는 '련합기업소'(체계)[79)]로 바뀌고, 계획 이외에 범주에서 부산물과 유휴 노동력을

---

78) 김일성, 앞의 결론,(1984년 12월 10일)", 433~434쪽.

79) '련합기업소'는 다음의 네 가지 형태로 조직된다. 첫 번째 형태는 모(母)기업과 생산·기술적으로 연결된 관련부문의 공장·기업소들을 모기업을 중심으로 조직하는 형태이다. 이 형태의 '련합기업소'일 경우 화력발전, 금속, 화학, 건축자재공장 등이 모기업이 되고 이들에게 원료와 연료를 공급하는 공장과 기업소들과 이들 공장들에게 수송을 제공하는 기관 및 기업소 등이 첫 번째 형태의 '련합기업'이다. 두 번째 형태는 일정 지역 안에 있는 동일한 부문의 기업들과 이들과 관련된 공장·기업소를 하나로 묶는 형태인데 주로 채굴공업부문에서 조직된다. 세 번째 형태는 전국적 범위에서 동일한 제품을 생산하는 공장과 기업소들을 하나로 묶어 조직하는데 주로 기계공업과 경공업부문에서 나타나는 형태이다. 네 번째 형태는 야채, 과일, 담배 등을 생산하는 농업기업소를 통합하여 조직하는데 일부 형태만 존재할 뿐 보편적인 '련합기업소' 형태는 아니다. (박후건, 『북한경제의 재구성: 근로자와 경제연구 등 북한 문헌을 중심으로』(서울: 선인출판사, 2015), 105쪽).

바탕으로 이루어지는 (1983년 8월 3일 김정일에 의하여 발기된) 인민소비품 증산운동이 더욱 탄력을 받아 확산되면서 농민시장은 그 원래 범위를 넘어서 인민들의 소비품의 많은 부분의 수·공급이 이루어지는 공간으로 바뀌게 되는 계기가 된다.

김일성은 독립채산제를 올바로 시행하여 생산의 정상화를 지시한 당 중앙위원회 제6기 제10차 전원회의가 끝나고 약 1년 후인 1985년 11월 조선로동당 중앙위원회 정치국회의에서 1973년부터 시범적으로 운영해 오던 '련합기업소'를 공업 전반에 도입할 것을 주문한다.[80] 김일성이 독립채산제를 올바르게 실행되기 위해 '련합기업소'를 내오게 한 것에는 자신의 과거 경험이라는 배경이 있었다.

김일성은 자신이 내각수상이던 시절(1972년 사회주의헌법에 의해 주석제가 나오기 이전 시절) 관리국을 두고 독립채산제를 실시하여 매년 계획목표를 넘쳐 수행할 정도로 잘 운영되었다고 한다. 그런데 주석제가 도입되고 자신은 나라 전반의 사업을 관장하고 김정일은 당을 그리고 정무원 총리는 국가경제를 담당하게 되면서 경제사업이 잘 되지 않았는데 정무원 책임일군들이 중앙집권제적인 방법으로 권위를 세우고 아래 사람들을 틀어쥐기 위하여 규정과 지시문을 쓸데없이 많이 만들어 사회주의경제법

---

80) 김일성은 1973년 2월 10일 공업부문 '3대혁명소조'원들을 위한 강습에서 한 연설에서 '대안의 사업체계'가 제도화된 지 10년이 넘어가지만 아직까지 자재공급체계가 제대로 서있지 않으며 공장과 기업소들이 자재가 잘 보장되지 않아 생산에서 지장을 받고 있으며 한쪽에서는 자재가 잘 보장되지 않아 생산을 제대로 하지 못하고 있는가 하면 한쪽에서는 자재를 사장시키거나 되는대로 써서 낭비하고 있다고 비판하였다. 이어 그는 대안의 사업체계의 요구에 맞게 경제지도·관리를 개선하기 위하여 정무원의 일부 부들을 합칠 것은 합치고 없앨 것은 없앴으며 같은 부문의 여러 개 기업소들을 합하여 경영국 또는 련합기업소를 조직하고 자재를 책임적으로 공급해주는 자재 상사를 내오도록 하는 조치를 취했다고 하였다. (김일성, "공업부문에서 사상, 기술, 문화의 3대혁명을 힘있게 벌릴데 대하여: 공업부문 3대혁명소조원들을 위한 강습에서 한 연설(1973년 2월 10일)", 『김일성전집 51』 (평양: 조선로동당출판사, 2003), 41~42쪽).

칙[81])의 요구에 맞지 않게 마구 하달하여, 공장, 기업소들을 구속하여 이들이 창발성을 낼 수 없게 되었다[82])고 한다.

그러나 김일성도 인정하였지만, 김일성이 내각수상이었던 시절은 조선의 경제규모가 비교적 작아서 수상인 자신이 관리국을 직접 현지지도 하면서 장악하고 독립채산제가 올바로 실행되도록 감독할 수 있었으나. 1980년대 당시에는 조선의 경제규모가 1950년대와 1960년대에 비해 몇 배나 커지고 복잡해진 상황이어서 개인 또는 몇몇 지도 일군들이 다 관리 감독할 수 없게 되었다. 그래서 생산에서 자원의 낭비를 줄이고 근로자들의 노동에 대한 의욕을 높이는 기제(mechanism)가 내재된 체계(system)가 필요하였던 것이다.

김일성은 정무원의 지도 밑에 '련합기업소'를 두고 정무원은 '련합기업소'를 지도하고 '련합기업소' 당위원회에서 '련합기업소' 모(母)기업과 '련합기업소'에 소속되어 있는 다른 기업소들을 지도하게 하여[83]) '계획의 일원화와 세부화 체계'에서 발생할 수밖에 규모와 범위(scale and scope)[84])의

---

81) 여기서 사회주의경제법칙이란 사회주의를 과도기로 설정하고 과도기에서 근로자들의 물질적 동기를 높이기 위해 '능력대로 일하고, 일한만큼 받아가는' 사회주의적 분배를 가리킨다.

82) 김일성. "련합기업소를 조직하며 정무원의 사업 체계와 방법을 개선할데 대하여: 조선로동당 중앙위원회 정치국회의에서 한 연설(1985년 11월 19일)",『김일성전집 82』(평양: 조선로동당출판사, 2009), 450~460쪽.

83) 여기서 지도한다는 의미는 '련합기업소'가 국가계획위원회의 지도 아래 계획을 자체로 세우고 망라된 산하 공장·기업소들에게 그것을 나누어지며 필요에 따라 국가계획에 기초하여 조절할 뿐만 아니라 다른 공장, 기업소들과 경제거래를 진행한다는 의미이다 (김철식, "우리 나라 련합기업소는 사회주의기업소조직의 새로운 형태",『근로자』1985년 제2호, 71쪽). 이러한 계획화사업은 최종적으로 국가계획기관에서 결정되는 명령적(command) 성격이 내재된 '계획의 일원화와 세부화 체계'와는 구별되는 것이었다.

84) 중앙집권적 계획체계의 일환인 '계획의 일원화와 세부화'는 규모가 비교적 작고 범위가 그리 넓지 않는 경제에서나 실행 가능하다. 그러나 실행이 가능하다고 해도 노동자들의 생산에 대한 동기를 높일 수 있는 장치가 없으면 지속하기 어렵다.

문제를 해결하려고 하였다. 또한 '련합기업소'체계에서는 2중 독립채산제, 즉 '련합기업소' 안에 있는 모든 기업소들은 독립채산제로 운영되어 생산에서 낭비를 극소화시키며 노동자들에게 사회주의적 분배를 가능케 하여 노동자들의 물질적 동기를 자극하는 장점도 아울러 갖고 있다.

'련합기업소'체계를 전면적으로 내올 것을 주문하고 약 1년 후 김일성은 노동자와 농민의 생산의욕을 높이는 방안에 대하여 언급한다. 그는 노동자들의 생산의욕을 높이는 문제를 다른 나라에서처럼 돈을 더 주는 방법으로 풀려고 하지 말고 조선의 실정에 맞게 풀어야 한다고 역설하였다. 보다 구체적으로 김일성은 노동자들의 생산의욕을 높이기 위한 중요한 방도로 경공업혁명, 봉사혁명을 하여 상품을 상점마다 가득 쌓아놓고 근로자들이 자기가 번 돈으로 필요한 물건을 아무 때나 마음대로 살 수 있도록 하면 노동자들이 좋은 상품을 한 가지라도 더 사서 쓰기 위하여 애써 일하게 될 것이며 생산의욕도 그만큼 더 높아지게 될 것이라고 하며 이런 의미에서 상품생산을 늘리는 것이 곧 근로자들에 대한 물질적 자극이라고 진단하였다.

또한 농민들의 생산의욕을 높이자고 하여도 농촌에 상품을 많이 가져다 팔아주어야 하며 농촌상점들에 상품을 많이 가져다 놓고 팔아주어야 농민들이 농사일을 더 잘할 수 있으며 수매사업에도 적극 참가할 수 있다고 하며 경공업혁명, 봉사혁명을 통해 노동자들과 농민들의 생산에 대한 동기를 높일 것을 주문하였다.[85]

김일성의 전원회의에서 주문한 경공업혁명과 봉사혁명은 1983년부터 진행되었던 8월3일인민소비품생산운동을 전국적으로 확산시키고 기존에 있던 분공장체계를 더욱 심화, 확산시켜 조선에서 경제와 행정의 말단 그리고 기본 단위라고 할 수 있는 군(郡)에서도 여러 종류의 분공장들과 수

---

85) 김일성의 앞의 결론(1984년 12월 10일), 『김일성전집 80』, 431쪽.

많은 생활필수품 직장 그리고 가내작업반 및 부업반 등이 조직되는 형태로 나타났다. 이들은 통합적으로 지칭하여 '지방산업공장'이라 하는데 '지방산업공장'은 원래부터 중앙의 통제 아래 있던 계획화 부문이 아니었다.[86] 생산과정에서 남는 부산물과 유휴 자원 그리고 노동으로 운영되는 '8월3일인민소비품생산운동' 역시 계획체계 밖에 있었다.

김일성이 1984년 12월 10일 조선로동당 중앙위원회 제6기 제10차 전원회의에서 한 결론을 계기로 조선의 경제구조와 체계는 일대 변혁을 맞게 된다. 먼저, 중앙집권적 계획체제는 거시적 계획은 국가에서 맡고 미시적 계획은 '련합기업소'가 세우는 '련합기업소'체계로 이완된다. 또한 노동자와 농민들의 생산에 대한 동기를 높이기 위하여 소비품생산을 늘리는 방편으로 경공업과 서비스업을 적극적으로 육성(경공업혁명과 봉사혁명)하게 되었다. 이에 따라 지역단위에서 그 지역의 자체적인 원료와 자재 그리고 유휴노동으로 운영되어 중앙계획 밖에서 운영되고 있던 지방 산업공장들은 우후죽순 (雨後竹筍) 격으로 늘어나게 되고 평양에서 시작된 '8월3일인민소비품생산운동'은 전국적으로 확산되면서 수많은 중소(中小)경공업공장들과 서비스업소들이 생기게 된다. 이로 인하여 경제에서 비(非)계획부분이 차지하는 비중은 '계획의 일원화와 세부화 체계'시기보다 훨씬 더 커지게 되었다.

김일성은 정무원일군들이 '조직사업' 제대로 하지 못하여 경제건설에서

---

86) "지금 우리나라에 지방산업공장들이 몇천 개 있는데 그 많은 공장들을 다 중앙에서 지도통제할 수는 없습니다. 지난날 적지 않은 지방산업공장들을 중앙공업에 넘기고 중앙에서 직접 지도해보았지만 지방에서 지도하던 때보다 못합니다. 우리나라에서 지방공업생산액이 가장 높았던 때는 창성연석회의를 전후하여 지방에서 지방공업을 지도하던 때입니다. 그러다가 지방공업을 성에서 지도하게 된 다음부터 생산액이 뚝 떨어졌습니다. 이러한 경험에 비추어 우리는 어디까지나 지방자체에서 지방공업에 대한 지도를 할 수 있도록 조건을 보장해주며 지방공업발전에서 지방의 창발성이 최대한으로 발양되도록 하는데 깊은 관심을 돌려야 합니다." (김일성의 앞의 연설(1970년 2월 27일), 『김일성전집 44』, 285~286쪽).

낭비가 초래되고 노동자들과 농민들이 노동에 대한 의욕을 갖지 못한다고 누차에 걸쳐 비판하면서[87] 당에서 제시한 경제건설목표를(자본주의적 방법을 제외한) 모든 수단과 방법을 동원하여서라도 달성하여야 한다는 의지를 표방하였는데 그중에서도 강조한 것은 대외무역을 통해 경제건설목표를 달성하는데 필요한 원료와 자재 그리고 기술을 반드시 확보해야 한다는 것이다.[88]

김일성의 이러한 대외무역에 대한 관심으로 조선에서는 이미 1970년부터 도(道)마다 수출입상사를 가지고 외국과 무역을 하고 있었으며[89], 정무원 위원회와 부(部)들에게도 대외무역이 허용되었을 뿐 아니라 이들은 자신들의 번 외화를 가지고 자신들의 산하 공장과 기업소들이 필요한 것들을 정무원, 국가계획위원회 그리고 무역부의 간섭 없이 사다 쓸 수 있었

---

[87] 김일성, "대안의 사업체계를 철저히 관철하여 공장관리운영을 개선하자: 조선로동당 중앙위원회 제6기 제3차전원회의에서 한 결론(1981년 4월 2일)", 『김일성전집 73』 (평양: 조선로동당출판사, 2007), 194~195쪽; 김일성, "정무원의 사업방향에 대하여: 조선민주주의인민공화국 정무원 제1차 전원회의에서 한 연설(1982년 4월 6일)", 『김일성전집 75』 (평양: 조선로동당출판사, 2008), 261쪽); 김일성의 앞의 연설(1984년 11월 13일), 『김일성전집 82』, 357~359쪽).

[88] "우리 나라 경제발전의 현실과 세계경제발전추세는 대외무역을 더욱 발전시킬 것을 절실히 요구하고 있습니다. 오늘 우리 나라의 경제는 규모가 비할 바 없이 커지고 부문구조가 매우 복잡해졌으며 그 기술장비수준도 높은 수준에 이르렀습니다. 그러다보니 인민경제 부문들에서 요구하는 원료와 자재의 가지 수가 다종다양하며 그 량도 대단히 많습니다. 대외무역을 발전시키지 않고서는 원료와 자재에 대한 인민경제 여러 부문의 수요를 제대로 보장할 수 없습니다." (김일성, "대외무역을 다각화, 다양화할데 대한 당의 방침을 철저히 관철하자: 무역부문 책임일군들과 한 담화 (1984년 2월 13일)", 『김일성전집 79』 (평양: 조선로동당출판사, 2009), 152쪽).

[89] 이들 수출입상사는 지방산업공장들에서 생산되는 소비품만 취급할 수 있었으며 다른 나라와의 연계를 가질 때에는 반드시 내각의 승인을 받아야 했다. 이것은 다음 김일성의 연설에서 확인할 수 있다. "이와 같은 사업을 잘하도록 하기 위하여 도마다 수출입상사를 내오는 것이 필요하다고 생각합니다. 지금은 다른 나라와의 무역을 무역성이 도맡아하고 있기 때문에 부담이 너무 많으며 또 지방산업공장들에서 주문한 것을 자기 마음대로 잘라버릴 수도 있습니다. 도마다 수출입상사를 내오고 도자체로 다른 나라와의 무역을 할 수 있게 하면 이런 폐단은 없어질 것입니다." (김일성의 앞의 연설(1970년 2월 27일), 『김일성전집 44』, 270~280쪽).

다.[90] 이러한 무역에 관한 권한은 비록 제한적이긴 하지만 '련합기업소'에게도 적용되었다. '련합기업소'는 정무원의 통제 아래서 외국과의 무역을 할 수 있었으며 여기서 번 외화의 일정한 몫은 외국에서 필요한 물자를 구입하는 데 쓸 수 있었다.[91]

이렇듯 조선은 제2차7개년계획에서 만족할 만한 성과를 내지 못하자, 김일성은 '련합기업소'체계를 전면적으로 도입하여[92] 중앙집권적 계획체

[90] 김일성, "경공업을 발전시키며 인민봉사사업을 개선할데 대하여: 경공업부문과 인민봉사부문 책임일군협의회에서 한 연설(1979년 11월 3일)", 『김일성전집 70』 (평양: 조선로동당출판사, 2007), 397쪽.

[91] 김일성, 앞의 연설(1985년 11월 19일), 『김일성전집 82』 (평양: 조선로동당출판사, 2009), 480~482쪽.

[92] 김일성이 '련합기업소'체계를 전면적으로 도입한 것은 단지 자급자족적 경제체제가 갖는 비효율성을 극복하려는 의도만은 아니었다. 김일성이 '련합기업소'체계에 대해 경제학자들에게 한 담화의 내용을 살펴보면 독립채산제가 철저히 관철되는 것을 전제로 하고 있는 '련합기업소'는 사회주의국가들이 자본주의 경제체제를 받아들이고 사회주의경제체제에서 자본주의경제체제로 전환하는 데에 대한 조선식의 대응임을 알 수 있다. 김일성은 경제학자들에게 다음과 같이 말하였다.
"일부 나라들에서 자본주의적 기업관리방법을 받아들인다고 하지만 그것을 받아들이려면 공장, 기업소들에서 생산에 필요한 연료, 자재를 다 자체로 해결하여야 하는데 큰 공장들에서는 그렇게 하기 곤난합니다. 원료, 자재를 얼마 쓰지 않는 자그마한 지방산업공장 같은 데서는 기업관리를 자본주의적방법으로 할수 있겠는지 모르겠지만 쇠돌, 석탄, 중유 같은 것을 많이 쓰는 큰 공장, 기업소들에서는 그렇게 하기 곤난합니다. 적지 않은 사회주의나라들에서 시장경제를 받아들이고 있는데 시장경제를 받아들이면 사회주의건설을 말아먹게 됩니다.
우리는 시장경제를 절대로 받아들이지 말아야 합니다. 우리는 다른 나라들이 경제관리에서 어떤 방법을 받아들이건 상관하지 말고 우리가 창조한 련합기업소들을 우리 식으로 잘 관리하여 그것이 빨리 은을 내도록 하여야 하며 련합기업소들에서의 독립채산제와 사회주의적로동보수제를 우리 식으로 더욱 완성해나가도록 하여야 합니다.
다시 말하지만 우리는 우리 당이 제시한 주체의 사회주의경제관리 원칙과 방법을 계속 철저히 관철하며 대안의 사업체계에 기초한 국영기업소독립채산제를 사회주의경제법칙과 우리 나라의 발전하는 현실에 맞게 계속 심화시키고 완성해나가야 합니다." (김일성, "사회주의경제의 본성에 맞게 경제관리를 잘할데 대하여: 경제학자들과 한 담화(1990년 4월 4일)", 『김일성전집 89』 (평양: 조선로동당출판사, 2009), 152~153쪽.

제에서 만연되는 자원의 낭비를 극소화시키고, 경공업을 활성화하여 소비품생산을 대대적으로 늘여 노동자의 농민들의 생산의욕을 제고(提高)시키고, 대외무역을 발전시켜 자급자족적 경제가 갖는 비효율성을 극복하려 하였다.

조선은 제2차7개년계획이 끝나자 2년간(1985~1986) 완충기를 갖고 1987년부터 1993년까지 제3차7개년계획에 들어간다. 조선은 "제3차7개년계획의 기본 과업을 인민경제의 주체화, 현대화, 공업화를 계속 힘있게 다그쳐 사회주의완전승리를 위한 물질, 기술적 토대를 튼튼히 마련하는 것으로 정하고, 이 계획기간동안 제6차 당 대회에서 제시된 사회주의 경제건설의 10대전망목표를 실현하며 총체적으로 공업생산은 1.9배, 농업생산은 1.4배 이상으로 늘리는 것을 계획목표를 설정하였다."[93] 한 가지 흥미로운 점은 김일성이 '과학기술을 발전시키고 기술혁신운동을 강화하여 인민경제의 기술개조를 힘있게 다그치는 것'을 제3차 7개년계획을 수행하는 데서 가장 중요한 문제로 선정한 것이다.[94] 김일성도 이제 더 이상 자재와 노동

---

[93] 김일성, "사회주의의 완전한 승리를 위하여: 조선민주주의인민공화국 최고인민회의 제8기 제1차회의에서 한 시정연설(1986년 12월 30일)", 『김일성전집 84』 (평양: 조선로동당출판사, 2009), 581~582쪽.

[94] 김일성은 여기에 대해서 다음과 같이 말하였다.
"우리 나라 사회주의건설의 현실은 과학기술을 빨리 발전시킬것을 더욱 절실하게 요구하고있습니다. 과학기술의 급속한 발전과 대담하고 적극적인 기술혁신이 없이는 새 전망계획의 방대한 과업을 수행할수 없으며 우리 나라의 경제를 새로운 높은 단계에 올려세울수 없습니다. 우리는 과학기술을 발전시키는데 큰 힘을 넣어 사회주의건설에서 나서는 여러가지 과학기술적문제들을 원만히 풀어나가며 우리 나라의 과학기술수준을 빠른 시일안에 세계적수준에 올려세워야 하겠습니다…(중략)… 과학연구사업과 기술혁신운동에 대한 당적, 국가적 지도와 보장사업을 결정적으로 개선하여야 하겠습니다…(중략)…새 전망계획 기간에 기계공업과 극소형전자공업, 로보트공업 발전에 큰 힘을 넣어 짧은 기간에 이 부문의 생산토대를 튼튼히 꾸리고 인민경제의 기술개조에 필요한 여러가지 현대적인 기계설비들과 전자, 자동화 요소와 장치들을 원만히 생산보장하도록 하여야 하겠습니다." (김일성의 앞의 시정연설 (1986년 12월 30일), 『김일성전집 84』, 236쪽).

력을 투입하고 늘리는 외연적 성장방식으로는 경제건설을 지속할 수 없음을 우회적으로 인정한 것이었다. 이러한 과학기술의 발전을 바탕으로 기술혁신방식으로 경제건설을 하는 것은 김일성 사망 후 김정일이 이어받아 '고난의 행군'이라는 조선 최대의 경제난을 풀어 가는 해결책으로 쓰였으며 이후 조선 경제건설을 이끌어 가는 주(主) 방안이 된다.

계획목표는 제2차7개년계획 목표보다 낮은 것이었으나 공업생산액을 7년 동안 1.9배로 늘인다는 것은 연평균 공업 성장률이 9.6%가 되어야지 가능하기 때문에 결코 낮은 것이라고 보기 어렵다. 또한 농업생산 목표액은 각주 72)에서 분석되었듯이 1990년에 이르러서도 조선은 알곡생산 1,000만 톤의 목표를 달성하지 못하였기 때문에 1,000만 톤의 1.4배라는 목표는 무리(無理)의 영역에 있다고 할 수 있다. 그러나 조선이 또 다시 이러한 웅대한 목표를 설정한 것은 공업에서 '련합기업소'체계의 전면적인 도입과 경공업의 총체적인 육성정책 그리고 무역의 다면적인 활성화를 추진한다면 조선이 안고 있는 내재적 문제들을 극복하고 또 다시 높은 수준의 경제성장을 도모하는 것이 가능하다고 보았기 때문이었다.

주지하다시피 제3차7개년계획기간 동안 소련이 몰락하고 동구 사회주의경제권이 붕괴되면서 조선의 계획은 수포(水泡)가 되고 만다. 그러나 한 가지 간과할 수 없는 것은 조선이 약 10년이란 기간 동안 공업 전반을 '련합기업소'체계로 꾸리고 경공업과 무역을 다각적으로 다면적으로 활성화시키는 정책을 실시하면서 조선의 경제의 구조와 체계는 중앙집권적 계획명령체제(Centrally Planned Command System)에서 탈피하고 있었다는 사실이다.

제2장

"나는 지금도 피눈물속에 1994년을 보내고 1995년 4월 우리 나라에서 처음으로 만든 CNC 기계인 련하기계를 보아주던 일을 잊을수 없습니다 …(중략)… 내가 처음 보아준 CNC줄 방전가공반은 강성국가건설에서 나에게 큰 힘을 준 귀중한 보배였습니다 …(중략)… 군수공업부문의 일군들과 련하기계 개발자들은 나의 구상을 받들어 간고한 첨단의 길을 개척하여서 소문없이 큰 공적을 세웠습니다 …(중략)… 주체의 CNC기술을 떠나서는 인공지구위성의 성공적인 발사에 대하여서도 말할수 없고 우리의 강력한 국방공업과 나라의 군사력에 대하여서도 말할수 없습니다."

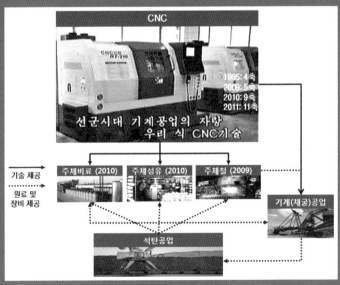

▲ CNC기술과 자력갱생

고난의 행군, 선군정치 그리고 CNC

1. '고난의 행군'과 '선군정치'

조선은 1993년 당중앙위원회 제6기 제21차 전원회의에서 1996년까지, 3년 동안을 완충기로 정하고 이 기간 동안에 "농업제일주의, 경공업제일주의, 무역제일주의 방침(이하 '3대부문제일주의' 방침)을 철저히 관철하며 인민경제의 선행부문인 석탄공업과 전력공업, 철도운수를 앞세우고 금속공업을 계속 발전시켜" 나아가는 새로운 경제건설전략을 채택한다. 새로운 경제건설전략으로 명명되었기는 하지만 농업과 경공업 그리고 무역을 육성하고 활성화하는 전략은 이미 1980년대 중반 또는 그 이전부터 실행되어 왔다. 따라서 '3대부문제일주의' 방침은 소련과 동구사회주의경제권이 붕괴된 현실에서 제3차7개년계획을 총화하면서 국가생존을 최고 목표로 설정하고 기존의 전략을 공식화한 것이었다.

조선에서 경제위기는 1990년대 중반부터 시작되는데 김정일은 경제위기가 시작된 원인에 대해서 다음과 같이 밝히고 있다.

> 우리의 경제적난관은 우리 나라에 대한 제국주의자들의 경제적봉쇄
> 와 고립압살책동에 의하여 조성된 것입니다. 게다가 세계사회주의
> 시장이 붕괴되어 이전 사회주의나라들과의 경제협조 관계가 끊어지
> 고 몇 해째 계속된 자연재해까지 겹치다보니 우리의 경제형편과 인
> 민생활이 어렵게 된 것입니다.[1]

미국의 조선에 대한 전면적 경제 제재는 1950년 6월부터 실시되었기 때문에 경제 제재가 강행군의 직접적인 원인이라고 볼 수 없다. 1990년대 중반 조선이 입은 홍수, 냉해와 같은 자연재해역시 강행군의 경제위기를 가중, 심화시킨 부수적인 요인으로 보아야지 직접적인 원인이 될 수 없다.[2]

그렇다면 경제위기이 직접적이고도 가장 큰 원인은 소련의 몰락과 사회주의권 시장의 붕괴에서 찾을 수 있다. 조선은 주체노선에 입각해 자립적 경제구조를 구축하여 왔으나, 경제를 운영하고 발전시키는 데 모든 것을 자체적으로 해결 할 수는 자급자족 체계는 아니었다. 기간산업에 필수적인 원료인 코크스(cokes)와 원유(crude oil)는 조선의 부존자원이 아니었다. 또한 경공업을 제품을 생산하는 데 필요한 원료와 자재 등은 조선의 경제개발에서 중공업 우선정책에 밀려 비교우위를 잃어 자체적으로 생산하려면 큰 비용이 드는 것들이어서 조선은 경공업 생산에 필요한 원료와 자재들을 사회주의권 시장을 통해 수입하고 있었던 것이었다. 사회주의종주국이며 조선의 가장 큰 무역국이었던 소련이 몰락하고 동구사회주의권 시장이 붕괴되면서 조선은 사상초유의 경제적 위기를 맞게 되었던 것이다.

---

[1] 김정일, "제국주의자들의 〈개혁〉, 〈개방〉 책동은 용납될수 없는 침략와해 책동이다." (조선로동당 중앙위원회 책임일군들과 한 담화, 주체87(1998)년 5월 7일), 『김정일선집 19(증보판)』(평양: 조선로동당출판사, 2012), 367쪽.

[2] 여기에 대한 보다 구체적인 설명은 Phillp H. Park의 책, *Self-Reliance or Self-Destruction?* (New York: Routlege, 2002)의 Chapter 5: Economic Setbacks and the Causes of Decline in Agricultural Production을 참조하라.

〈표 2-1〉 조선의 코크스와 원유 수입 (1988년~1998년)[3]

단위: 10,000톤

자원	1988	1989	1990	1991	1992	1993	1994	1995	1996	1997	1998
코크스	194.2 (297.9)	168.9 (262.8)	182.0 (264.7)	204.7 (223.1)	149.3	175	160	120.2	42.5	31.7	27.0
원유	120.2 (184.2)	107.3 (201.2)	106.2 (147.2)	110.2 (152.2)	107.6 (126.6)	103.3	83.3	102.1	93.6	50.6	61.4

※출처: UN Comtrade Database(https://comtrade.un.org/data).

〈표 2-1〉에서 볼 수 있듯이 조선에서 코크스와 원유 수입이 줄어들기 시작한 때는 코크스인 경우 1992년부터이고 원유인 경우 1993년도부터이다. 금속공업을 발전시키기 위해 필수인 코크스는 1992년부터 급격히 수입이 줄어들기 시작하였으며 1996년도부터는 전년도의 3분의 1 수준인 42만 5천 톤으로 급격히 줄고 1998년도에는 27만 톤 수준으로 내려앉기 때문에 대부분의 금속공업은 1996년부터 정상적으로 가동을 하지 못하였다고 볼 수 있다. 원유의 경우 1997년도부터는 이전 9년간 원유 수입 평균의 절반 수준으로 떨어진다. 원유에서 나프타(Naptha)를 뽑고 나프타는 우레아(Urea)를 만드는 원료이며 우레아를 갖고 질소비료를 만들기 때문에 식량난은 원유수입이 급격히 줄어들기 시작한 1994년 이듬해인 1995년부터 본격적으로 시작되었다[4]고 볼 수 있다.

---

3) 〈표 2-1〉은 UN Comtrade Database (https://comtrade.un.org/data) 자료인데, 소련이 붕괴되기 전 소련에서 조선으로 수출된 코크스와 원유는 포함되어 있지 않다. 그리고 소련의 후신이라고 할 수 있는 Russia Federation이 조선에 코크스와 원유의 수출을 재개한 것은 2002년부터이다. 1988년부터 1991년까지 소련에서 조선으로 수출된 코크스와 원유는 JETRO(Japan External Trade Organization)가 data를 가지고 있어 JETRO data를 UN Comtrade Database에 더한 값을 ( )에 표기하였다.

4) 조선이 해당 년에 쓸 비료는 이전 년에 수입된 원유를 갖고 만들기 때문에 조선이 식량난을 본격적으로 겪기 시작한 것은 원유수입이 급감한 1994년의 이듬해인 1995년이 된다.

조선은 자립경제를 기반으로 자기완결적인 경제구조를 구축하여 놓았다. 그런데 바로 이러한 구조가 조선의 경제난을 가중, 악화시키는 결과를 낳게 된 것이었다. 금속공업은 채취공업의 기반이며 채취공업은 석탄공업의 기반이며, 석탄공업은 화학공업의 기반이며 화학공업은 식량생산의 기반이 되는 것과 같이 경제 모든 부문이 유기적으로 긴밀히 연결되어 있는 구조에서 한 부분에서의 문제는 경제 모든 부문으로 전파되고 연쇄반응을 일으키며 문제를 증폭시키는 악순환을 일으킨다.

또한 조선은 기술발전에 의한 내연적 성장(intensive growth) 방식보다는 생산요소인 노동과 자본을 더 투입하여 성장을 도모하는 외연적 성장(extensive growth) 방식에 의존하여 '10대전망목표'이라는 거대한 경제성장목표를 달성하려는 노력을 10년 이상 지속적으로 하고 있었다. 이러한 생산요소의 과도한 투입으로 경제는 축적과 소비 사이의 균형을 잃어 가고 있는 상황에서 위기를 맞았기 때문에 그 충격과 피해는 더 클 수밖에 없었다.

조선에 입은 경제적 충격은 어느 정도이었을까? '조선중앙년감'에 발표된 조선의 예산수입은 해당년도 국가의 수입의 총액인데 예산수입은 '거래수입금', '국가기업이익금', '협동단체이익금' 등으로 구성되며 이 가운데서 기본이 되는 것은 '거래수입금'과 '국가기업이익금'이다. '거래수입금'은 소비재를 생산·판매하는 국영기업소나 생산협동조합이 제품의 원(原)가격에 일정 비율의 금액을 추가하여 소비자에 판매함으로써 얻어지는 수입을 의미한다.

한편, '국가기업이익금'은 모든 국영기업소가 그 기업경영 활동에서 얻어지는 기업소 순소득 중에서 국가의 결정에 따라 기업소에 남겨놓고 쓰기로 된 금액을 제외한 나머지 부분으로서, 국가에 납부하여야 하는 금액을 말한다. 거래수입금은 간접소비세 그리고 국가기업이익금은 법인소득세로 이해될 수 있는데 이 둘의 합인 국가예산수입총액은 국내총생산(Gross

Domestic Product)과 비례적 관계를 갖고 있다고 할 수 있다. 따라서 국가예산수입총액을 통해 조선경제에 가해진 충격을 가늠해 볼 수 있다.

　　조선은 1995년부터 1997년 3년간 국가예산수입조차 발표하지 않았다. 그런데 1998년 국가예산수입총액을 197억9,080만 원으로 다시 발표하고 하였는데 이것은 1994년 국가예산수입총액인 416억20만 원의 47.6%밖에 되지 않는 수치이다. 1999년판 '조선중앙년감'에 따르면 "1998년 예산 수입과 지출 규모는 1990년대 초 수준에는 아직 이르지 못하고 있으나 주체 1997년에 비하여서는 예산수입이 100.4% 증가하였다"고 하며 "1998년 국가예산수입의 장성을 이룩하여 재정이 전진의 길에 들어선 것은 국가예산집행과 사회주의강행군을 승리적으로 결속하기 위한 투쟁에서 이룩한 중요한 성과"[5]라고 평가하고 있는데 이것은 1994년부터 1997년까지 국가예산수입이 연속으로 줄었음을 시사해 주는 것이다. 결국 1995년 국가예산수입총액은 1994년도에 비해 절반도 되지 않는다는 것이며 경제가 1995년도에 수직 하락 하였다는 것을 의미한다.

　　일 년 사이에 국가예산수입이 절반 이상으로 줄고 그것이 5년 이상[6] 지속되었다는 것은 조선뿐 아니라, 세계 어느 나라에서도 경험하지 못한 경제적 충격이라고 할 수 있다. 조선은 이 예산수입을 갖고 석탄, 전기, 금속, 화학공업 등 경제의 각 부문(인민경제비)에게 그리고 인민들의 복지(사회문화비)에 투자를 한다. 그러나 국가예산수입이 줄어들면 국가의 투자가 줄어들게 되고 투자를 받지 못하는 부문들에서의 절감의 비중은 국가의 투

---

5) 『조선중앙년감』 1999년, 183쪽.

6) 『조선중앙년감』 2000년 그리고 2001년에 따르면 국가예산수입총액을 각각 209억343만 원, 216억3,994만 원으로 발표하고 있는데 국가예산수입총액은 1998년 이후 하락 없이 매년 상승하고 있다. 따라서 2000년도에 가서 1994년의 국가예산수입총액(416억20만 원)의 50% 수준을 회복하고 이후 지속적으로 상승하고 있다.

자액의 줄어든 비중보다 훨씬 더 클 수밖에 없기 때문에 1995년부터 조선 국내총생산은 1994년에 비해 50% 이상 줄었을 것이다.

김일성은 사망 전(前) 3대 부문(농업, 경공업, 무역) 제일주의를 새로운 경제건설전략으로 내놓았지만, 이 중 무역제일주의를 특별히 강조하였다. 김일성은 당 중앙위원회 제6기 21차 전원회의에서 소련에서 원유의 수입이 거의 중단됨으로써 승리화학련합기업소를 제대로 돌리지 못하고 있고, 조선이 사회주의시장에서 독점적 지위를 갖고 있던 마크네샤크링카도 용광로를 제대로 돌리지 못하여 팔지 못한다고 한탄하면서, "사회주의시장이 없어진 조건에서 우리가 경제건설을 성과적으로 진행하려면 대외무역 방향을 전환하여야 합니다. 그래야 우리 나라의 상품을 다른 나라에 팔고 그대신 경제건설에 절실히 필요한 물자들을 사들여올수 있습니다"라고 말하였다.[7]

또한 김일성 생전 마지막 공식 일정이 된 경제부문 책임일군협의회와 가진 회의에서 당의 혁명적 경제전략을 철저히 관철하여 사회주의경제건설에서 새로운 앙양을 일으켜야 한다며 당면하게 풀어야 할 문제들에 대해서 다음과 같이 언급하였다.

> 무엇보다도 전력문제를 빨리 풀어야 하겠습니다…(중략)…전력문제를 빨리 풀자면 중유발전소를 건설하여야 합니다…(중략)…다음으로 화학공업에 힘을 넣어 화학비료생산과 비날론생산을 정상화하여야 하겠습니다. 화학비료를 제대로 생산하여 농촌에 보내주어야 당의 농업제일주의방침을 철저히 관철하여 먹는 문제를 풀수 있습니다. 우리는 어떻게 하나 농사를 잘 지어 인민들의 먹는 문제를 풀어

---

7) 김일성, "당면한 사회주의경제건설방향에 대하여: 조선로동당 중앙위원회 제6기 제21차전원회의에서 한 결론(1993년 12월 8일)", 『김일성전집 94』(평양: 조선로동당출판사, 2011), 155쪽.

야 하며 그러자면 화학비료를 많이 생산하여야 합니다…(중략)…비
료공장설비보수에 필요한 불수강을 자체로 생산할 수 있는 것은 자
체로 생산보장하고 사올것은 외화를 들여서라도 사와야 합니다…
(중략)…다음으로 세멘트생산을 정상화하여야 하겠습니다. 세멘트
생산을 정상화하여 세멘트를 많이 생산하여야 외화도 벌고 건설도
힘있게 내밀 수 있습니다…(중략)…금속공업을 발전시켜 강재생산
을 늘이지 않고서는 인민경제를 한걸음도 전진시킬 수 없습니다. 강
재는 인민경제의 어느 부문에서나 다 쓰입니다…(중략)…금속공장
들을 잘 돌리자면 콕스탄문제를 풀어야 합니다. 콕스탄을 어느 한
나라에만 의존하지 말고 여러 나라에서 사와야 합니다. 강재생산에
필요한 콕스탄은 로씨야에서 사올 수도 있고 오스트랄리아에서 사
올 수도 있습니다.[8]

결국 김일성이 생애 마지막으로 내린 지시의 요지는 무역(수입)을 통
해 당장 생산정상화가 절실히 필요한 전력, 화학, 금속 공업을 일으켜 세우
고, 세멘트 생산을 정상화시켜 수출을 많이 하여 외화를 획득하여야 한다
는 것이다.

유일지도체제 아래서 김일성의 지시는 곧바로 실천하여야 할 정책이
된다. 김일성은 전력, 화학, 시멘트, 금속공업의 생산정상화를 무역을 통해
가능케 하라고 지시하였는데 그것이 그의 생애 마지막인 것만큼 가장 중요
한 유훈이 될 수밖에 없었다. 그러므로 당과 모든 경제부문들은 김일성의
이러한 지시가 내려진 후 무역에 치중하게 된다. 그러나 사회주의경제권이
붕괴되고 미국의 경제봉쇄가 지속되는 상황에서 자본주의 국가들과 무역
을 하기란 쉽지 않은 일이었다. 더 큰 문제가 된 것은 나라 전체[9]가(김일

---

[8] 김일성, "사회주의경제건설에서 새로운 혁명적전환을 일으킬데 대하여: 경제부문 책
임일군협의회에서 한 결론(1994년 7월 6일)", 『김일성전집 94』, (평양: 조선로동당출
판사, 2011), 418~427쪽.

성의 유훈을 받들어) 무역에 치중하다보니 돈을 많이 버는 단위 또는 개인
이 사회적으로 인정받는 등 가치관의 전도가 일어나고 돈이 되는 것은 무
엇이든 내다 파는 배금주의가 사회적으로 팽배해 지고 있었던 현실이었다.
김정일의 다음 발언을 통해 당시 조선의 이러한 현실을 엿볼 수 있다.

> 지금 일부 단위들에서는 자기 단위에서 버는 외화가운데서 얼마를
> 떼어 자체로 무엇을 사오겠다고 제기하는데 그것은 사회주의대외무
> 역에 대한 옳은 인식을 가지지 못한데로부터 나오는 편향입니다…
> (중략)…상품을 제가끔 수출하고 제가끔 수입하는 것은 자본주의적
> 무역방법입니다…(중략)…일부 대학졸업생들이 전공부문에 가서 일
> 하겠다고 하는것이 아니라 무역부문이나 합영부문 같은데 가겠다고
> 한다는데 이것은 그들이 자기를 먹여 주고 입혀 주고 공부시켜 준
> 당과 조국을 위하여 복무하겠다는 생각보다 제 혼자 잘 살아 보겠다
> 는 생각부터 앞세운다는 것을 말하여 줍니다. 이것은 대단히 위험한
> 사상요소입니다.[10]

이렇듯 김일성 사망 이후 조선의 당시 상황은 심각한 것을 넘어서 체
제가 안으로부터 흔들리는 위험한 상황으로 치닫고 있었다. 제2차7개년계

---

9) 조선은 이미 1970년대부터 도(道)단위에서 무역이 허용되었다. 그런데 '3대제일주의'
가 나온 후, 1994년부터 군(郡)단위에서도 무역이 허용된 것으로 보인다. 김정일이
1994년 10월 당 중앙위원회 책임일군들과 한 담화에서 이를 확인할 수 있다.
"군들에서 외화벌이를 잘하는 것은 지방경제를 발전시키고 인민생활을 높이기 위한
중요한 방도입니다. 외화벌이를 잘하면 군에 없는 원료와 자재를 사다가 지방산업
공장들을 돌릴 수 있고 인민들의 생활에 절실히 필요한 상품도 사올 수 있습니다…
(중략)…모든 군들에서 외화벌이기지를 잘꾸리고 외화벌이투쟁을 적극적으로 벌려
외화벌이과제를 넘쳐 수행하여야 하겠습니다." (김정일, "군의 역할을 높여 인민생활
에서 전환을 일으키자(조선로동당 중앙위원회 책임일군들과 한 담화 1994년 10월 20
일)", 『김정일선집 18(증보판)』 (평양: 조선로동당출판사, 2012), 48~49쪽).
10) 김정일, "당의 무역제일주의방침을 관철하는데서 나서는 몇가지 문제(조선로동당
중앙위원회 책임일군들과 한 담화 1995년 2월 1일)", 『김정일선집 18(증보판)』, (평양:
조선로동당출판사, 2012), 194~196쪽.

획부터 제3차7개년계획까지 연이어 경제건설계획이 실패하자, 1980년대 중반부터 중앙집권적 계획체계를 독립채산제가 철저히 관철되는 것을 전제로 하는 '련합기업소'체계로 이완시키고 소비품생산의 증산을 위해 다양한 생산조직이 전국 각지, 각처, 각단위에서 만들어지도록 장려하였다. 이에 따라 비계획부분이 전체 경제에서 차지하는 비중이 크게 늘어나게 되었으며, 어느 단위나 할 것 없이 중앙으로부터 큰 제재를 받지 않고 무역에 뛰어들다보니 경제에 대한 당의 통제는 약해지게 되었고 경제부문의 각 단위는 자신들의 이익을 쫓는 기관본위(이기)주의에 빠져버렸던 것이었다. 또한 식량난으로 식량배급이 제대로 이루어지지 않자 인민들은 제각기 식량을 찾아 이곳저곳을 떠돌아다니게 되었으며[11] 생존을 위해 서로가 상대적으로 더 많이 가진 것을 교환하게 되면서 자생적인 생긴 시장(장마당)이 급속히 확산되고 있었다.

더욱 심각한 문제는 당일군들도 이러한 추세에 편승하여 자신들의 지위와 권위를 이용하여 경제문제에 직접 개입하여 경제활동에 매몰되는 소위 "당조직들과 당일군들이 행정경제사업을 대행하거나 가로타는 현상"이 만연된 현실이었다. 김정일은 이를 다음과 같이 비판하였다.

> 지금 일부 당조직들과 당일군들은 당내부사업을 할 생각은 하지 않고 행정경제사업만 매달리고 있습니다. 지난해에 당에서 석탄공업부문과 화학공업부문을 비롯한 중요경제부문에 많은 당일군을 파견

---

[11] 이러한 현상이 만연하였다는 것은 김정일의 다음의 발언에서 확인할 수 있다. "**다른 지방사람들은 식량을 구하러 다니였지만**(필자 강조) 자강도인민들은 남녀로소가 모두 떨쳐나 손달구지와 발구로거름을 실어날랐으며 거리와 마을을 위생문화적으로 깨끗이 거두고 락천적으로 살았습니다." (김정일, "중공업부문들을 현대적기술로 개건하며 나라의 경제를 추켜세우는데서 나서는 몇가지 문제에 대하여(조선로동당 중앙위원회 책임일군들앞에서 한 연설 주체89(2000)년 5월 12일)", 『김정일선집 20(증보판)』 (평양: 조선로동당출판사, 2013), 197쪽).

하였는데 그들은 경제실무적인 사업에만 치중하면서 당내부사업에
는 거의나 관심을 돌리지 않았습니다. 당일군들이 경제실무적인 사
업에 빠져들어가면 당내부사업이 약화되기 마련입니다. 당일군들이
경제사업에서 걸린 문제를 푼다고 하면서 떠돌아다니면 당사업에
빈틈이 생기고 나중에는 당자체를 위험에 빠뜨리는 결과를 가져올
수 있습니다.[12]

　　김정일은 이러한 행태를 단지 당이 위험에 빠뜨리는 것에서 끝나지
않고 다른 사회주의국가들에서 그러했던 것처럼 체제자체를 붕괴시킬 대
단히 위험한 것으로 보았다. 김정일은 소련과 동구의 사회주의국가들의 몰
락과 붕괴의 원인을 이들 나라들이 물질 경제적 조건에 결정적인 의의를
부여하고 경제건설에만 매달리며 인민대중의 사상개조사업을 부차시하며
혁명의 주체를 강화하고 그 역할을 높이는 사업을 소홀히 한 것, 즉 사회주
의건설에서 사상에 최우선적 중요성을 부여하지 않은 것에서 찾았다. 나아
가 그는 사회주의건설에서는 언제나 사상개조사업, 정치사업을 앞세워 인
민대중을 교양하고 대중의 혁명적 열의와 창조적 적극성을 높이는 사업을
기본으로 틀어쥐고 나가야 한다면서 자신은 사상을 앞세우고 정치사업을
바탕으로 조선이 처한 난관을 뚫고 나갈 것임을 천명하였다.[13]
　　이러한 김정일의 처방을 바탕으로 실질적인 강령과 정책을 만들어서
실행에 옮겨야 할 조직은 조선로동당이었다. 그러나 위에서 분석되었지만,
당일군들조차 경제에 매몰되어 '행정경제사업을 대행하거나 가로타는' 현

12) 김정일, "당, 국가, 경제사업에서 나서는 몇가지 문제 대하여(조선로동당 중앙위원회
　　책임일군들앞에서 한 연설 1992년 11월 12일)", 『김정일선집 17(증보판)』 (평양: 조선
　　로동당출판사, 2012), 270쪽.
13) 김정일, "사회주의는 과학이다(조선로동당 중앙위원회 기관지 『로동신문』에 발표한
　　론문(1994년 11월 1일)", 『김정일선집 18(증보판)』, (평양: 조선로동당출판사, 2012),
　　93~95쪽.

상이 만연해 있었기 때문에 김정일은 자신의 처방을 실행에 옮길 조직을 당 이외의 조직에서 찾아야 했다. 그것이 바로 군(軍)이었다.

소련과 동구사회주의국가들의 몰락과 사회주의경제권의 붕괴로 인하여 초래된 국가적 위기는 최고지도자가 된 김정일이 먼저 군을 챙기고 강화하여 체제를 무력적인 측면에서 수호하는 일에 매진하도록 하는 환경을 만들어 주었다. 김정일은 사상개조사업과 정치사업을 바탕으로 조선이 처한 위기를 돌파하려 한다고 하였는데 여기서 사상은 집단주의를 의미하며 사상개조사업은 모든 인민을 당 조직들을 통해 최고지도자의 주위에 하나로 묶는 것을 뜻한다. 그리고 정치사업이란 사람들과의 직접적인 만남과 대화 그리고 지도와 선동을 통해 이들이 당의 결정을 따르게 하고 나아가 이들이 가지고 있는 능력을 스스로 찾아내고 집단을 위해 십분 발휘하는 것을 의미한다. 김정일의 입장에서 이것이 생리적으로 내재되어 있고 자신의 '챙기기'로 더욱 다져지고 강화된 조직이 바로 군대였다.[14]

2. '혁명적군인정신'과 '강계정신'

김일성이 사망하고 '고난의 행군' 강행군이 시작된 이후 김정일은 자신의 시간과 정열의 대부분을 군에 대한 현지지도에 투자하였다.[15] 김정

---

[14] 조선의 최고지도자가 되기 이전 조선인민군 최고사령관 그리고 국방위원회 제1부위원장으로서 김정일은 김일성이 만족할 만큼 군에 대한 사업을 잘하고 있었음을 다음 김일성의 발언에서 확인할 수 있다. "인민군대가 오늘과 같이 정치사상적으로, 군사기술적으로 튼튼히 준비된 일당백의 혁명무력으로 강화발전되여 당과 혁명, 조국과 인민의 보위자로서의 영예로운 사명을 다하고있는 것은 전적으로 김정일동지의 옳바른 령도의 결과입니다." (김일성, "사회주의위업의 계승완성을 위하여: 항일혁명투사들, 혁명가유자녀들과 한 담화(1992년 3월 13일, 1993년 1월 20일, 3월 3일)", 『김일성전집 92』 (평양: 조선로동당출판사, 2010), 135쪽).

일이 군을 현지지도 한다는 것은 단순히 군을 챙기기 위함만이 아니었다. 두 차례에 걸친 7개년계획의 실패로 경제에서 시장의 영역을 확대하는 정책들이 도입되고 그것이 지속되면서 사회 전체적으로 '사상'과 '정치'는 우선순위에서 밀려나고 있었으며, 소련이 몰락하고 사회주의경제권의 붕괴로 인하여 '개혁과 개방'의 압박이 가중되고 당조직마저 사상적으로 흔들리고 있는 상황에서 김정일은 군을 통해 다시 '사상'과 '정치'를 앞세우려고 하였던 것이며 이것이 바로 '선군정치'의 핵심이다.[16]

그러므로 김정일이 군을 현지지도 한다는 의미는 단순히 군을 챙긴다는 의미를 넘어서 군에서 사상과 정치를 앞세워 사업하는 모범을 창출하고 이를 전 사회가 따라 배우게 하여 다시 사상과 정치가 우위를 갖는 체제를 만들겠다는 것으로 이해되어야 한다. 김정일이 군대를 현지지도 하면서 강조한 것은 경제활동, 즉 먹고 사는 일에서도 사상의 우위가 확보되어야 한다는 점이다. 다시 이야기하여, 경제활동도 주체사상에 입각하여 하여야 한다는 것이다. 이것은 결국 경제에서의 자립 또는 먹고사는 것을 스스로 해결하는 '자력갱생'을 의미한다.

경제에서 자립의 원칙은 이미 30년 전에 세워진 것이었다. 그러나 국내총생산이 '고난의 행군', 강행군 시기 이전보다 절반 이상으로 줄어들어

---

15) 김정일은 1995년부터 2001년까지의 기간에 1,300개 단위를 현지지도 하였는데 이 중 무력부문은 841개 단위에 다다랐다고 한다. (『조선중앙년감』 2002년, 84쪽).

16) 김정일은 선군정치를 다음과 같이 설명하였다. "우리 당의 선군혁명령도는 군사중시 사상을 구현한 우리 식의 특유한 정치방식입니다. 군사를 제일국사로 내세우고 인민군대를 무적필승의 혁명무력으로 강화하여 총대로 당을 옹위하고 조국과 혁명, 사회주의를 보위하며 인민군대의 혁명적군인정신과 투쟁기풍으로 혁명과 건설을 힘있게 다그쳐나가는데 우리 당 선군정치의 독창성과 백전백승의 위력이 있습니다." (김정일, "청년동맹초급조직들의 역할을 더욱 높이자: 김일성사회주의청년동맹 모범초급일군대회참가자들에게 보낸 서한(주체88(1999)년 9월 29일)", 『김정일선집 20(증보판)』 (평양: 조선로동당출판사, 2013), 30쪽).

식량배급이 중단되었으며 인민들은 생존을 위해 이곳저곳으로 식량을 구하러 다니게 되고 서로가 상대적으로 더 많이 갖고 있는 것들을 교환하게 되면서 자연스럽게 생겨난 시장(장마당)에 의존하여 살아가는 암울한 상황이었다. 이런 상황에서 경제생활에서 자력갱생을 요구하는 것은 인민들 입장에서도 결코 받아들일 수 없는 것이었다. 더욱 큰 문제는 중앙당내에서도 소련과 동구 사회주의국가들 그리고 중국과 같이 개혁과 개방을 하자는 의견이 심심치 않게 나올 정도로 당도 흔들리고 있었다는 사실이었다.

김정일은 이러한 의견에 대해서, "지금 일부 일군들이 당의 령도를 떠나서 경제사업에 대하여 론의하는데 그래서는 안됩니다. 경제사업과 인민생활을 당이 다 책임지고 풀어 나가는것은 우리 당이 견지하고 있는 일관한 원칙입니다"라고 말하면서 경제와 정치를 나누어 관리하자는 의견에 대해 반대 입장을 분명히 하였다.[17] 또한 농업에서 인민공사(人民公社)를 해체하고 가족책임제(Household Responsibility System)으로 바꾸고 점증적으로 개혁의 수위를 공업 그리고 서비스영역까지 올려가고 있던 중국의 모델을 따라가자는 의견도 나왔다. 이에 대해 김정일은 더욱 경계심을 높이면서 다음과 말하였다.

> 내가 있는 한 절대로 〈개혁〉, 〈개방〉을 허용하지 않을것입니다. 이 것은 나의 확고한 결심입니다. 경제문제를 풀기 위한 대책을 연구하는데도 사회주의원칙에서 벗어나서는 안됩니다…(중략)…사회주의 경리는 어디까지나 집단주의에 기초한 사회주의적방법으로 운영해야 하며 사회주의원칙을 벗어나서는 사회주의농촌경리를 발전시킬

---

17) 김정일, "조선로동당 중앙위원회 책임일군들과 한 담화(주체86(1997)년 1월 1일)", 『김정일선집 19(증보판)』 (평양: 조선로동당출판사, 2013), 4쪽.

수 없습니다…(중략)…자본주의사상, 이색적인 풍조를 뿌리뽑기 위한 투쟁을 벌리는데서 특히 관심을 돌려야 할 대상은 간부들입니다. 당조직들은 간부들과의 사업을 강화하며 그들이 각성하고 정신을 차리도록 하여야 합니다.[18)

따라서 김정일이 군을 현지지도 하면서 가장 먼저 역점을 두었던 것은 군부대의 후방사업을 자력갱생의 방법으로 하는 것이었다. 물론 이것은 소대나 중대 수준에서는 가능하지 않고 대대 이상의 조직 그리고 그 조직이 위치한 장소가 식량을 생산하고 부식물을 조달하는 데 유리한 곳에서만 가능한 것이지만, 김정일은 군부대의 크기 그리고 그 군부대가 어느 장소에 있건 상관없이 경제생활에서 걸린 문제들을 군부대 스스로 해결하도록 요구하였다. 김정일이 군부대들에게 후방사업을 잘할 것을 지시하였지만, 현실적으로 군부대에서 스스로 먹고사는 것을 해결하는 것은 불가능한 일이었다. 그러나 여기서 중요한 것은 김정일이 지시(명령)한 것에 복종하고 어떻게 하여든 만들어 보려는 의지와 노력이었다.

김정일의 지시와 명령을 무조건 따르며 수행해 나아가는 것을 '혁명적군인정신'[19)이라고 하는데, '혁명적군인정신'으로 무장한 군이라는 조직은

---

18) 김정일, "조선로동당 중앙위원회 책임일군들앞에서 한 연설(주체86(1997)년 9월 27일)", 『김정일선집 19(증보판)』(평양: 조선로동당출판사, 2013), 210~214쪽.

19) 김정일은 자신의 지시에 대해 무조건적으로 받아들이지 않는 정무원책임일군들과 경제일군들 비판하면서 '혁명적군인정신'에 대해 다음과 같이 이야기하고 있다. "당에서 여러차례에 걸친 혁명적경제전략을 관철하기 위한 방향과 방도를 구체적으로 밝혀주었는데도 당의 의도대로 경제사업을 작전하고 결단성있게 내밀지 않고 있는 것은 경제지도일군들에게 당의 방침에 대한 절대성, 무조건성의 정신이 부족하기 때문입니다. 해보다 안되면 할수 없다는 식의 일본세를 가지고는 당의 방침을 관철할수 없으며 나라의 경제를 추켜세울수 없습니다. 우리 인민군대의 혁명적군인정신은 수령결사옹위정신, 총폭탄정신, 자폭정신입니다. 인민군군인들은 최고사령관의 명령을 집행하기 전에는 죽을 권리도 없다는 각오로 투쟁하기 때문에 최고사령관이 주는 그 어떤 어려운 과업도 무조건 집행하고야마는 것입니다.

김정일에게 조선이 처한 모든 난관을 앞장서서 뚫고 나가는 선봉대이며 최고지도자를 위해 모든 것을 바치는 조선식 집단주의의 전형을 보여주는 전위대(前衛隊)이었던 것이다. 김정일 입장에서 이러한 조직적 배경에 없이 위기를 극복하는 것은 엄두도 내지 못할 일이었으며 "최고지도자를 중심으로 일치단결하는 사상을 위에 놓고 경제건설뿐 아니라 모든 사업을 진행하는 것"이 원칙으로 간주되었기 때문에 '혁명적군인정신'은 국가수립 이후 조선이 맞이한 최대의 위기를 극복하는 데 반드시 필요한 핵심요소로 자리잡게 되었다.

김정일은 '혁명적군인정신'을 그냥 요구하지만은 않았다. 그는 가장 어려웠던 '고난의 행군', 강행군 기간 동안 군이 "혁명의 기둥, 혁명의 주력군으로서의 사명과 역할을 다하도록 하기 위하여 전선시찰을 하면서 인민군대의 사단장, 연대장, 대대장에 이르기까지 하나하나 품을 들여 키웠다"[20]고 한다. 즉 군에서 자신을 무조건 따르며 지지할 핵심인자들을 먼저 만들고 그들을 중심으로 군을 지도하며 통솔하여 전군(全軍)을 '혁명적군인정신'으로 무장시키려 하였던 것이었다. 그런데 이러한 김정일의 정치사업 방식은 김정일이 70년대 김일성의 후계자로 추대된 후에 김일성의 배려로 당 조직들을 찾아다니며 자신과 혁명(목숨을 건 사업)을 같이 할 동지들을 만들어 가던 소위 '당의 기초축성'과 같은 것이었다.

우리의 경제지도일군들은 혁명적군인정신을 따라배운다고 말만 할것이 아니라 실지 사업에서 구현하여야 합니다…(중략)…당에서 올해 알곡생산과 인민경제의 선행부문에 힘을 집중하라고 하였으며 어떤 방법과 수단을 써서라도 이 부문을 추켜세워야 합니다." (김정일, "고난의 행군 최후돌격전을 더욱 힘차게 벌리자: 조선로동당 중앙위원회 책임일군들과 한 담화(1997년 6월 21일)", 『김정일선집 19(증보판)』(평양: 조선로동당출판사, 2013), 154~155쪽).

[20] 김정일, "위대한 수령님께서 열어놓으신 혁명의 길을 끝까지 가야 한다: 조선로동당 중앙위원회 조직지도부 부부장들과 한 담화(주체100(2011)년 9월 12일)", 『김정일선집 25(증보판)』(평양: 조선로동당출판사, 2015), 377쪽).

'당의 기초축성'시기 김정일은 자신과 생사고락을 같이 하며 혁명을 할 동지들을 당의 구석구석을 찾아다니며 만들었고 이들은 김정일의 지시와 명령에 절대 복종하며[21] 김정일 유일지도체제를 만드는 데 중추적 역할을 하였다고 한다. 결국 김정일은 1970년대의 '당의 기초축성'과 같은 방법으로 자신의 친위대를 군 조직에서 만들어 이들을 통해 조선의 최대위기를 돌파하려 하였던 것이다.

군부대에서는 김정일의 지시대로 콩 농사, 염소 키우기, 텃밭 이용하여 야채와 채소 키우기 등 식량을 스스로 공급하기 위한 온갖 노력을 하고 그 모범[22]을 창출하여 공장과 기업소 그리고 협동농장 등 사회단체들이 따라 배우도록 하였다. 또한 군부대들은 나라 곳곳에 파견되어 발전소와

---

[21] 2012년 10월 6일자 『로동신문』에 실린 사설, "당의 기초축성시기 일군들의 투쟁정신과 일본새를 따라배우자!"에서 표현하고 있는 '당의 기초축성'시기 일군들의 투쟁정신과 일하는 태도는 '고난의 행군'시기 '혁명적군인정신'과 복제판과 같이 닮아있다. "자기 령도자에 대한 절대적인 충실성, 당의 방침을 그 어떤 조건에서도 무조건 끝까지 관철하는 불같은 열정과 높은 사업의욕, 견결한 당적원칙성과 비타협적인 투쟁정신, 이것이 당의 기초축성시기 일군들이 지녔던 기본특질이다…(중략)…위대한 장군님을 따르는 길에서 사소한 탈선도 몰랐고 당의 유일적령도체계를 세우기 위한 사업에서는 추호의 양보도 허용하지 않은것이 1970년대 일군들의 체질화된 기질이였고 혁명적사업풍모였다."

[22] 조선인민군 제549군부대는 그 모범의 사례를 잘 보여주고 있다고 한다. 이 군부대는 안변청년발전소와 내평발전소 건설에 투입되고 3년 만에 이들 발전소들을 완공시켰다고 한다. 김정일은 제549군부대를 방문하고 "굴지의 대규모의 수력발전소를 훌륭히 일떠세운데 대한 커다란 만족을 표시 하"면서 그들의 업적을 높이 평가하였고 549군부대의 부업농장을 현지 지도하였다. 이곳에서 그는 "규모 있고 알뜰하게 정리된 1,000여정보의 부업포전들과 아담하게 일떠선 살림집들, 각종 현대적인 농기계들과 무, 감자를 비롯한 풍성한 수확물들을 보면서 농사형편에 대하여 구체적으로 료해하고 군부대에서 자력으로 발전소를 건설하여 전기난방화를 적극 추진시키고 있으며 부업포전을 잘 리용하여 여러 가지 남새와 알곡을 많이 생산하고 염소, 양, 소, 토끼, 돼지를 비롯한 집짐승을 대대적으로 길러 전사들에게 맛있고 영양가 높은 부식물을 풍족히 공급하고 있는데 대하여 커다란 만족을 표시하였으며 모든 군부대에서 이들처럼 후방공급사업에 깊은 관심을 돌려야 한다"고 강조하였다고 한다. (『조선중앙년감』 2001년, 51쪽).

도로 그리고 토지정리 등 방대한 공사와 건설에서 양어장과 오리공장, 돼지공장 그리고 유원지 등 인민생활에 직결되어 있는 공사와 건설까지도 도맡아 하였다.[23] 이들이 거둔 성과는 곧 김정일의 자력갱생노선이 옳다는 증표가 되었으며 최고사령관의 명령을 사수하기 위해서는 모든 것을 바치는 '혁명적군인정신'을 바탕으로 이루어진 이들의 행적과 행보는 외부에서 압박하여오는 소위 '제국주의의 도전'을 막아내는 방패이며 내부에서 자라고 있는 물질적 이기주의의 싹을 자를 수 있는 칼로 자리 매김을 하였던 것이다.

'선군정치' 안에서 군인들은 경제건설현장에 파견되어 어렵고 힘든 공사와 건설을 맡고 완성하는 것에서 그 임무가 끝나지 않았다. 김정일은 제대군인들을 상황이 어려운 광산, 협동농장 그리고 공장 등지에 보내어 부족한 노동력을 메우고 또 이들에게 당세포 비서 등 당 기초 조직의 지도를 맡기어 자신의 '선군정치'가 당 조직 밑바닥부터 실행되고 실현될 수 있도록 하였다.[24]

---

[23] 군부대가 투입되어 김정일 생전 완공한 대상건설사업의 대표적인 것들은 다음과 같다: 평양 – 향산관광도로, 안변청년발전소, 내평발전소, 녕원발전소, 평안북도, 평안남도, 황해남도, 강원도 그리고 평양시 토지정리사업, 12월5일청년광산, 4.25려관, 구월산 유원지, 제112호닭공장, 황주닭공장, 김일성종합대학 수영관과 전자도서관, 평양남새과학연구소, 대과수종합농장, 대동강돼지공장, 대동강그물공장, 대동강과수종합농장, 대동강과일종합가공공장, 대동강맥주공장, 옥류관료리전문식당, 룡지오리공장, 대동강과수종합지구의 자라양식장.

[24] 김정일이 2009년 5월 22일 중앙당위원회와 량강도 위원회 책임일군들과 한 담화에서 이것을 확인할 수 있다. "내가 고난의 행군시기에 인민경제의 중요부문들에 제대군인들을 집단적으로 파견하였는데 그들이 핵심이 되어 자기 단위를 이끌어 나가고 있습니다.(필자 강조) 대홍단군에 파견된 제대군인들 가운데는 작업반장을 비롯하여 초급일군을 하는 사람들이 많은데 이제는 그들이 당의 감자농사혁명방침을 관철하기 위한 투쟁에서 핵심적 역할을 하고 있습니다. 백암군에도 제대군인들을 보내주려고 합니다. 내가 혜산청년광산과 백암군에 제대군인들을 보내주려고 하는것은 단순히 생산이나 추켜세우고 면모나 일신시키자는데 있는것이 아니라 그 단위들을 사상적으로 개조하자는데 보다 주요한 목적이 있습니다.(필자 강조) 앞으로 제대군인들이 혜산청년광산과 백암군에 파견되어 가면 그 단위들에서 혁명적군인정신이 세차게 나래치고 생산과 건설에서 새로운 앙양이 일어나게 될 것입니다. 인민경제 중요부문에 제대군인들을

이와 같이 제대군인들을 사회에 파견, 배치하는 조치는 1998년부터 취해지기 시작하였다. 조선인민군의 평균 군복무 기간이 7년~10년이며 인민군병력이 100만 명에서 120만 명 정도임 감안하면 2000년대 초반이나 중반 무렵부터 이들 중 최소한 20%[25]인 20만 명에서 24만 명 정도가 사회 각처와 각지에 파견되어 당 기초 조직에서 지도자의 역할을 하고 있었던 것이 된다. 이들의 뒷받침으로 김정일은 '선군정치'를 사회 말단 조직에서부터 실행시킬 수 있는 조건을 가질 수 있었으며 '선군정치'는 한낱 정치적 슬로건이 아닌 현실에서 그 실체를 가질 수 있었다.[26]

김정일이 조선 인민군을 통해 체제수호를 할 수 있다는 자신감은 1997년 초(初)경에 들었던 것 같다. 김정일은 1997년 1월 24일 전당 당 일군회의의 참가지들에게 보낸 서한에서 다음과 같이 적고 있다.

파견하는 사업은 정치적의의가 있게 하면서도 그들의 추억에 영원히 남게 조직하여야 합니다. **제대군인들은 간부원천이나 같습니다.**(필자 강조) (김정일, "량강도의 경제사업과 인민생활에서 혁명적전환을 일으킬데 대하여(조선로동당 중앙위원회, 량강도 위원회 책임일군들과 한 담화, 주체98(2009)년 5월 22일)", 『김정일선집 24(증보판)』(평양: 조선로동당출판사, 2014), 173~174쪽.

[25] 김정일은 인민군들 중 가장 유능한 병사들을 선발하여 제대 이후 사회에 파견하였을 것이기 때문에 파레토(Pareto)의 80대20 법칙을 적용하여 총 제대군인의 20% 정도가 사회 각처와 각지에 파견되었을 것으로 가정하였다.

[26] 조선은 2007년 10월 26일과 27일 1박2일간에 걸쳐 당세포비서대회를 열었다. 당세포들에 대해 로동신문은 사설을 통해 다음과 같이 평가하였다.
"지난 10여년간의 준엄한 투쟁속에서 사회주의붉은기를 끝까지 수호하고 강성대국건설에로 나아가는 새시대를 열어놓은 것은 수십만의 믿음직한 당세포를 가지고 있는 우리 당만이 창조할수 있는 력사의 기적이다…(중략)…김철과 라남, 성강, 룡성과 흥남, 단천을 비롯하여 경제강국건설을 위한 모든 전투장들마다에서 생산적앙양과 현대화의 불길이 세차게 타오르고 전체 인민들의 가슴마다에 필승의 신심과 락관이 차 넘치고 있는 것은 당의 선군령도를 믿음직하게 받들어나가는 당세포들의 적극적인 활동을 떠나서 생각할 수 없다. (사설, "당의 강화발전과 강성대국건설의 전환적 계기로 될 전국당세포비서대회", 『로동신문』 2007년 10월 26일자). 위의 사설에서도 확인할 수 있듯이 1998년부터 노동현장에 본격적으로 보내진 제대군인들은 10년이 지난 이후 당세포비서로 자리를 잡고 당의 선군정치를 현장에서 받들고 실행하며 선군정치의 초석과 같은 역할을 하였던 것이다.

우리인민군대는 당과 혁명, 조국과 인민의 믿음직한 보위자로, 무적 필승의 강군으로 더욱 강화발전 되였습니다. 전군이 우리 당을 옹위하고 당의 명령, 지시에 따라 하나와 같이 움직이고 있으며 그 어떤 불의의 사태에도 대처할수 있도록 정치사상적으로, 군사기술적으로 튼튼히 준비 되였습니다…(중략)…우리는 김일성동지의 위업을 빛나게 계승발전시켜 나갈수 있는 정치사상적기초를 튼튼히 다져 놓았으며 우리 혁명과 우리의 사회주의조국을 믿음직하게 수호할수 있는 군사적 담보를 확고히 마련하여 놓았습니다. 이것이 지난 2년 반 동안 우리 투쟁의 주되는 총화이며 우리의 위대한 승리입니다.[27]

김정일이 국가방위에 어느 정도 자신감을 가질 무렵 자강도 도당위원회로부터 강계지역을 중심으로 자강도 곳곳에서 중소형발전소를 대대적으로 건설하여 필요한 전력을 스스로 자급할 수 있게 되었다는 소식이 전해져왔다. 김정일은 곧바로 강계시를 방문하고 이 지역에서 전력수요를 스스로 해결한 것에 대해 높이 치하하면서, 김일성이 전후에 강선제강소의 노동자들을 찾아가 천리마운동을 일으키도록 하였는데, 강행군을 하는 오늘 자신은 자강도를 모범으로 하여 강행군의 돌파구를 열어 나가려고 한다면서, 자강도의 모범을 따라 배우는 운동을 벌여 온 나라가 자강도 사람들의 혁명정신, 강계정신을 따라 배워야 한다고 역설하였다.[28]

이 '강계정신'은 '혁명적군인정신'과 더불어 사회의 모든 조직과 단체들이 '고난의 행군'을 헤쳐 나가는 데 있어서 반드시 따라 배우고 체내(體

27) 김정일, "올해를 사회주의경제건설에서 혁명적전환의 해로되게 하자: 전당당일군회의 참가자들에게 보낸서한(주체87(1997)년 1월 24일)", 『김정일선집 19(증보판)』(평양: 조선로동당출판사, 2013), 26~27쪽.

28) 김정일, "자강도의 모범을 따라 경제사업과 인민생활에서 새로운 전환을 일으키자: 자강도의 여러 부문 사업을 현지지도하면서 일군들과 한 담화(주체87(1998)년 1월 16~21일, 6월 1일, 10월 20일, 22일)", 『김정일선집 19(증보판)』(평양: 조선로동당출판사, 2013), 246~247쪽.

(內)화시켜야 할 것으로 선전되고 요구되었다. 그런데 이 '강계정신'을 낳았다는 자강도의 경험을 통해 당시 조선이 처한 재정적 상황을 엿볼 수 있다. 자강도의 경험이란 국가의 도움과 지원 없이 스스로 전력문제를 해결하였을 뿐 아니라, 내부예비를 동원하여 필요한 기계 설비들과 원료, 자재, 소재를 자체로 해결하여 쓰며 중요 공장들과 기업소들도 가동시킨 것을 말한다.[29] 위에서 분석한 것과 같이 강행군 기간 중 조선의 국가예산수입은 강행군 이전보다 절반 이하로 줄어들었다. 이런 상황에서 국가는 국가적 차원에서 중요한 의의[30]을 지니는 공장과 기업소들에게 조차도 예산 지원을 제대로 하지 못하게 되었을 뿐 아니라 지방에 대한 예산지원도 중단하게 되었던 것이었다.[31]

김정일은 국가예산을 군(軍)에 집중하였는데 겉으로는 군부대에게 식량과 생활필수품을 스스로 조달할 것을 요구하였지만, 식량만큼은 군에 우선적으로 공급하여[32] 군부대에서 자력갱생의 모범을 창출하는 데 유리하

---

[29] 김정일의 위의 담화(주체87(1998)년 1월 16~21일, 6월 1일, 10월 20일, 22일), 250쪽.

[30] 자강도에는 다수의 중요한 군수공장들이 배치되어 있으며 압록강다이아공장과 강계뜨락또르련합기업소 그리고 9월방직공장 등과 같은 조선 경제건설에서 중요한 역할을 하는 공장들이 많이 있다.

[31] 조선은 병진노선이 시작된 초기 국가예산총액의 약 30%를 국방비에 썼다. 고난의 행군, 강행군 시기 국가총예산은 강행군 이전 시기보다 절반 이하로 줄었기 때문에 만약 병진노선의 초기 시기와 같은 유사한 액수(자원)를 국방비로 할당하였다면 예산에서 국방비가 차지하는 비중은 60%가 된다. 조선이 '고난의 행군', '강행군'시기 국가예산지출총액에서 국방비로 할당된 비중을 공개하고 있지 않지만 '강행군' 시기에 병진노선의 초기 수준보다 국방비로 더 많이 썼을 것으로 보는 것이 합리적이기 때문에 국가예산지출총액의 절반 이상을 국방비로 할당하였을 것으로 추정된다.

[32] 김정일이 다음 발언들에서 이를 확인할 수 있다. "지금 나라의 식량사정이 어렵지만 군인들에게만은 식량을 규정량대로 다 공급하여 주고 있습니다. 최근에는 군인들의 식생활에 절실히 필요한 간장을 해결하기 위해 건간장까지 보장해주었습니다." (김정일, "인민군대를 강화하여 강성대국건설위업을 믿음직하게 담보해 나갈데 대하여: 조선인민군 지휘성원들과 한 담화(주체88(1999)년 1월 24일)", 『김정일선집 19(증보판)』 (평양: 조선로동당출판사, 2013), 461쪽).

도록 하였다. 상황이 이러하였기 때문에 자강도의 경험은 김정일의 자력갱생노선이 객관적으로 옳다고 실증해 주는 증표와도 같은 것이 되었다. 이제 김정일은 '혁명적군인정신'의 보편성을 '강계정신'을 통해서 주장할 수 있었으며 개혁과 개방의 파도에 흔들리던 당도 바로 잡고 자력갱생을 기본 내용으로 하는 '선군정치'을 고수하고 밀고나갈 수 있게 되었다.

김정일은 '강계정신'에 대하여 **"지금 생각해보면 고난의 행군시기에 나에게 제일 큰 힘을 준 것이 강계정신이였습니다. 강계정신은 우리 혁명이 가장 어려웠던 시기에 나에게 힘을 주고 의지가 되였으며 우리 인민이 고난의 행군, 강행군을 승리적으로 진행할 수 있게 하였습니다. 나는 강계정신을 영원히 잊지 않을 것입니다."**[33](필자 강조)라고 회고하였는데 이처럼 자강도의 경험은 김정일의 노선에 대해 정당성을 부여하여 김정일이 자신의 노선을 고수하고 밀고 나갈 수 있도록 추동하는 배경이 되었던 것이다.

'혁명적군인정신'과 함께 '강계정신'은 국가 전반으로 선전되었으며 사회 모든 조직과 단체들이 따라 배우도록 요구되면서, 공장, 기업소들에서는 예비를 동원하여 생산의 정상화를 자체적으로 도모하려는 노력들이 시작되었다. 지방에서는 자강도의 경험을 모범삼아 도(道) 차원에서 그리고 군(郡) 차원에서까지 중소발전소를 자체적으로 만들어 전기를 스스로 해결하려는 노력들이 일어나게 되었다고 한다.[34]

---

[33] 김정일, "자강도사람들처럼 도와 시, 군의 살림살이를 잘 꾸려나가자: 조선로동당 중앙위원회와 자강도위원회 책임일군들과 한 담화(주체89(2000)년 8월 31일)", 『김정일 선집 20(증보판)』 (평양: 조선로동당출판사, 2013), 258쪽.

[34] 1999년까지 자강도가 자체의 힘으로 332개의 중소형발전소들을 세웠으며(『조선중앙년감』 2000년, 43쪽) 이를 본받아 함경남도에서도 중앙의 도움 없이 290여 개의 중소형발전소들을 건설하는(『조선중앙년감』 2000년, 56쪽) 등 전국적으로 5천 개 이상의 중소형발전소가 만들어 졌다고 한다.

이 모든 노력들은 김정일에게 '고난의 행군' 기간 중 국가예산을 분산시키지 않고 군수산업과 국가적 차원에서 전략적 가치와 의미를 갖고 있는 공장과 기업소들에게 집중할 수 있는 기회를 제공하였다. 김정일은 국가예산수입이 절반 이상으로 줄은 상황이었기 때문에 가장 큰 실리를 얻을 수 있는 것에 투자를 집중하였는데 그것이 바로 과학기술이었다.

3. 김정일의(과학기술에 대한) 선택과 집중전략

1998년은 조선으로서는 매우 의미 있는 해였다. 먼저 김정일이 최고인민위원회 제10기 제1차 회의에서 국방위원회 위원장으로 추대되어, '선군정치'의 시대를 공식적으로 열었다. 조선은 첫 인공지구위성 〈광명성1호〉를 발사하여 장거리 미사일 제조능력을 세상에 보여줌으로써 '고난의 행군', '강행군' 기간에도 군사력이 제고되었음을 과시하였다. 김정일은 1998년을 나라의 경제를 결정적으로 추켜세우기 위한 진격의 행군의 해라고 선언하고 정치사상적 그리고 군사적 위력을 확고히 견지하기 위해서라도 물질, 경제적 기초를 튼튼히 다져야 한다고 강조하면서[35] 성진제강련합기업소를 필두로 경제부문에 대한 현지지도를 본격적으로 시작하였다.

주지하는 바와 같이 조선에서 최고지도자의 현지지도는 단순한 현장 방문이나 시찰에 그치지 않는다. 특히 경제부문의 현지지도는 생산단위에 대한 구체적 지도를 통해 소위 '혁명'과 '건설'에서 절박한 당면 문제

---

[35] 김정일, "강행군으로 사회주의경제건설에서 새로운 진격로를 열어나가자: 조선로동당 중앙위원회 책임일군들과 한 담화(주체87(1998)년 2월 13일)", 『김정일선집 19(증보판)』 (평양: 조선로동당출판사, 2013), 270쪽.

를 해결하여 '본보기'를 창조하고, 이를 부문과 단위로 확산하여 일반화하기 위한 것이다. 즉 중심 고리를 찾아 한 단위에서 모범을 창조하고 그것을 일반화함으로써 당 정책을 산업 전반에 걸쳐 관철시킨다는 의미를 갖고 있다.

조선에게 성진제강련합기업소는 1980년대부터 코크스를 쓰지 않고 강재를 생산하려는 노력이 깃든 기업소라고 하며 1983년 철광석과 무연탄과 시멘트를 바인더로 뭉쳐서 회전로로 돌리는 '삼화철공법'[36]을 4기의 회전로에 재강 공정을 완비하였으나 '강행군' 시기 전력난으로 가동이 거의 중단되어 있었다고 한다. 김정일이 성진제강련합기업소를 제일 먼저 현지지도 한 것에는 다음과 같은 배경이 있었다.

먼저 금속공업은 전체 공업부문에서 중추적 역할을 하기 때문에 석탄공업, 전력, 철도운수 등 기간(基幹)적 의미를 갖는 공업들의 생산정상화를 도모하기 위해 금속공업을 우선적으로 추켜세우겠다는 현실적인 이유가 있었다. 또한 성진제강련합기업소를 경제부문에서 제일 먼저 현지지도 하였던 배경에는 기업소에서 추진 중이었던 '삼화철공법'을 개선(upgrade)하여 코크스를 쓰지 않고 강재를 생산할 수 있는 소위 '주체철공법'을 완성시키고 조선이 자력갱생의 능력을 한층 높이려는 전략적인 목적이 있었던 것으로 추론될 수 있다.

그러나 김정일이 성진제강련합기업소를 제일 먼저 현지지도 한 가장 중요한 이유는 이 기업소에 중앙에서부터 집중적인 투자와 지도가 이루어

---

[36] 삼화철 공법은 코크스와 고철 없이, 무연탄과 시멘트를 철광석과 섞어 철을 추출해 내는 방법으로 기존의 공법에 비해 코크스와 고철 수입이 필요 없고 에너지가 절약되는 이점을 가지고 있다. (김치관 기자, "통일부, 북 '주체철·주체비료·주체섬유·CNC' 문제점 지적",『통일뉴스』2010년 12월 18일자: http://www.tongilnews.com/news/articleView.html?idxno=92981 (접속: 2019년 12월 19일).

지면 생산을 정상화하기에 가장 유리한 기업소였기 때문이었을 것이다. 이 기업소를 현지지도 하고 신속하게 생산 정상화의 모범을 창출하여 다른 공장, 기업소들이 따라 배우게 하여 공업 전 분야에서 생산의 정상화를 빠른 시일에 이루겠다는 것이 김정일이 이 기업소를 제일 먼저 현지지도한 가장 중요한 이유였다.

조선에서는 성강(성진제강련합기업소의 준말로 앞 자인 '성'과 끝 자인 '강'을 띠어서 만든 말)의 노동자들이 김정일의 현지지도에 고무되어 생산정상화를 위해 하나와 같이 일떠서서 투쟁하였고 생산의 정상화를 이루수 있는 토대를 가장 먼저 만들어 내었다고 한다.[37] 이것을 '성강의 봉화'라고 하는데 김정일의 현지지도에 고무된 노동자들의 힘만으로 소위 '성강의 봉화'가 지피어 지진 않았다. 1990년대 후반 김정일은 당시 가지고 있는 외화로 식량을 사서 인민들을 먹일 수 있었지만, 눈물을 머금고 공업부문의 현대화, 개건화에 필요한 최첨단 설비들을 사오는 데 썼다고 한다.[38]

이것의 사실 여부는 파악하기 어려우나, 김정일은 (위에서도 분석되었듯이) 자강도의 경험을 '강계정신'으로 일반화시키면서 모든 지방뿐 아니라 모든 단위에서 자력갱생을 정당하게 요구할 수 있었기 때문에 국가예산을 분산시키지 않고 전략적인 의미를 갖는 곳에 투자를 집중할 수 있었는데 그 첫 번째 주자가 성진제강련합기업소가 되었던 것이다. 성진제강련합기업소를 필두로 김정일은 조선 경제재건에 전략적 의미를 갖는 공장과 기업소들의 설비와 생산기술을 개선하기 위해 투자를 집중하였으며 이것은

---

37) 『조선중앙년감』 2000년, 32쪽.

38) 김지영 기자, "〈만리마의 시대/경제부흥과 생활향상 2〉 급속히 광범위하게 도입되는 통합생산체계", 『조선신보』 2017년 10월 27일자: http://chosonsinbo.com/2017/10/24 suk-7/ (접속: 2017년 10월 29일).

조선경제를 재건하기 위한 김정일의 '선택과 집중' 전략이라고 할 수 있다.

　김정일이 1999년 1월 1일 당 중앙위원회 책임일군들과 한 담화에서 "우리의 전체 당원들과 군인들과 인민들은 지난해에 〈최후승리를 위한 강행군 앞으로!〉라는 당의 전투적구호를 높이 받들고 강계정신, 성강의 봉화따라 견인불발의 의지로 힘차게 투쟁함으로써 가장 어려운 고비를 넘기고 〈고난의 행군〉을 락원의 행군으로 전환시켜 나갈 수 있는 앙양의 불길을 올리기 시작하였다"[39]고 말하였다.

　김정일의 위의 발언은 지금까지 논의의 틀에서 다음과 같이 풀이될 수 있다. 김정일은 '강계정신'에 힘입어 개혁과 개방에 흔들리던 당도 바로잡고 자력갱생을 기본 내용으로 하는 '선군정치'를 고수하고 밀고나갈 수 있었다. 이제 사상의 우위를 확고히 견지하고 경제건설(재건)을 할 수 있는 상태가 되었던 것이다. 이 점은 '고난의 행군'을 조선이 극복해 나가는 방향을 논함에 있어서 관건적인 의미를 갖고 있다. 왜냐하면 일단 사상의 우위를 확고히 견지되고 그것을 밀고 나갈 수 있으면, 경제를 재건하는 것은 생산력을 높이는 문제로 규결되기 때문이다.[40]

　김정일은 1997년부터 경제건설에서 과학기술에 대한 역할에 대하여 강조하기 시작하고 1999년부터는 '강성대국건설'이라는 슬로건을 내걸고

---

[39] 김정일, "올해를 강성대국건설의 위대한전환의 해로 빛내이자(조선로동당 중앙위원회 책임일군들과한 담화, 주체88(1999)년 1월 1일)", 『김정일선집 20(증보판)』 (평양: 조선로동당출판사, 2013), 444쪽.

[40] 조선의 경제학자 리종서는 이것을 강성대국건설이라는 틀에서 다음과 같이 설명하고 있다. "올해 주체89(2000)년은 위대한 당의 령도따라 강성대국건설에서 결정적 전진을 이룩해나가는 총진격의 해이다…(중략)…경제일군들은 사상중시, 총대중시, 과학기술중시로선을 튼튼히 틀어쥐고 사회주의경제강국건설을 다그쳐나가야 한다. 사상과 총대, 과학기술은 강성대국건설의 3대기둥이다." (리종서, "위대한 김정일동지께서 제시하신 혁명적경제정책은 사회주의경제강국건설의 전투적기치", 『경제연구』 주체89(2000)년 제1호, 2~3쪽).

과학기술이 강성대국건설을 추동하는 원동력[41]임을 강조하였다. 이로써 조선의 경제건설(재건)의 기본 방향이 정해진 것과 다름없었는데, 그것은 바로 '선군정치'를 앞세우고 발전된 과학기술로 생산력을 제고시켜 경제건설(재건)을 하는 것이었다. 이 방향성을 바탕으로 경제건설에서의 기조는 '사회주의원칙을 지키면서 최대한의 실리를 추구'하는 것[42]으로 나타난다. 사회주의원칙을 지킨다는 것은 집단주의의 안에서 경제문제를 풀어가고 경제건설(재건)을 자력갱생의 토대에서(주체사상의 토대에서) 한다는 것이다. 최대한의 실리를 추구한다는 것은 바로 효율성을 극대화(minimum input, maximum output)시킨다는 의미이다. 그러므로 위의 명제는 집단주의 그리고 자력갱생 원칙의 틀에서 발전된 과학기술을 도입하고 활용하여 생산성(력)을 높여 경제를 건설(재건)하자는 것으로 해석된다.

과학기술은 군수산업을 강화, 발전시키는 데 핵심이 되고 조선이 자력갱생의 노선을 추구하는 데 근간이 되는 금속, 기계 그리고 화학공업의 발전을 가능케 하기 때문에 김정일은 과학기술발전에 각별한 관심을 두고 투자를 집중하였다. 결국 김정일의 어디에 투자를 집중하여 최대한의 효과

---

[41] "과학기술은 강성대국건설의 힘 있는 주동력입니다. 높은 과학기술이 없이는 강성대국을 건설할수 없습니다. 모든 과학자, 기술자들이 당의 구상을 높이 받들고 강성대국을 건설하는데서 나서는 과학기술적문제들을 풀어 나가는데 온갖 지혜와 정열을 다 바치도록 하여야 합니다." (김정일, "올해를 강성대국건설의 위대한전환의 해로 빛내이자: 조선로동당 중앙위원회 책임일군들과한 담화(주체88(1999)년 1월 1일), 『김정일선집 19(증보판)』 (평양: 조선로동당출판사, 2013), 252쪽).

[42] 김정일이 조선의 방위에 대해 어느 정도 자신감을 얻고 '선군정치'를 전면으로 내놓을 무렵, 사회주의원칙을 지키고 최대한의 실리를 추구하는 것에 경제건설(재건)의 방향성 맞추어 지면서 2001년 10월 3일 조선로동당 중앙위원회 책임일군들에게 "강성대국 건설의 요구에 맞게 사회주의경제관리를 개선강화할 데 대하여"라는 제목의 담화(이하 10.3담화)를 한다. 그리고 2002년 7월 1일 이 담화의 일부 내용을 담은 경제개선조치가 발표되는데 그것이 바로 '7.1경제개선조치(이하 7.1조치)'이다. 10.3담화는 조선의 경제체제를 논함에 있어서 관건적인 의미를 갖고 있다. 따라서 10.3담화는 이 장 보론에서 상세하게 다루어 질 것이다.

와 성과를 얻을 것인가에 대한 고민은 발전된 과학기술로 생산력을 제고시키는 틀에서 나라 경제건설(재건)에 전략적 의미를 갖는 공장과 기업소들을 선별하여 우선적으로 투자를 집중하는 것으로 규결되었던 것이다.

경제건설(재건)에 전략적 의미를 갖는 공장과 기업소들에게 대한 선별적인 투자는 '강성대국건설'이라는 대(大)명제 아래 보다 체계적으로 이루어지게 되었다. 〈표 2-2〉에서 볼 수 있듯이 현지지도와 이에 따른 국가적 투자는 철강 또는 '마그네샤크링카'(마그네시아 클링커) 등을 생산하는 금속공업에 속해 있는 공장들, 비료를 생산하는 화학공업소속 비료공장들과 천을 비롯한 경공업의 주원료를 생산하는 비날론공장, 광산에서 쓰는 각종 채굴기와 연관기계들을 생산하는 공장 그리고 무엇보다도 이들 공장들에서 사용하는 각종 생산기계들의 효율성을 높여주는 컴퓨터 마이크로프로세스를 내장한 수치제어 공장기계(Computerized Numerical Control, 이하 CNC)를 생산하는 공작기계공장들에 맞추어 졌다.

〈표 2-2〉 김정일이 현지지도 한 조선경제건설(재건)의
전략적 의의를 갖는 공장, 기업소들 (1998년~2011년)

공장, 기업소 이름	현지지도 날짜	전략적 의의
성진제강련합기업소	(1998.03.13), (2005.12.15), (2007.08.07), (2010.09.04), (2010.12.19)	주체철
희천공작기계종합공장	(1998.06.01), (2003.07.01), (2007.01.19), (2009.05.09), (2010.03.10)	CNC 공작기계
2.8비날론련합기업소	(1999.09.24), (2007.08.10), (2008.05.12), (2008.05.28), (2009.02.04), (2009.11.06), (2010.02.07), (2010.02.09), (2011.08.02), (2011.01.30), (2011.08.08), (2011.10.16), (2011.12.10)	주체섬유(비날론)
흥남비료련합기업소	(2005.09.17), (2007.11.13), (2008.08.11), (2009.02.06), (2009.09.14), (2009.11.06), (2010.08.03), (2011.01.30), (2011.03.10), (2011.10.16)	주체비료

룡성기계련합기업소	(2001.04.11), (2002.06.07), (2005.09.16), (2006.11.13), (2007.08.10), (2009.02.04), (2010.05.21), (2010.08.03), (2011.01.30), (2011.03.10), (2011.04.24), (2011.10.16), (2011.12.10)	광업, 전력, 화학, 전자 등 산업 각 부문에 필요한 대형기계 및 대상설비
구성공작기계공장	(2000.01.25), (2001.02.14), (2001.12.16), (2002.05.19), (2004.06.01), (2006.09.04), (2009.03.27)	CNC 공작기계
김철제철련합기업소	(2001.08.01), (2007.08.06), (2009.02.21), (2009.12.17), (2010.03.04), (2011.12.06)	주체철
락원기계련합기업소	(2001.10.23), (2004.05.17), (2005.01.14), (2007.02.21), (2007.06.07), (2008.11.24), (2009.02.08), (2009.09.14), (2010.02.25), (2010.06.18.), (2011.07.06)	대형기계(굴착기와 회전식착정기, 자동차기중기, 대형산소분리기) 및 대상설비

※출처: 『조선중앙년감』 1999년~2012년.

김정일은 이들 공장과 기업소들에게 투자를 우선적으로 제공하면서 다음과 같은 과업들을 공장과 기업소들에게 주었다. 먼저 성진제강련합기업소가 속해 있는 금속공업에서 가장 절실히 풀어야 할 문제는 코크스 없이 제강－제철 공정을 완성시키는 것이었다. 앞에서도 분석되었지만, 조선경제가 수직적으로 하락하고 침체된 가장 큰 원인 중 하나는 코크스를 제대로 사올 수 없게 되었기 때문이었다. 성진제강련합기업소과 김책제철련합기업소 등이 선별적이고 우선적인 투자를 받으면서 주어진 임무는 코크스 없이 제철－제강 공정을 완성시키라는 것이었다.[43]

43) "세계적으로 콕스탄이 고갈되고 그 값이 계속 올라가는 것과 관련하여 다른 나라들에서도 금속공장들의 현대화를 비콕스제철법을 받아들여 생산원가를 낮추는 방향으로 하고 있는데 우리가 오래전부터 비콕스제철제강법을 완성하도록 강하게 내밀기 정말 잘하였습니다…(중략)…석탄가스화와 비콕스제철제강법은 우리 나라 경제발전의 생면선이라고 말할수 있습니다." (김정일, "황해제철련합기업소는 주체철생산토대에 의거하여 철강재생산을 높은 수준에서 정상화하여야 한다: 황해제철련합기업소를 현지지도하면서 일군들과 한 담화(주체99(2010)년 2월 20일)", 『김정일선집 24(증보판)』(평양: 조선로동당출판사, 2014), 494쪽).

두 번째, 주체섬유라고 하는 비날론은 카바이드를 원료로 가지고 생산하였는데 문제는 카바이드를 만들려면 전기가 많이 필요하다는 것이었다.[44] 김정일은 카바이드를 쓰지 않고 비날론 생산하는 것을 주문하였다.[45] 세 번째, 원유를 충분히 수입할 수 없게 되자 흥남비료련합기업소에게는 나프타 없이 비료를 생산할 수 있는 방법을 찾을 것을 요구하였다.[46]

마지막으로 그리고 가장 중요하게 김정일은 자력갱생의 토대위에서 과학기술로 생산성을 높이는 것의 핵심을 CNC기술로 보고 CNC기술개발과 전(全)공업의 CNC화에 국가의 투자를 집중하였다.[47] 그러면 김정일은

[44] 김정일, "중공업부문들을 현대적기술로 개건하며 나라의 경제를 추켜세우는데서 나서는 몇가지 문제에 대하여: 조선로동당 중앙위원회 책임일군들앞에서 한 연설(주체89(2000)년 5월 12일)", 『김정일선집 20(증보판)』 (평양: 조선로동당출판사, 2013), 184쪽.

[45] 김정일은 다음과 같이 카바이드 대신 메카놀(메탄올)을 가지고 비날론 생산을 할 것을 독려하였다. "비날론공업을 새롭게 창설하여야 합니다. 지금처럼 많은 전기를 써서 생산하는 카바이드를 가지고 비날론을 생산하지 말고 메카놀을 가지고 비날론을 생산하는 방향으로 나가야 합니다." (김정일, "중공업부문들을 현대적기술로 개건하며 나라의 경제를 추켜세우는데서 나서는 몇가지 문제에 대하여: 조선로동당 중앙위원회 책임일군들앞에서 한 연설(주체89(2000)년 5월 12일)", 『김정일선집 20(증보판)』 (평양: 조선로동당출판사, 2013), 184쪽).
메카놀을 가지고 비날론을 생산하여야 한다고 지시하고 9년이 지난 후 그는 다음과 같이 비날론을 석탄가스화공법(무연탄가스화공정)을 통해 생산할 것으로 선회한다. "무연탄가스화공정을 꾸리는것은 인민생활과 직결되여있는것만큼 여기에 자금을 아끼지 말고 대주어야 합니다. 그래서 나는 오늘 인민생활문제를 푸는데서 중요한 몫을 담당하게 될 무연탄가스화공정을 꾸리는데 쓸 자금문제를 풀어주자고 합니다. 2.8비날론련합기업소에는 이미 자금을 주었는데…" (김정일, "남흥청년화학련합기업소는 공장관리에서 혁신을 일으키고 로동계급의 새문화를 창조한 본보기단위이다: 남흥청년화학련합기업소를 현지지도하면서 일군들과 한 담화(주체98(2009)년 5월 28일)", 『김정일선집 24(증보판)』 (평양: 조선로동당출판사, 2014), 208쪽).

[46] 『조선중앙년감』 2006년, 67쪽.

[47] 여기에 대해서 김책공업종합대학 자동화공학부 통합생산체계연구실의 조웅실장은 다음과 같이 말한다. "1990년대 후반의 경제적시련의 시기, 장군님의 결단에 따라 나라에 있던 돈의 전부라고도 할수 있는 귀중한 자금이 최첨단CNC기술을 개발하는데 돌려졌다. CNC화에 의해 기계제작공장들의 현대화가 촉진되였다." (김지영 기자, "〈만리마의 시대/경제부흥과 생활향상 2〉 급속히 광범위하게 도입되는 통합생산체계", 『조선신보』 2017년 10월 27일자; http://chosonsinbo.com/2017/10/25suk-11/ (접속: 2017년 10월 28일).

왜 CNC기술이 조선경제건설(재건)에서 생산성을 높이는 데 핵심이며 자력 갱생을 하는 데도 필수적이라고 보았을까?

앞에서도 분석되었듯이 제철-제강 공정과정에서 코크스를 쓰지 않는 소위 '비콕스화공법', 질소비료를 생산하는 데 석탄에서 질소와 수소를 얻은 '석탄가스화공법' 그리고 같은 공법으로 무연탄에서 카바이드 생산기술을 개량하여 비날론을 얻는 것, 이 모든 공법들을 가능케 해 주는 기술이 바로 '고온공기연소기술'(高溫空氣燃燒技術)이다. '고온공기연소기술'이란 높은 온도로 예열한 고온의 공기로 기체 또는 액체 원료를 연소시켜 로(爐)의 내부온도를 필요한 수준으로 유지하도록 하는데, 이때 필요한 고온의 공기는 무연탄을 가스화해 얻는다고 하여 '무연탄가스화에 의한 고온공기 연소기술'이라고 부르기도 한다.[48] 이 기술은 가열로-축열체-고속절환변-송풍 및 배풍설비와 자동조종체계 등으로 구성되어 있는데, 이 체계를 꾸리고 가동시키기 위해서는 CNC기술이 뒷받침되어야 한다.

즉 CNC기술은 주체철, 주체비료 그리고 주체섬유 생산체계를 구성, 완성하는 데 필수불가결한 선결조건이라고 할 수 있다. 뿐만 아니라 CNC기술은 발전소들에 필요한 발전설비와 대형전동기 그리고 변압기 등을 만드는데 그리고 광산채굴에서 필요한 고성능의 각종 채굴기와 연관기계들을 만드는 데에도 필수적이다. 김정일은 자력갱생의 바탕에서 발전된 과학기술을 활용하여 생산성(력)을 높여 경제건설(재건)을 하려고 하였는데 이것의 마스터키(Master-Key)와 같은 역할을 하였던 것이 바로 CNC기술이었던 것이다.

김정일이 현지지도에서 한 발언을 통해 이 점에 대해서 보다 구체적으로 분석하여 보자. 김정일은 2002년 7월 26일 희천공작기계종합공장을

---

[48] 김치관 기자, "눈길 끄는 北의 '고온공기연소기술' 무연탄 연소로 발열·축열·열전환 등 가능한 자립기술", 『통일뉴스』 2015년 4월 10일자; http://www.tongilnews.com/news/articleView.html?idxno=111578 (접속 2015년 4월 11일).

방문하여 "현대화된 생산공정들과 수자식 조종선반, 수자식수직종합가공반, 만능선반 등 새로 만든 공작기계들을 보고 일군들과 로동자, 기술자들이 짧은 기간에 공장의 기술장비를 개선하고 능률적인 공작기계들을 생산한데 대하여 높이 평가하였다. 그리고 기술개건과 현대화를 다그치고 선진기술을 적극 받아들인 결과 공작기계생산에서 획기적인 전환을 가져 왔다고 하면서 이 공장에 펼쳐 진 자랑스러운 현실은 우리 당 과학중시방침의 정당성과 거대한 생활력을 실천으로 보여 주고 있다고 평가하였다." 이어서 그는 "공장에서 제품의 질을 더욱 높이고 생산을 부단히 늘여 나라의 경제발전에 적극 이바지함으로써 우리 나라 기계공업의 어머니공장으로서의 전통을 계속 살려 나가야 한다고 강조하였다"고 한다.[49]

김정일의 위의 발언에서 주목하여야 할 부분이 두 가지 있다. 하나는 희천공작기계종합공장에서 수자식조정선반, 수자식수직종합가공반 그리고 만능선반이라고 하는 CNC기술을 기반으로 생산에 필요한 기계를 만드는 공작기계들을 만들어 낸다는 부분이며, 또 하나는 희천공작기계종합공장이 조선의 기계공업에서 어머니공장, 즉 모태(母胎)적인 역할을 하여 왔고 앞으로도 계속 그와 같은 역할을 하여야 한다는 부분이다. 이 두 부분을 이어 보면 김정일의 위의 발언은 다음과 같이 정리될 수 있다. 희천공작기계종합공장은 각 공장들에서 생산을 하기 위한 기계를 생산하는 조선 기계공업에서 모태적인 역할을 하여왔으며 앞으로도 그렇게 하여야 하는데 이제 이러한 기계들이 CNC기술을 기반으로 생산되어 이 기계들은 이전보다 훨씬 높은 생산 효율성을 갖게 되었다.

바로 이 희천공작기계종합공장이 공작기계를 제공하는 기업소에는 락원기계련합기업소도 포함되어 있다. 락원기계련합기업소는 채굴공업에서

49) 『조선중앙년감』 2003년, 46쪽.

필수적인 굴착기, 석유 없이 석탄을 가스화하여 비료를 생산(주체비료)하고 코크스 없이 철을 생산(주체철)하는 데 필수적인 대형 산소분리기를 조선에서 유일하게 만들어내는 '련합기업소'로서 김정일이 나라의 외아들 공장과 같다고[50] 할 정도로 조선 경제를 재건하는 데 있어서 독보적인 역할을 하고 위치를 차지한다고 할 수 있다.

다시 말하여 락원기계련합기업소에서 고성능 굴착기를 탄광에 제공하여 주어야 석탄 채굴이 정상화되고 무연탄이 제대로 공급될 수 있으며, 역시 락원기계련합기업소에서 무연탄가스화공정에 필요한 대형 산소분리기를 비료공장과 제철공장에 제공하여 주어야 주체비료와 주체철이 만들어 질 수 있다.[51] 그런데 락원련합기업소에서 이러한 기계들을 생산하는 조정선반과 수직종합가공반 등은 바로 희천공작기계종합공장에서 CNC기술을 기반으로 만들어지며 CNC기술이 있어야만 고성능의 굴착기와 대형 산소분리기를 생산할 수 있는 수자식조정선반과 수자식수직종합가공반 등을 만들 수 있는 것이다. 따라서 조선 경제재건의 열쇠는 CNC기술에 있다고 해도 과언이 아닌 것이 된다.

김정일은 이미 오래전부터 CNC를 국가 전략적(또는 생존적) 차원에서 육성하고 개발하여 왔다. 그는 2010년 1월 1일 당 중앙위원회 책임일군들과 한 담화에서 "2009년은 인공위성 〈광명성2호〉를 성과적으로 발사하고 제2차 핵시험을 성공하고 주체철생산체계를 완성한 강성대국건설력사에서 변이 난 해로 자랑스럽게 기록됐다"고 하면서 그 가운데서도 자신이 제일 긍지높이 생각하는 것은 조선의 CNC기술이 세계적 수준을 돌파한 것

50) 김정일, "락원의 로동계급은 자력갱생의 자랑스러운 전통을 계속 빛내야나가야 한다: 락원기계련합기업소를 현지지도하면서 일군들과 한 담화(주체93(2004)년 5월 16일)", 『김정일선집 22(증보판)』 (평양: 조선로동당출판사, 2013), 97쪽.

51) 『조선중앙년감』 2006년, 32~33쪽.

이며, "CNC기술의 명맥을 확고히 틀어쥔 것이야말로 지난해에 우리가 이룩한 수많은 성과들 가운데서도 가장 특이할 성과"라고 기뻐하였다. 그리고 이어서 다음과 같이 말하였다.

> 나는 지금도 피눈물속에 1994년을 보내고 1995년 4월 우리 나라에서 처음으로 만든 CNC기계인 련하기계를 보아주던 일을 잊을 수 없습니다…(중략)…내가 처음 보아준 CNC줄방전가공반은 강성국가건설에서 나에게 큰 힘을 준 귀중한 보배였습니다…(중략)…군수공업부문의 일군들과 련하기계개발자들은 나의 구상을 받들어 간고한 첨단의 길을 개척하여서 소문 없이 큰 공적을 세웠습니다…(중략)… 주체의 CNC기술을 떠나서는 인공지구위성의 성공적인 발사에 대하여서도 말할 수 없고 우리의 강력한 방공업과 나라의 군사력에 대하여서도 말할 수 없습니다.[52]

위와 같이 김정일이 CNC개발을 지시한 것은 1994년이었다고 하니 조선은 '고난의 행군'에 들어가면서 CNC개발에 착수하였던 것이다. 이것이 갖는 의미와 함의는 위의 김정일이 발언에서도 나타나지만 명확하다. 조선은 국가가 갖고 있는 거의 모든 재원을 집중하여 군수공업, 그중에서도 핵과 장거리 미사일 개발을 위해 CNC기술을 개발하였던 것이다. 조선은 1998년 8월과 2006년 10월 각각 첫 인공위성 발사 시험과 첫 핵 시험을 마친 다음 군수공업에 집중되었던 CNC기술과 투자를 경제재건에서 전략적 의의를 갖는 락원기계련합기업소와 같은 공장들로 그리고 금속과 화학공업 등 다른 중공업부문으로 확대하였던 것이다. 그리고 10년이 넘은 시간

---

[52] 김정일, "우리 식 CNC기술을 개척한 성과와 경험에 토대하여 모든 분야에서 첨단을 돌파하자: 조선로동당 중앙위원회 책임일군들과 한 담화(주체99(2010)년 1월 1일)", 『김정일선집 24(증보판)』 (평양: 조선로동당출판사, 2014), 447~451쪽.

동안 많은 시행착오(trial-error)를 거치고 나서야[53] 주체철생산체계를 2009년에 선행공장에서 준비시킬 수 있었으며[54] 이후 2010년에 주체섬유와 주체비료생산체계도 선행공장들에서 준비될 수 있었던 것이다.[55]

김정일이 경제위기의 타결 책으로 전략적 의의를 갖는 공장과 기업소들을 선별하고 이들에 대한 집중적인 투자가 시작되고 10년이 넘어 가던

[53] 이것은 '김정일선집'과 '조선중앙연감'에 구체적으로 기재되어 있지 않다. 그러나 〈표 2-2〉에서 보는 것과 같이 김정일은 전략적 의의를 가지는 공장, 기업소를 주기적으로 수차례 방문하고 현지지도를 거듭하였다는 사실에서 많은 시행착오와 완성까지 지난(至難)한 과정이 있었을 것임을 행간(行間)에서 읽을 수 있다.

[54] 김정일이 현지지도에서 한 다음의 발언에서 이러한 사실을 확인할 수 있다. "성진제강련합기업소에서는 내가 지난 9월에 새로 꾸린 회전로－산소용품에 의한 주체철생산공정을 돌아보면서 과업을 준대로 100일전투기간에 정련공정까지 다 꾸려놓은 자랑찬 성과를 이룩하였습니다. 기업소에서 불과 몇 달 동안에 많은 일을 하였습니다. 이제는 성진제강련합기업소에서 주체적인 제철제강법이 완성되었습니다. 주체적인 제철제강법이 완성됨으로써 주체철에서 직접 질 좋은 강철이 나오고 있습니다. 100% 주체철로 생산한 이 강철이 바로 완전히 순수한 주체강철입니다. 성진제강련합기업소에서 드디어 주체철에 의한 강철생산방법을 완전히 성공시키였습니다…(중략)…성강의 로동계급이 자체의 힘과 기술로 주체철생산체계를 완성한 것은 야금공업발전에서 특기할 력사적사변이고 일대 혁명이며 3차 핵시험보다 더 위대한 승리입니다. 이것은 주체철공업의 완성이며 주체적인 금속공업의 완성입니다." (김정일, "성진제강련합기업소에서의 주체철생산체계완성은 야금공업발전에서 특기할 력사적사변이며 일대 혁명이다: 성진제강련합기업소를 현지지도하면서 일군들과 한 담화(주체98(2009)년 12월 18일)", 『김정일선집 24(증보판)』(평양: 조선로동당출판사, 2014), 434~435쪽).

[55] "2010년은 강성번영의 미래를 내다보게 하는 경이적인 사변들이 다계단으로 일어난 거창한 변혁의 해였다…(중략)…2.8비날론련합기업소에서 현대적인 비날론공장을 새로 일떠세우고 주체섬유가 쏟아지는 온 나라의 대경사를 안아왔으며 김책제철련합기업소에서 우리 식의 주체철생산체계를 완성하여 철강재생산의 튼튼한 토대를 마련하였다. 남흥청년화학련합기업소에 현대적인 가스화생산공정이 확립되어 주체비료가 쏟아지고(필자 강조)…(중략)…룡성기계련합기업소에 선군주철공장과 선군압축기직장이 새로 훌륭히 꾸려지고 단천광산기계공장과 평양곡산공장, 9월방직공장, 룡성식료공장, 강계시와 함흥시안의 지방공업공장들을 비롯하여 수많은 공장, 기업소들의 현대화가 적극 실현되었다. 최첨단돌파를 위한 투쟁에서 눈부신 성과들이 이룩되어 선군조선의 기상을 높이 떨치였다. 최첨단기술의 하나인 핵융합에 성공하고 100% 국산화된 우리 식의 축포가 개발되였으며 련하기계집단에서 9축선삭가공중심반을 만들어내여 우리의 과학기술과 기계제작공업의 위용을 과시하였다." (『조선중앙년감』 2011년, 51쪽).

시기, 조선은 경제재건의 기본적인 발판을 마련한 것이었다. 조선 최악의 경제위기가 코크스와 원유를 제대로 수입하지 못하게 되면서부터 시작되었음을 상기할 때 조선이 코크스 없이 강철을 그리고 원유 없이 화학비료를 생산할 수 있는 체계를 갖추었다는 것은 조선이 '고난의 행군'을 끝내고[56] 생산의 정상화를 이룰 수 있는 토대를 마련하였다는 것을 의미한다. 이것은 또한 역설적으로[57] 조선 경제성장 전략에서 만성적인 문제였던 생산요소의 투입으로 성장을 이루지만 시간이 지남에 따라(수확체감의 법칙

---

[56] 조선의 2000년 신년공동사설에는 다음과 같은 구절이 있다. "지난해에 우리 인민은 불굴의 투쟁을 벌려 여러해째 계속된 어려운 행군을 구보행군으로 전환시켜 놓았다." 이것을 두고 조선이 '고난의 행군'의 종료를 시사한 것이라고 해석하면 안 될 것이다. 김정일은 2000년 1월 1일 조선로동당 책임일군들과 한 담화에서 다음과 같이 말했다. "지난해는 전당, 전군, 전민이 당의 전투적호소를 높이 받들고 사회주의 강성대국건설에 한결같이 떨쳐나 자랑찬 승리를 이룩한 위대한 전환의 해였습니다…(중략)…간고한 투쟁속에서 사상강국, 군사강국으로서의 위력이 더욱 강화되고 경제가 활기를 띠고 하나하나 일떠서게 되었으며 가까운 앞날에 인민생활을 높일수 있는 확고한 전망이 열리게 되었습니다." (김정일, "사회주의강성대국건설에서 결정적전진을 이룩할데 대하여: 조선로동당 중앙위원회 책임일군들과 한 담화", (주체 89(2000)년 1월 1일), 『김정일선집 20(증보판)』 (평양: 조선로동당출판사, 2013), 52쪽). 즉 1999년까지 군을 중심으로 사상을 바로 잡아 체제에서 이를 다시 최고우위에 둘 수 있었으며 무력도 강화되어 체제를 수호할 수 있는 최소한의 능력을 정비하였다는 것이며, 이를 토대로 경제문제도 풀어 나갈 수 있다는 것이다. '어려운 행군'이 '구보행군'으로 전환되었다는 것은 조선이 결코 물질적으로 나아져서 물질적 충족의 의미에서 '고난의 행군'이 끝났다는 의미가 아니다.
앞에서도 논의되었지만, '고난의 행군'는 물질적으로 부족한 것을 의미하는 것뿐만 아니라 물질적으로 부족해지면서 당 조직마저 사상적으로 흔들리게 만들었던(김정일입장에서) 위험한 현실과 상황을 의미하며 김정일은 이것이 물질적으로 부족한 것보다 더 위험하다고 보았던 것이다. '선군정치'를 통해 이런 어렵고 심각한 상황이 어느 정도 바로 잡히고 안정되면서 이것을 바탕으로 경제 문제도 풀어 나갈 수 있는 국면이 되었다는 것이 "어려운 행군을 구보행군으로 전환시켜 놓았다"는 구절이 의미하는 것이다.

[57] 김정일이 다른 선택의 여지가 있는데도 불구하고 의도적으로 기술혁신이 경제건설 (재건)을 이끄는 내연적 성장전략을 선택한 것이 아니었고 그가 최고지도자가 된 이후 조선경제는 더 이상 노동과 자본을 통해 성장을 할 수 없는 상태에 놓여 있었고 기술혁신만이 그가 취할 수 있는 유일한 선택사항이었기 때문에 '역설적'이라는 의미이다.

에 적용을 받게 되어) 성장률이 둔해지는 외연적 성장전략(extensive growth strategy)에서 기술개발이 성장을 이끄는 내연적 성장전략(intensive growth strategy)으로 바뀌어 지는 계기가 된 것을 의미한다.

조선의 쌀 생산과 주체비료 생산의 분석을 통해 조선이 '고난의 행군'을 끝내고 생산의 정상화를 이룰 수 있는 토대를 마련되었는지의 진위(眞僞) 여부를 따져 보자.

〈표 2-3〉 조선의 원유 및 비료 수입량 (1993년~2012년)과 조선의 쌀 생산량 (1994년~2015년)[58]

단위: 10,000톤

연도	1993	1994	1995	1996	1997	1998	1999	2000	2001	2002	2003
원유 수입량	103.3	83.3	102.1	93.6	50.6	61.4	58.3	85.6	72.1	73.1	57.4
비료 수입량	0.28	3.05	0.38	4.7	18.7	11.2	4.8	6.2	15.8	24.0	14.4

연도	1994	1995	1996	1997	1998	1999	2000	2001	2002	2003	2004
쌀 생산량	317.7	201.6	142.6	152.7	230.7	234.3	169.0	206.0	218.6	224.4	237.0

연도	2004	2005	2006	2007	2008	2009	2010	2011	2012	2013	2014
원유 수입량	77.0	126.9	127.9	103.2	60.5	68.7	52.8	52.6	53.3	57.8	53.9[59]
비료 수입량	19.0	7.8	12.2	6.5	4.1	12.6	28.6	35.5	25.2	19.0	13.2

연도	2005	2006	2007	2008	2009	2010	2011	2012	2013	2014	2015
쌀 생산량	258.3	247.8	187.0	286.2[60] (ud)	233.6	242.6	248.0	286.1	290.1	262.6 (ud)	294.8 (ud)

※출처: 원유 및 비료 수입량: UN Comtrade Database(https://comtrade.un.org/data/), 쌀 생산량: FAOSTAT(http://faostat.fao.org/site/567/DesktopDefault.aspx?PageID=567#ancor).

※비고: ud: unofficial data(비공식 데이터).

조선의 1994년 총 쌀 생산량은 317.7만 톤인데 이것은 비료를 해외로부터 거의 수입하지 않고(1993년 조선의 총 비료수입량은 0.28만 톤에 불과하였다) 해외로부터 수입된 원유만을 갖고 만들어진 비료로 쌀농사를 지어 수확한 양이다. 경제위기가 시작되지 이전 조선은 약 170만 톤[61]의 원유가 필요하였을 것으로 추정된다. 그런데 '고난의 행군'이 시작된 1994년부터 2012년까지의 기간 동안 조선이 확보한 연평균 원유의 양은 78만 톤 정도였기 때문에 조선이 이 기간 중 확보한 연평균 원유의 양은 경제위기 이전의 것에 비해 약 45%밖에 되지 않는다.

조선은 원유를 정제하고 가공하여 비료 이외의 군사부문에서의 각종 무기와 병력을 운송과 수송과 민간부문의 운송과 수송을 하는데 그리

---

58) 해당 년도에 사용할 비료는 이전 년에 수입된 원유를 갖고 만들고 비료는 보통 봄과 여름에 집중적으로 시비하기 때문에 당년도에 시비할 수입비료는 이전 년도에 수입하였을 것으로 가정하였다.

59) 중국의 해관 통계는 2014년 대북 원유 수출 실적을 '0'으로 발표하고 있으며 UN Comtrade Database에도 2014년 세계의 대북 원유 수출 실적은 '0'으로 기제되어 있다. 그러나 2014년도에 조선으로 원유가 전혀 수입되어 않았다는 것은 현실적이지 않다. 2014년을 제외한 2010년부터 2015년까지의 조선의 연평균 원유 수입량 53.9만 톤이다. 조선에서 2014년도에 석유파동이 일어났다거나 조선을 방문한 여행객들이 특별히 석유 때문에 고생하지 않았다는 점들을 미루어 보아 예전만큼 조선이 석유를 확보하였을 것으로 가정하고 2014년도 조선의 원유 수입은 53.9만 톤으로 추정하였다.

60) 조선에서 발표한 자료가 아닌 FAO와 WFP에서 파견한 Mission Team이 조선의 협동농장 등지를 방문하고 전년도와 공식자료와 비교 분석하여 추정된 비공식 데이터이다. 그러나 2007년도에 비해 2008년도의 쌀 생산량이 갑자기 100만 톤 또는 153% 늘어났다는 것은 비현실적이다. 2000년도 원유와 비료 수입은 각각 85.6만 톤과 6.2만 톤인데 이것은 2008년도 원유와 비료 수입량인 103.2만 톤과 6.5톤과 근접한 수치이다(2008년 원유 수입량이 2000년도에 비해 약 17% 더 많다). 2000년도 쌀 생산량이 206만 톤이므로 2008년 쌀 생산량은 이보다 약 10% 많은 227만 톤 정도였을 것으로 추정하는 것이 보다 현실적이다.

61) 1988년, 1989년, 1990년 그리고 1991년, 소련의 몰락으로 원유수입이 크게 줄게 된 1992년 이전 기간 중 조선이 확보한 연평균 원유의 량은(184.2 + 201.2 + 147.2 + 152.2)/4 =)171.2만 톤이었다. → 〈표 2-1〉 참조.

고 농업부문에서의 트랙터 등을 작동하는 데 사용한다. 원유가 어떤 부문에 어떤 비중을 가지고 사용되는지는 정확히 알 수 없지만, 원유의 수입량이 절반 이상으로 줄었다는 것은 원유가 필요한 모든 부문에서의 삭감을 의미한다. 그러나 수송과 운송은 원유를 정제하여 휘발유를 만들어 쓰는 것 이외에 대체할 것이 없기 때문에 원유를 갖고 자체로 만드는 것 이외에 수입으로 대체할 수 있는 비료보다 낮은 비중으로 삭감되었을 것이다. 그러므로 〈표 2-3〉에서 보는 것과 같이 조선은 1997년부터 식량생산을 위해 비료를 이전보다 많이 수입하게 되었던 것이다. 조선의 쌀 생산량은 2001년부터 꾸준히 늘어 2013년에는 고난의 행군 이전 시기에 91% 그리고 2015년에는(비공식 데이터이기는 하지만) 93% 수준까지 도달한다.

〈표 2-4〉 조선의 연간 비료 공급량 (2009년~2016년)[62]

단위: 1톤

연도	질소비료	인산비료	칼륨비료	합계
2009	434,807	2,776	8,400	445,983
2010	475,100	11,402	12,314	498,816
2011	735,943	5,545	4,477	745,965
2012	686,517	21,460	18,650	726,627
2013	686,015	18,396	2,788	707,199
2014	727,993	18,977	2,700	749,670
2015	612,194	7,817	2,595	622,606
2016	837,171	11,911	930	850,012

※출처: 조선 농업성: FAO/GIEWS, Special Alert No. 340에서 재인용.

[62] FAO, GLOBAL INFORMATION AND EARLY WARNING SYSTEM ON FOOD AND AGRICULTURE - Special Alert No. 340(COUNTRY: The Democratic People's Republic of Korea, DATE: 20 July 2017, www.fao.org/3/a-i7544e.pdf (접속: 2017년 12월 9일).

<표 2-5> 조선의 비료 수입량 (2009년~2016년)

단위: 10,000톤

연도	2009	2010	2011	2012	2013	2014	2015	2016
비료 수입량	4.1	12.6	23.6	35.5	25.2	19.0	13.2	7.1

※출처: UN Comtrade Database(https://comtrade.un.org/data/).

<표 2-6> 조선의 주체비료 생산량 (2009년~2016년)

단위: 10,000톤

연도	2009	2010	2011	2012	2013	2014	2015	2016
질소비료 생산량	(43.5-4.1)[63] = 39.4	(47.5-12.6) = 34.9	(73.6-28.6) = 45.0	(68.7-35.5) = 33.2	(68.6-25.2) = 43.4	(72.8-19.0) = 53.8	(61.2-13.2) = 48	(83.7-7.1) = 76.6

조선이 2011년 연초에 2010년을 총화하면서 주체비료생산체계를 갖추었다고 선언하였으나 이것은 생산체계를 갖춘 시기부터 곧바로 조선이 필요한 모든 비료를 자체적으로 생산할 수 있었다는 의미는 아니었다. 김정은은 2013년 3월 전원회의에서 "우리자체의 자원과 기술에 의거하여 경제강국건설에서 절실하게 요구되는 원료, 연료, 자재들을 국산화하며 특히 금속공업, 화학공업을 비롯한 기간공업부문의 주체화를 실현하는 데 큰 힘을 넣어야 한다."[64]고 말하였는데, 이것은 결국 2013년까지도 조선에서 필요한 모든 강철과 비료를 주체철과 주체비료 공법으로 생산하지 못하였다는 것을 의미한다. 그러나 조선의 주체비료생산은 2011년부터 늘고 있으며

[63] 43.5만 톤은 표5에 나와 있는 2009년 조선의 비료 총 공급량이며 4.1만 톤은 UN Comtrade에 보고된 2008년 조선에 수출된 총 비료량이다(<표 2-3> 참조). 따라서 43.5만 톤에서 4.1만 톤(4.1만 톤은 2008년 비료수입량이다. 조선은 해당 년에 필요한 비료를 이전 년에 수입하여 공급하였을 것이기 때문에 2009년에 필요한 비료는 2008년에 수입하였을 것으로 가정하였다)을 빼면 주체비료생산량이 구해진다. 2010년부터 2016년까지 주체비료생산량도 2009년도와 같은 방법으로 구했다.

[64] "경애하는 김정은동지께서 조선로동당 중앙위원회 2013년 3월전원회의에서 하신 보고", 『로동신문』 2013년 3월 14일자.

2016년에 가서는 주체비료가 전체 공급량의 91.5%(= (76.6만 톤/83.7만 톤) x 100%)를 차지할 정도여서 주체비료생산체계가 완비되고 그것에 의한 생산정상화가 되어 가고 있다고 평가할 수 있다[65](앞의 〈표 2-4〉, 〈표 2-5〉 〈표 2-6〉 참조)

조선의 모든 산업은 유기적으로 긴밀히 연결되어 있으며 상호의존적인 관계를 가지고 있다. 따라서 조선이 주체비료체제를 완성하였다는 것이 (위에서 분석되었듯이) 사실에 가까운 것이며 이에 따라 쌀 생산도 늘었다면, 조선은 그들의 주장대로 2011년을 기점으로 전 산업에서 '생산정상화'를 할 수 있는 토대를 마련하였다고 할 수 있다. 즉 조선은 2011년 '고난의 행군'을 확실히 끝내고 자력갱생의 노선이 더욱 확고해진 토대위에서 경제 재건에 필수적인 기술과 필요한 원료들을 자체로 개발하고 생산할 수 있는 능력을 가지고 경제건설을 다시 할 수 있게 되었던 것이다.

이런 측면에서 조선의 경제는 '고난의 행군'시기 이전에 가지고 있었던 취약점들을 '고난의 행군' 기간 동안 보완, 완비하고 '자력갱생'의 능력을 한층 제고, 강화하여 경제건설에서 새로운 도약을 준비할 수 있게 된 것으로 평가할 수 있다. 결론적으로 '고난의 행군'은 일반적으로 알려진 것과 같이 조선이 장마당에 기생(leeching off)하거나, 또는 그럭저럭 버티며 넘어간(muddling through) 것도 아닌, 경제건설에서 사상(집단주의)을 다시 우위에 올려놓고 자력갱생의 기반을 더욱 강화하여 극복(prevailing over)한 것으로 평가될 수 있다.

---

[65] 이 결론은 다음과 같은 가정이 포함되어 있다. 수송과 운송부문에서 석유를 대체할 만한 대체연료가 개발되지 않았고 엔진제작 기술에서 획기적인 발전이 일어나 연료 효율성이 급격히 증가하지 않았다. 따라서 주체비료체계가 완성되면서 수입원유의 대부분은 비료를 만드는 것 이외에 부문들(군과 민간의 수송과 운송 등)에 사용되었을 것이다.

【제2장의 보론: 10.3담화의 의미와 함의】

10.3담화는 아직 공개되지 않았지만 담화의 발췌본이 어느 언론사에 입수되면서 담화의 대략적인 내용도 알려지게 되었다.[66] 발췌본이 진짜일까? 하는 의문이 생기지만 발췌본의 내용은 김정일이 2001년 10월 3일 이전과 이후에 한 발언들에 비추어 볼 때 큰 불일치성을 보이지 않기 때문에, 즉 일관적이기 때문에 진짜인 것으로 판단된다. 발췌본이 전하는 10.3담화의 핵심내용을 하나하나 해석하고 분석하여보자.

먼저 김정일은 "사회주의경제건설에서 실리를 보장한다는 것은 사회의 인적, 물적자원을 효과적으로 리용하여 나라의 부강발전과 인민들의 복리증진에 실제적인 리득을 주도록 한다는 것을 의미 한다"면서 "국가적으로나 개별적 부문 단위들에서나 생산과 건설, 기업관리운영을 가장 큰 실리를 보장하는 것을 기본으로 쥐고 경제관리에서 나서는 모든 문제를 풀어나가야 한다"고 하였다.

이어 그는 "해마다 한두 개 부문도 아니고 여러 부문과 단위들, 특히 전략적 의의를 가지는 중요부문과 지표들에서 계획을 엄청나게 미달하고 있으니 이런 형편에서는 계획경제의 우월성은 고사하고 도리어 경제건설에서 혼란을 주고 막대한 손실을 가져오게 된"다면서 "계획사업에서는 어떤 일이 있어도 이 문제부터 해결하여야 하며 그러자면 현실적 조건과 가능성을 정확히 타산하고 그에 기초하여 계획을 세우는 것을 철칙으로 지켜야 한다. 아울러 제기되는 과업과 요구가 많다고 하여 현실을 무시하고 억지로 수자를 맞추어놓거나 없는 것도 있는 것처럼 문건으로 꾸며되는 놀음

---

66) 이 책에서는 임수호의 책(『시장과 계획과 시장의 공존: 북한의 경제개혁과 체제변화 전망』(서울: 삼성경제연구소, 2008))의 부록으로 실린 것을 참조하였다.

을 절대로 하지 말아야 한다"고 하였다.

위의 김정일 발언의 요지는, 생산요소들을 사용하는 데 효율성을 극대화하는 방향에서 경제관리가 이루어져야 하는데 그렇지 않기 때문에 계획한 목표도 달성되지 못하고 엄청난 자원의 낭비까지 생긴다는 것이다. 제1장 본문에서 심도 있게 다루었지만, 계획화사업이 제대로 시행되지 않아 낭비가 초대된다는 위와 같은 비판은 김일성도 자주 하였던 것이다. 한 사례로, 김일성은 1979년 12월 12일 조선로동당 중앙위원회 제5기 제19차 전원회의에서 한 결론에서 다음과 같이 국가계획기관들을 비판한다.

> 국가계획위원회를 비롯한 계획기관들에서는 자재의 수요와 공급원천을 세부적으로 정확히 타산하여 계획에 맞물려야 하며 생산능력이 제한되여 일부 자재가 부득이 수요보다 모자라게 될 때에는 맞지 않는 수자를 억지로 맞추어 놓을 것이 아니라 자재를 몇프로씩 절약하여가지고 생산을 계획대로 보장하여야 한다는 것을 계획에 똑똑히 밝혀놓고 그대로 집행하도록 하여야 합니다.[67]

위에서 보는 것과 같이 김정일도 김일성과 같은 내용의 비판을 하고 있는 것이다. 한 가지 다른 점이 있는데 그것은 바로 김정일이 "특히 전략적 의의를 가지는 중요부문과 지표들에서 계획을 엄청나게 미달하고 있다"라고 한 부분이다. 당시 '고난의 행군'이라는 어려운 상황(국가예산수입이 1994년에 비해 절반밖에 되지 않고, 김정일이 당시 조선에 있던 거의 모든 자원을 군수산업에 집중하고 있었다는 점) 등을 고려하여 볼 때, 김정일이 "특히 전략적 의의를 가지는 중요부문과 지표들에서 계획을 엄청나게 미달

---

[67] 김일성, "인민경제의 계획규률을 강화하며 사회주의경제건설에서 새로운 앙양을 일으킬데 대하여: 조선로동당 중앙위원회 제5기 제19차전원회의에서 한 결론(1979년 12월 12일)", 『김일성전집 70』 (평양: 조선로동당출판사, 2007), 490쪽

하고 있다"라고 한 부분은 김일성 시대에서처럼 경제 전(全) 부문에 계획화사업이 적용됐는데 특별히 전략적 의의를 가지는 중요부문에서 계획화사업이 잘 되지 않은 것이 아니라, 국가적 차원에서 전략적 의의를 가지는 중요부문, 즉 군수산업 관련 부문에만 국가적 차원에서 투자가 이루어졌기 때문에 계획화사업도 이 부문들에서만 실시되었지만 큰 성과나 실효를 거두지 못하였다라고 해석하는 것이 타당하다.

이와 같이 고난의 행군기간 중 조선이 국가적 차원에서 전략적 의의를 갖는 중요부문에서만 계획화사업을 진행하자 이전 김일성 시대에서의 '계획의 일원화와 세부화 체계'하에서 만연하였던 문제가 다시 일어난 것인데 김정일은 이것을 결코 허용할 수 없었다. 조선이 동원할 수 있었던 거의 모든 자원을 국가적 차원에서 전략적 의의를 갖는 부문에 투자하고 있었기 때문이었다.

김정일은 김일성과 같이 문제가 발견되면 국가계획기관들을 비판하고 일이 잘 되도록 독려할 만한 여유도 없었고 그런 처지에 있지도 않았다. 따라서 그는 "계획사업에서는 어떤 일이 있어도 이 문제부터 해결하여야 하며 그러자면 현실적 조건과 가능성을 정확히 타산하고 그에 기초하여 계획을 세우는 것을 철칙으로 지켜야 한다"라고 하였던 것이다. 더욱 중요한 부분은 그가 "국가적으로나 개별적 부문 단위들에서나 생산과 건설, 기업관리운영을 가장 큰 실리를 보장하는 것을 기본으로 쥐고 경제관리에서 나서는 모든 문제를 풀어 나가야 한다"라고 한 부분이다. 즉 규모와 범위가 축소되었는 데도 불구하고 현 체계에서는 낭비가 초래되니 계획화사업은 반드시 다른 경제관리·운영체계에서 진행되어야 한다는 것이다.

다음 김정일은 "(조선이) 처한 환경이 이전에 비해 변하였으며 이에 따라 계획사업체계와 방법도 개선하여야 하며 먼저 계획지표들을 중앙과 지방, 상위 기관과 하위 단위 사이에 합리적으로 분담하도록 하여야 한다"

고 하였다. 또한 "계획경제라고 하여 모든 부문, 모든 단위의 생산경영활동을 세부에 이르기까지 다 중앙에서 계획하여야 한다는 법은 없다"면서 "당에서 이미 방침을 준 대로 국가계획위원회는 경제건설에서 전략적 의의를 가지는 지표들만을 담당하고, 그 밖에 소소한 지표들과 세부규격지표들은 해당기관, 기업소들에서 계획화하도록 하여야 하며. 연간, 분기계획을 월별로 분할하는 것도 성, 중앙기관이나 도에 맡기는 것이 합리적일 것"이라고 하였다.

당시 조선의 경제상황을 이해하는 데 있어서 위의 김정일의 지시는 많은 실마리를 던져주고 있다. 위에서 김정일은 결국 계획의 규모와 범위를 나누어 경제를 관리하는 체계가 필요하다 것을 역설하고 있는데 그러한 체계는 새로운 것이 아니다. 제1장에서 살펴본 '련합기업소'가 바로 그런 체계를 대변한다. 그렇다면 김정일은 왜 다시 '련합기업소'체계를 실시할 것을 주문하였을까? '련합기업소'체계는 '고난의 행군'시기 잠정적으로 폐기되었는데 이것은 김정일의 다음 발언에서 확인된다.

> 지금 국가계획위원회에서는 자그마한 것까지 전국적인 것을 다 맡아 계획화하고 있는데 그렇게 할 필요가 없습니다…(중략)…지난해 국가기구체계를 개편하면서 련합기업소들을 없애고 성들에서 관리국을 내왔는데…(중략)…련합기업소들이 있을 때에는 거기에 소속되어 있는 공장, 기업소들이 련합기업소당조직의 통일적인 지도를 받으며 생산을 하였습니다. 그런데 관리국체계로 넘어간 다음부터 련합기업소가 하던 사업을 관리국이 하고 있는데 제대로 하지 못하고 있습니다. 이것은 바로 잡아야 할 문제입니다.[68]

[68] 김정일, "중공업부문들을 현대적기술로 개건하며 나라의 경제를 추켜세우는데서 나서는 몇가지 문제에 대하여: 조선로동당 중앙위원회 책임일군들앞에서 한 연설(주체89(2000)년 5월 12일)", 『김정일선집 20(증보판)』 (평양: 조선로동당출판사, 2013), 201쪽.

고난의 행군시기 조선의 당시 상황을 유추하여 볼 때, 거의 대부분의 '련합기업소'는 국가예산총수입이 절반 이상으로 줄어드는 1995년부터 제대로 운영되지 못하였을 것이다. '련합기업소'뿐 아니라 국가적으로 전략적 의미를 갖는 부문과 기업소도 제대로 가동되기 어려웠기 때문에 대부분의 '련합기업소'는 폐업상태에 있었을 것이다.

　　'선군정치'가 시작되면서 경제의 운영과 관리도 '선군정치'의 틀에서 재정립되었다. 군수산업에 투자를 집중시키는 선군정치하에서 경제의 관리와 운영은 '계획의 일원화와 세부화 체계'로 복귀되었으며 '련합기업소'체계도 폐기되었을 것이다. 그러나 경제가 1998년을 기점으로 바닥을 찍고 반등하는 기색을 보이고 생산의 정상화를 군수산업뿐만 아니라 모든 산업부문에 요구해야 할 시기가 오자 김정일이 다시 '련합기업소'체계로 돌아갈 것을 주문하게 된 것이 위의 김정일 발언의 요지로 분석된다.

　　김정일은 10.3담화에서 '계획의 일원화와 세부화 체계'를 대폭 수정하여 중앙은 국가적 차원에서 전략적 의의를 갖는 부문들(군수산업 및 금속과 화학 같은 기간(基幹)적 중공업)을 맡아 관리하며 나머지 공장과 기업소들은 '련합기업소'체계에서 관리하여야 한다고 하였다. 그러나 국가예산총수입액이 '고난의 행군'이 시작되기 이전의 절반밖에 되지 않아 대부분의 공장과 기업소들이 제대로 가동되지 못하는 당시 상황을 고려하여보면 국가적 차원의 전략적인 의의를 갖는 부문을 제외한 다른 모든 부문에서 '련합기업소'체계로의 복귀는 보다 현실적인 의미를 갖고 있었다.

　　국가는 국가적 차원에서 전략적 의의를 갖는 부문에 모든 예산을 집중하였기 때문에 다른 부문에는 예산배분을 할 수 없었다. 따라서 다른 부문들은 스스로 계획을 세우고 필요한 것들을 서로 교류하여 스스로 운영해 나갈 수밖에 없었던 것이며 이것이 다른 부문들에서 '련합기업소'체계로 복귀하였던 가장 중요한 이유였던 것이다. 그러나 다시 재개된 '련합기업소'

체계는 이전의 것과 비교하여 확연히 다른 점들이 있었다.

김정일은 "국가계획위원회에서는 도별로 공업총생산액, 기본건설 투자액과 같은 종합지표와 필요에 따라 몇 가지 중요지표나 찍어주고 국가적으로 보장할 수 있는 설비자재를 계획화해 주며 계획이 시, 군별, 기업소별 분활과 전개된 세부지표들의 계획화하는 도와 시, 군들에서 자체 실정에 맞게 하도록 하는 것이 좋을 것 같다"고 하면서 "자재공급사업도 계획에 맞물려 생산 공급하는 것을 기본으로 하지만 보충적으로 사회주의 물자교류 시장을 조직하여 운영하는 것도 필요하며, 이렇게 하면 기업소들 사이에 여유 있거나 부족한 일부 원료, 자재, 부속품 같은 것을 서로 유무상통하는 방법으로 해결할 수 있을 것이며 공장, 기업소들에서 자기 생산물의 몇 프로를 자재보장을 위한 물자교류에 쓰게 할 수도 있는데 이 경우 교류하는 물자의 종류와 범위를 적절히 규정해 주고 반드시 은행을 통하여 결제하는 질서를 세워야 한다"고 하였다.

이전 체계에서는 국가계획위원회에서 국가 차원의 거시(종합)계획(지표)을 만들고 이것을 도, 시, 군 그리고 기업소에 분할 할당하였다. 그리고 이들은 그것을 실현하기 위한 세부계획(지표)을 자체의 실정에 맞게 스스로 만들어서 운영하는 체계였다. 그러나 새로 가동된 '련합기업소'체계에서는 국가에서 절실히 필요한 몇 가지 중요계획과 국가가 자재보장을 할 수 있는 것에만 국한하여 계획을 도별로 하달하고 시와 군 그리고 기업소에서는 자체의 실정에 맞게 세부계획을 세워 국가에서 하달 받은 계획을 실행하며 그 밖에 항목에 대해서는 스스로 만들어 운영해가는 것이다. 즉 새롭게 가동된 '련합기업소'체계에서는 계획이 국가지표와 지역/기업소지표로 나눠진 것이었다. 국가지표는 지역별로 그리고 기업소별로 국가로부터 받은 계획이고 지역/기업소지표는 지역과 기업소가 스스로 운영하기 위해 만든 자체의 계획이다.

김정일의 위의 지시는 향후 '련합기업소'체계가 '사회주의기업책임관리제'로 진화하는 데 있어서 변곡점이 되는 것과 같이 중요한 의미를 가진다. 국가지표는 지역들과 기업소들이 국가로부터 하달 받아 달성해야 할 생산목표로 지시(command)적 성격을 띠지만 지역/기업소지표는 지역과 기업소에서 자신들을 위해 자체적으로 세운 생산목표로(지역이나 기업소에서 생산에 필요한 모든 자재와 자원을 자체적으로 해결할 수 없기 때문에) 지역과 기업소 간 그리고 기업소와 기업소 간의 계약과 협상을 통해 달성할 수밖에 없는 시장(market)적 성격을 띤다. 다시 말하여 조선경제체제에서 중앙집권적이며 지시적 계획영역이 국가적 차원에서 전략적 의의를 갖는 일부 항목으로 축소되고 나머지는 계약과 협상을 통해 거래되게 하여 시장의 영역이 커지게 된 것이었다. 그러나 이것이 현실에서 가시적으로 나타나기까지는 아직 많은 시간이 필요하였다. 당시 조선의 경제는 최악의 상황에서 벗어났으나 '고난의 행군' 이전과 비교하여 국내총생산은 절반 정도 수준에 있었으며 대부분의 공장과 기업소들도 제대로 생산 활동을 하지 못한 상태에 있었기 때문이다.

위에서 김정일은 자재 공급은 계획을 위주로 하되 보충적으로 사회주의 물자교류 시장을 통해 부족한 원료, 자재 그리고 부속품 같은 것을 확충하라고 주문하였는데 이것은 국가에서 지역별로 그리고 기업소별로 준 계획을 먼저 실행하고 그 다음 지역과 기업소 자체의 계획은 사회주의 물자교류 시장을 통해 하라는 계획실행에 있어서 우선순위를 함의하고 있는 대목으로 해석된다. 다시 말하여 모든 기업소들은 국가로부터 받은 생산목표를 계획의 기제를 통해 우선적으로 실행하고 그 다음 자체로 만든 생산목표를(사회주의 물자교류) 시장을 통해 하라는 것이다. 그러나 여기서 시장은 '자유시장'을 의미하는 것은 아니었다. 김정일은 어느 한 공장/기업소가 자신이 속해 있는 '련합기업소' 안에서(intra-market을 통해) 자재를 수·공급하는 것이외에 다른 연합기업소에 속해 있는 공장/기업소와(inter-market을 통해) 부족한 자재를 수·공급할 경우 중앙의 승인을 받도록 하고 반드시 은행을 통해 결제가 이루어지도록 하여 공장이나 기업소끼리 마음대로 물자교류를 하는 자유시장은 허용하지 않았다.

　　김정일의 다음 지시는 당시 조선의 경제실정에 대해서 중요한 점을 시사해 주고 있다.

> 생산경영활동에 대한 돈 계산을 하지 않고서는 수지가 맞는지 안 맞는지, 나라와 인민에게 리익을 주는지 손실을 주는지도 알 수 없으며 사회주의분배원칙도 제대로 실현할 수 없습니다…(중략)…공장, 기업소들에서 생산과 관리를 되는 대로 하여 재정이 딸리면 생산경영활동이 잘리도록 원에 의한 통제를 강화하여야 합니다. 인민경제부문별로 전 국가적으로도 경제관리의 결과를 종합적으로 평가 계산하여 로력과 물자, 자금을 투하한 데 비하여 얼마만한 실리를 얻었는가를 따져볼 수 있도록 돈에 의한 채산체계와 재정계획방법을 똑똑히 세워야 합니다.

　　위의 김정일 발언에서 눈길을 끄는 부분은 "공장, 기업소들에서 생산과 관리를 되는 대로 하여 재정이 딸리면 생산경영활동이 잘리도록 원에 의한 통제를 강화하여야 한다"는 부분이다. 이것은(사회주의경제의 고질적 문제라고 하는) 연성예산제약(soft budget constraint)을 더 이상 허용하지 않겠다는 것이다. 조선도 다른 사회주의국가들처럼 연성예산제약을 가지고 있어서 만성적인 도덕적 헤이(moral hazard)문제를 안고 있었다는 것을 한편으로 인정하는 것이기도 하다. 김정일의 위의 지시로 조선은 '일한만큼 가져가는 사회주의분배원칙을 바탕으로 번수입지표'[69]라는 새로운 국가납부체계를 확립한다.

다음 김정일은 '고난의 행군'기간 중 자구책으로 형성된 자력갱생기지들을 재구성하여 생산에서의 전문화의 필요성을 다음과 같이 역설한다.

> 공장, 기업소들에서 자력갱생한다고 하면서 자기 공장, 기업소에 필요한 모든 것을 자체로 기지를 꾸려 생산 보장하려고 하는 것은 사회주의경제의 본성에도 경제발전의 원리에도 맞지 않습니다…(중략)…련합기업소들도 생산을 전문화하는 원칙에서 꾸려야 합니다…(중략)…생산을 전문화하고 경제부문들 사이 공장, 기업소들 사이의 련계와 협동을 강화하는 방향에서 공장, 기업소들에 불합리하게 꾸려진 자력갱생 기지들을 점차적으로 정리하며 련합기업소의 조직형태와 공장, 기업소, 협동농장들의 소속관계도 검토하여보고 바로잡을 것을 잡아야 합니다.

김정일의 위의 지시의 핵심은 이제 '련합기업소' 단위에서의 자력갱생은 지양하고 대신 생산의 전문화(product specialization)의 입장에서 '련합기업소'가 재구성되어야 한다는 것이다. 김정일은 생산의 전문화를 통해 기술을 발전시키고, 생산능률과 제품의 질을 높여 실리를 보장할 것을 요구한 것인데, 이것이 제대로 실현되기 위해서는 생산의 전문화뿐만 아니라 '련합기업소' 간의 그리고 지방 간의 물자교류가 가능하여야 한다. 전문화는 비교우위(comparative advantage)를 바탕으로 해당 지역에서 그리고 해당 기업소에서 다른 지역들과 기업소들과 비교하여 보다 더 저렴하게 생산

---

[69] '번수입지표'는 2002년 7월 1일 경제개선조치가 취해지면서 함께 실행되었는데 '번수입분배'에서 '번수입'에 의한 국가납부를 우선적으로 보장한 이후에 기업소가 쓸 몫을 규정하였기 때문에 기업의 국가에 대한 의무가 실질적으로 높아지었으며, 또 한편으로는 기업소와 근로자들의 물질적인 동기도 '번수입지표체계'에서 높아지게 되었는데 자체충당금의 몫과 종업원의 생활비 몫도 '번수입계획수행률'에 따라, 즉 일한만큼 가져가는 사회주의분배원칙에 따라 결정되었기 때문이라고 한다. (리영근, "기업소경영활동에서 번수입을 늘이기 위한 방도", 『경제연구』 주체92(2003)년, 제1호, 43쪽).

할 수 있는 것을 집중하여 생산하자는 것이며 이러한 비교우위에 기초하여 생산된 물품들은 시장을 통해 거래되었을 때만 생산의 전문화 효과를 얻을 수 있기 때문이다.

이런 측면에서 볼 때 각 '련합기업소'를 생산의 전문화를 바탕으로 재구성하라는 김정일의 위의 지시는 자원배분(resource allocation)에서 시장이라는 기제(mechanism)의 활용을 강조한 것으로 해석된다. 이것역시 가시적으로 나타나기까지는 10년 이상의 시간이 더 필요하였지만 '련합기업소'의 재구성의 방향성이 생산의 전문화로 맞추어 지면서 '조선경제에서 시장은 경제를 재건하고 발전시키는 데 있어서 전제조건과 같이 되었으며 사회주의기업책임관리제'로의 지향성도 한층 높아지게 되었다.

이어 김정일은 식량과 거주지에 대한 국가 보조금을 없앨 것을 다음과 같이 언급하였다.

> 앞으로 식량과 비상품 문제가 풀리면 근로자들이 자기 수입으로 식량도 제값으로 사먹고, 살림집도 사서 쓰거나 온전한 사용료를 물고 쓰도록 하여야 합니다. 그렇게 하자면 물질생활의 기초인 상품가격을 바로 정하고 그것을 기준으로 다른 상품가격과 생활비를 전반적으로 고쳐 정하여야 합니다…(중략)…현실적 조건에 맞게 사회적 시책을 바로 실시하여야 합니다. 무료의무교육제, 무상치료제, 사회보험제와 정휴양제, 영예군인우대제를 비롯하여 우리나라 사회주의 제도의 우월성을 집중적으로 보여주는 사회적 시책들을 계속 강화 발전시키며 일부 불합리한 것들은 정리하여야 합니다.

김정일이 근로자들이 자기 수입으로 식량도 제값으로 사먹으라고 한 것은 지금까지 국가가 비싼 가격으로 식량을 협동농장에서 구매하여 싼 가격으로 도시 근로자들에게 판매하는 관행(국가가 도시 근로자들에게 제공하는 식량 보조금(subsidy)[70])을 없애고 국가가 협동농장으로부터 식량을 사오는 가격(제값)으로 도시 근로자들에게 공급하겠다는 것이다. 즉 공산주의적 시책을 버리고 사회주의적 분배원칙에서 식량 및 다른 상품 공급도 하겠다는 것이다. 위의 김정일의 담화에서 핵심 주제어가 '실리'임을 상기할 때 식량도 제값을 받으라는 지시는 담화의 맥락에서 크게 벗어나지 않는 것이다. "온전한 사용료(살림집 관리비에서 보조금을 뺀 요금)를 물고 쓰도록 하여야 한다."라고 이어진 그의 지시도 담화의 전체적 맥락에 벗어나지 않는다. 그런데, 앞서 "살림집도 사서 쓰거나"라고 한 김정일의 지시는 자신이 누차에 걸쳐 "사유재산은 조선에서 결코 허용할 수 없다"[71])라고

---

[70] 김일성은 국가가 인민들에게 제공하고 있는 식량 보조정책에 대해 다음과 같이 설명하고 있다.

"오늘 우리 인민들은 공산주의적시책에 의하여 먹을 걱정을 모르고 행복한 생활을 누리고 있습니다. 지금 우리 나라에서 국가가 쌀을 농민들한테서 1키로그람에 60전씩 주고 사서 로동자, 사무원들에게 8전씩 받고 공급하고있는데 이것은 인민적이며 공산주의적인 시책입니다. 우리 인민들은 누구나 다 세상에 태여나자부터 먹을 권리를 가지고 국가로부터 쌀을 공급받고 있습니다. 국가에서 갓난애기에게 하루에 쌀을 300그람씩 공급하고 있습니다. 갓난애기에게 쌀을 하루에 300그람씩 공급하여도 한달에 9키로그람 공급하게 되는데 주민세대에서 그것을 수매가격으로 사자면 5원 40전을 내야 할것입니다. 그런데 국가에서 로동자, 사무원들에게 쌀을 1키로그람에 8전씩 받고 공급하기때문에 갓난애기에게 거저 차례지는 돈만 하여도 4원이 넘습니다." (김일성, "련합기업소를 조직하며 정무원의 사업 체계와 방법을 개선할데 대하여: 조선로동당 중앙위원회 정치국회의에서 한 연설(1985년 11월 19일)", 『김일성전집 82』(평양: 조선로동당출판사, 2009), 483~484쪽).

[71] 김정일은 사회주의 종주국인 소련과 동구사회주의권 국가들 몰락의 가장 큰 이유 중 하나로 이들 국가에서 사적소유가 허용된 것을 들었으며, 자신은 이것을 결코 허용하지 않을 것임을 재차 강조하였다. 다음은 이러한 그의 발언들 중 일부이다.

"사회주의사회에서…(중략)…더우기 사회주의적소유를 침해하고 자본주의적소유를 되살리게 되면 사회주의사상의 경제적, 물질적기초를 허물어 버리고 개인주의, 리기주의와 부르죠아사상이 자라날 수 있는 조건을 지어주게 된다. 사적소유제도가 개인주의를 낳고 자본주의적소유와 자본주의적시장경제에 기초하여 부르죠아사상이 자라나고 퍼지게 되는것은 필연적이다. 사회주의는 사적소유와 자본주의적 시장경제와는 량립될 수 없는 것이다." (김정일, "사상사업을 앞에세우는 것은 사회주의위업수행의 필수적요구이다(1995년 6월 19일)," 『김정일선집 18(증보판)』(평양: 조선로동당출판사, 2012), 254쪽).

한 것과는 모순이 된다.

그렇다면 김정일의 위의 "살림집도 사서 쓰거나"라고 한 발언을 어떻게 해석하여야 할까? 발취본을 만들고 옮겨 적고 하는 과정에서 문제가 없었다고 한다면 이유는 단 한 가지일 것이다. 김정일이 2001년 10월 3일 당중앙위원회 책임일군들과 한 위의 담화는 아직까지 공개되고 있지 않는데 그것은 바로 "살림집도 사서 쓰거나"와 같은 김정일의 평소 지론과는 모순되는 것이 들어 있기 때문일 것이다.

조선에서는 최고지도자가 한 결론(지시)한 것을 당 일군들이 절대적으로 그리고 무조건적으로 받아들이고 실천해야 하는 것이 철칙[72]으로 되어 있다. 그런데 최고지도자가 한 결론(지시)에 모순이 있다면(그리고 그것이 확실하다면) 그것을 그대로 실천할 수는 없는 것이며, 또 그러한 모순이 그대로 담긴 최고지도자의 지시(결론)도 공개해서는 안 될 것이다. 이것이 10.3담화가 아직까지도 공개되지 않고 있는 이유 중 하나일 것으로 추론된다.

담화의 마지막 부분에서 김정일은 "무료의무교육제, 무상치료제, 사회

"사회주의가 좌절되고 자본주의가 복귀된 나라들의 교훈은 사회주의적소유관계가 허물어지고 사적소유가 되살아나면 사회가 불피코 자본주의길에 나가게 된다는 것을 보여주고 있습니다. 우리는 생산수단에 대한 사회주의적소유를 확고히 고수하고 더욱 공고 발전시켜나아야 합니다." (김정일, "혁명과 건설에서 혁명적원칙, 계급적원칙을 철저히 지킬데 대하여: 조선로동당 중앙위원회 책임일군들과 한 담화(주체95(2006)년 10월 22일)", 『김정일선집 22(증보판)』 (평양: 조선로동당출판사, 2013), 201쪽.

[72] 당조직들은 위대한 장군님께서 결론하신 문제들을 가장 정당한 것으로 받아들이고 절대성, 무조건성의 원칙에서 어김없이 집행하여야 한다. 자기 단위의 〈특수성〉을 내세우면서 위대한 장군님께서 이미 결론하신 문제를 자의대로 변경시켜 집행하려는 현상은 당의 유일적령도체계에 심히 저촉되는 불손한 태도이다. 위대한 장군님께서 결론하신 문제를 그대로 무조건 철저히 수행하기 위하여 아글타글 애쓰면서 완강하게 내미는 일군이 선군시대의 참된 일군이다. (문명언, "전당에 당의 유일적령도체계를 튼튼히 세우는 것은 주체의 당건설의 근본원칙", 『근로자』, 주체93(2004)년 제12호, 41쪽).

보험제와 정휴양제, 영예군인우대제 등의 사회주의적 시책은 유지, 강화시키되 국가가 근로자들에게 제공하던 식량과 주거에 대한 보조금 등의 공산주의적 시책을 없애서, 사회주의적 방식대로 근로자들이 자신이 일한 만큼 받아서 그것을 갖고 생활에 기본적으로 필요한 식량과 주거비용을 스스로 감당할 뿐 아니라 생활에 필요한 대부분의 것들도 스스로 구매하여 살아갈 것"을 요구하였다.

김정일의 10.3담화의 일부 내용들은 '새로운 경제관리개선조치'에 반영되어 이듬해인 2002년 7월 1일에 실시된다. 이 경제개선조치를 한국에서는 '7.1조치'라고 부르는데, 조선의 경제를 연구하는 대부분의 연구자들은 이 7.1조치를 체제변화에서 일종의 판도라의 상자를 연 것으로 간주하고 아래로부터의 시장화 압력에 의해 시장기제 확대가 불가피해져서 궁극적으로는 조선의 경제체제를 사회주의에서 자본주의로 변화시킬 것으로 예상하였다. 그러나 이러한 예칙은 조선의 경제건설의 과정을 제대로 파악하지 못하고 자원배분의 기제로서의 시장과 자본주의 시장체제를 구분하지 못하고 등치시키면서 비롯된 오판이었다.

앞에서 살펴보았듯이 조선은 자원 부족의 문제가 심각해지자 '대안의 사업체계'를 산업 전반에 도입하고 중앙집권적 계획체제인 '계획의 일원화와 세부화 체계'를 실행하였다. 많은 노력에도 불구하고 '계획의 일원화와 세부화 체계'가 제대로 실현되지 못하고 자원의 부족문제가 더욱 심각해지자 계획단위를 나누어 관리하는 '련합기업소'체계라는 실험을 1973년부터 실시하였으며 이를 1985년부터는 경제 전반에 도입하였다. 1994년 이후 국가에산수입총액이 절반 이하로 줄어드는 '고난의 행군'이라는 경제난을 겪게 되어 대부분의 공장과 기업소들이 제대로 가동할 수 없게 되자 '련합기업소'체계는 일시 폐지되었다. 2000년 무렵 경제가 재생할 수 있는 기초가 마련되자 다시 '련합기업소'체계는 부활되었다. 그러나 이것은 이전의 '련

합기업소'체계가 단순히 다시 재개된 차원을 넘어서 '련합기업소체제'라고
도 할 수 있는데, 경제에 모든 부문의 생산과 건설 그리고 경제관리에서 최
대한의 실리가 보장되는 기조에서 '련합기업소'가 재구성되었기 때문이다.

보다 구체적으로 새로 정립된 '련합기업소체제'는 이전과 같이 계획의
범위를 '련합기업소'라는 단위로 나누어 세우도록 하였으나, 국가로부터 충
분한 예산배분을 받지 못하는 조건에서 필요한 자재를 '련합기업소' 간 그
리고 지방(地方) 간의 물자교류 시장을 통해 확충하게 허용하는 등, 국가적
차원에서 전략적 의의를 갖는 산업 이외에 산업에서의 자원배분을 시장을
통해 하게 하여, 계획의 합리화(rationalization of plan)를 도모하고 비교우
위(comparative advantage)에 의한 생산의 전문화를 추구하였다. 또한 분배
에서는 일한 만큼 (또는 번 만큼) 가져가는 사회주의분배원칙이 공장과 기
업소단위뿐 아니라 근로자 개인단위까지 적용되게 하여 공장과 기업소들
은 물론이고 근로자들의 물질적 동기를 제고(提高)하여 증산을 촉구하는
한편 무상의료와 교육과 같은 기본적인 사회보장은 유지되었지만 근로자
들에게 주던 식량과 주거에 관한 보조금(subsidy) 등을 삭감하여 국가예산
을 보다 합리적으로 운영하려 하였던 것이다.

이와 같이 김정일의 10.3담화에서 가장 두드러진 특징은 과도적 성
격[73]을 보다 철저히 반영하여 경제를 관리하는 것이다. 그런데 이것은
김정일이 1991년 7월 1일 인민경제대학 교직원들과 학생들에게 보내는
서한에서 강조한 점과 대비되는 것이었다. 김정일은 서한에서 사회주의

---

[73] 김정일은 과도적성격을 다음과 같이 정의하였다. "사회주의사회는 공산주의사회의
낮은 단계로서 공산주의적성격을 띠며 공산주의사회의 높은 단계에 비한 미숙성으
로 하여 과도적성격을 가집니다." (김정일, "주체의 사회주의경제관리리론으로 튼튼
히 무장하자: 창립 45돐을 맞는 인민경제대학 교직원, 학생들에게 보낸 서한(1991년
7월 1일)", 『김정일선집 15(증보판)』 (평양: 조선로동당출판사, 2012), 49쪽).

경제관리에 대해서 다음과 같이 썼다.

> 사회주의사회의 과도적성격으로부터 사회주의경제관리에서는 기업소가 상대적독자성을 가지고 경영활동을 하며 로동에 대한 물질적자극과 상품화폐관계와 가치법칙을 경제관리의 수단으로 리용하게 됩니다. …(중략)…지금 현대사회민주주의자들은 사회주의사회의 과도적성격을 반영한 경제법칙과 범주를 지나치게 내세우고 절대화하던 나머지 자본주의시장경제를 끌어들이고 있습니다. 이것은 사회주의를 포기하고 자본주의를 되살리는 것입니다. 사회주의사회에서 과도적성격을 반영한 경제 법칙과 범주를 리용하는 것은 어디까지나 집단주의에 기초한 단결과 협력의 관계를 더 잘 실현하며 사회주의계획경제를 강화하기 위한 것으로 되여야지 개인주의, 리기주의를 조장시키고 자본주의시장경제를 되살리는 것으로 되여서는 안됩니다. 집단주의와 개인주의는 근본적으로 대립되며 집단주의에 기초한 사회주의계획경제와 개인주의에 기초한 사회주의계획경제와 개인주의에 기초한 자본주의시장경제는 결코 량립될 수 없습니다.[74]

김정일이 10.3담화에서 지시한 사회주의경제관리체계는 개인주의에 기초한 사회주의계획경제나 개인주의에 기초한 자본주의시장경제라고 볼 수는 없다. 그러나 위에서 분석하였듯이 계획의 규모와 범주를 나누는 계획의 합리화를 요구하고 일한만큼(번만큼) 가져가는 사회주의분배원칙을 철저히 지키라고 한 것과, 전략적 의의를 갖는 산업을 제외한 산업에서의 자원배분을 시장을 통해 하라고 한 것이 "사회주의사회의 과도적성격을 반영한 경제법칙과 범주를 지나치게 내세우고 절대화하던 나머지 자본주의시장경제를 끌어들이는" 것은 아니지만 김정일이 서한에서 설명하고 있는

---

[74] 김정일의 앞의 서한(1991년 7월 1일), 『김정일선집 15(증보판)』, 54쪽.

사회주의경제관리체계와는 일정한 거리가 있는 것이다.

　이런 측면에서 김정일의 10.3담화의 핵심 내용은 조선이 '고난의 행군'이라는 경제난으로(공산주의사회의 높은 단계에 비해 미숙성으로 인한) 과도적 성격이 더욱 강해지면서, 즉 과도기의 보다 낮은 단계로 추락하면서, 이를 우회적으로 인정하고 과도기적 성격을 이전보다 더 반영하여 경제관리체계를 재정비하자는 것으로 재해석할 수 있다. 그러나 이렇게 우회적이기는 하지만 조선의 사회발전이 후퇴한 점을 인정함으로써 김정일은 한 가지 난감한 문제에 봉착되게 된다. 조선의 사회발전이 후퇴한 가장 현실적인 이유는 바로 실현될 수 없는 '계획의 일원화와 세부화 체계'를 김일성의 의지로 20년을 넘게 끌어오면서 자원부족 문제를 더욱 악화시키고 사회발전단계에 걸맞지 않는 공산주의적 시책을 펴온 것 등에 있기 때문이다. 사정이 이렇기 때문에 김정일의 10.3담화를 일반에게 공개할 수 없는 것이다. 앞에서 살펴본 김정일의 10.3담화에서 발견되는 모순보다도 이것이 10.3담화가 공개되지 않는 더 중요한 이유일 것이다.

　10.3담화가 공개될 수 없는 이러한 이유들이 있지만, 10.3담화는 현실을 직시하며 절박한 현실 문제들을 풀기 위해 나왔기 때문에 그동안 느슨하고 방만하게 운영되어 왔던 조선 경제체계에 '실리'라는 고삐를 조이게 되는 계기가 되었던 것이다. 따라서 10.3담화의 일부 내용을 담아 2002년 7월 1일 실시한 경제개선조치로 인해 조선이 자본주의체제로 불가피하게 이행될 것이라고 보는 시각은 시정되어야 할 것이다.

　앞에서 살펴보았듯이 조선은 이미 1974년부터 자원배분을 시장을 통해 하는 실험을 하고 있었으며 많은 시행착오를 거친 후 2002년 7월 1일 실시한 경제개선조치로 국가적 중요도와 전략적 의의가 높은 산업을 제외한 모든 산업에서의 자원배분을 시장을 통해 하게 되는 토대를 마련한다. 그러나 자원배분의 기제로서의 시장(market as a mechanism used for resource allocation)을 사유재산의 기반에서 산업 활동의 전 과정을 구성하는 연결고리에 교환의 매개수단인 화폐가 도입되어 모든 종류의 소득이 무언가를 판매하는 행위에서만 발생되며, 어떤 개인이 소득을 얻게 된 실체의 원천이 무엇이건 간에 그것은 그가 무엇인가를 판매한 결과로서 간주되는 자본주의 시장체제(capitalist market regime)[75]와 등치시켜서는 안 된다.

자본주의체제이든 사회주의체제든 체제에 상관없이 또 고대이든 현대이든 시대에 상관없이 시장은 (그 정도와 범위의 차이는 체제와 시대에 따라 다르지만) 경제에서 자원배분의 기제로서 늘 존재해 왔기 때문이다. 더욱이 (위에서 분석되었듯이) 조선은 시장을 통해 평균주의를 지양하는 공산주의적 시책들을 없애고, 일한만큼 받아가는 사회주의분배원칙을 제대로 작동시키며, 생산의 전문화를 도모하였기 때문에 시장은 조선의 기존체제를 유지, 강화시키는 것으로 작용되지 그 반대의 것으로 작용되기 어렵다.

10.3담화 이후 조선의 경제건설방식의 방향성은 사회(집단)주의의 기본 틀을 유지하면서 계획과 생산의 합리화를 통해 경제를 (재)건설하겠다는 것으로 재설정된다. 여기에 대해서 김정일은 다음과 같이 말했다.

> 우리는 사회주의경제의 우월성에 대한 확고한 신념을 가지고 어디까지나 사회주의원칙을 철저히 지켜 사회주의경제관리체계와 질서를 바로잡고 정비하며 집단주의에 기초한 사회주의경제의 본성과 현실발전의 요구에 맞게 경제관리방법을 더욱 개선완성해나가야 합니다. 경제적실리을 보장하는데서도 사회주의적원칙을 옳게 구현하여 사회주의계획경제의 우월성을 높이 발양시킬 때 가장 큰 실리를 얻을 수 있는 것입니다.[76]

---

75) 칼 폴라니 지음/홍기빈 옮김, 『거대한 전환』 (서울: 도서출판 길, 2009), 178쪽.

위에서 보는 것과 같이 실리도 사회(집단)주의의 틀에서 규정되었듯이 사회(집단)주의는 조선의 경제체제의 기조이며 근간이다. 그리고 조선은 이것을 고수, 유지하는 방향에서 경제건설을 추진하여 왔기 때문에 사회주의에서 자본주의로의 체제 이행이나 전환은 일어나기 어려운 것이 된다. 그러나 "사회(집단)주의를 지키며 최대한의 실리를 얻는 것"[77]으로 새로 설정된 조선의 경제건설의 방향성은 아직 그 어느 나라도 시도하지 않은, 그래서 그 누구도 가보지 않은 '전인미답(前人未踏)'의 길이다.[78]

조선은 2014년 '사회주의기업책임관리제'라는 새로운 경제관리체계를 전면적으로 도입하는데 이 '사회주의기업책임관리제'는 "현실발전의 요구에 맞게 우리 식의 경제관리방법을 연구, 완성된 것"이라고 한다. '련합기업소체제'에서 '사회주의기업책임관리제'가 나오기까지의 과정과 '사회주의기업책임관리제'가 조선 사회주의경제 관리·운영체계로서 갖는 의미와 특성에 대하여 제3장에서 분석하여 보자.

---

76) 김정일, "당이 제시한 선군시대의 경제건설로선을 철저히 관철하자(당, 국가, 경제기관 책임일군들과 한 담화, 주체92(2003)년 8월 28일)", 『김정일선집 22(증보판)』(평양: 조선로동당출판사, 2013), 16~17쪽.

77) 이것이 김정일의 발언으로 공식화된 것은 2002년 7월 26일 희천공작기계공장을 현지지도하면서부터였다. 그는 희천공작기계공장을 현지지도 하면서 "사회주의원칙을 확고히 지키면서 가장 큰 실리를 얻게 하는 것이 당이 내세우고 있는 사회주의경제관리완성의 기본방향이라고 하면서 주체적인 계획경제관리원칙을 철저히 관철하며 국가의 중앙집권적, 통일적지도를 확고히 보장하면서 아랫단위의 창발성을 높이 발양시켜야 한다"고 강조하였다고 한다. (『조선중앙년감』 2003년, 46쪽).

78) 대다수의 이전 사회주의국가들과 현존하는 사회주의 국가들의 경제건설로선은 크게 두 가지로 구분된다. 러시아(구소련)의 것과 중국의 것인데, 러시아(구소련)는 사회주의에서 자본주의로 체제전환을 하였다. 중국은 정치와 경제를 분리시키고 정치는 공산당 독재로 운영하고 경제는 국가가 주도하지만 사유재산도 사실상(de facto) 인정하는 자본주의 방식으로 운영하고 있다. 경제관리에서 정치사업을 앞세우며 집단주의의 틀에서 경제건설을 추구하겠다는 노선을 갖고 있는 나라는 조선밖에 없다. 이런 의미에서 조선이 표방한 경제건설로선은 '전인미답'의 길이다.

제3장

"현실발전의 요구에 맞게 우리 식의 경제관리방법을 연구, 완성하여야 합니다. 주체사상을 구현한 우리 식의 경제관리방법은 생산수단에 대한 사회주의적 소유를 확고히 고수하면서 국가의 통일적 지도밑 에 모든 기업체들이 경영활동을 독자적으로, 창발적으로 해나감으로써 생산자대중이 생산과 관리에서 주인으로서의 책임과 역할을 다하도록 하는 사회주의기업관리방법으로 되여야 할 것입니다."

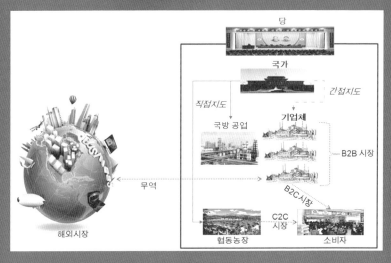

▲ '사회주의기업책임관리제'의 지배구조와 사업영역

사회주의기업책임관리제

1. 생산의 정상화와 '사회주의기업책임관리제'

2001년 10월 3일 김정일이 중앙당 책임일군들과 가진 담화에서 보정된 내용을 담은 '련합기업소'체계를 재개하라는 지시를 내렸지만 조선 대부분의 공장들과 기업소들은 시장적 특성이 강화된 '련합기업소'체계에서 조업을 정상적으로 재개할 수 없었다. 조업을 정상적으로 하지 못하였던 것은 '련합기업소'체계 자체에 문제가 있었기 때문이 아니었다. 제2장 보론에서도 살펴보았듯이 10.3담화가 나올 무렵 조선은 경제적으로 최악의 상황에서 벗어났으나 아직까지 국가예산수입총액이 '고난의 행군'이 시작되기 이전 것의 절반밖에 되지 않아 여전히 어려운 상황이었다. 이러한 상황에서 김정일은 예산의 대부분을 국가적 차원에서 전략적 의의를 가지고 있는 금속과 화학 그리고 군수산업에 집중하였기 때문에 대부분의 공장들과 기업소들은 정상적으로 조업을 할 수 없었다.

조선에서 국가적인 차원에서 전략적 의의를 갖는 부문들은 군수부문, CNC선반 및 기계들을 만드는 기계공업과 철강을 생산하는 금속공업 그리고 화학섬유와 여러 가지 화학원료를 생산하는 화학공업이다. 제2장에서 살펴보았듯이 이 중에서 핵심이 되는 부문은 CNC선반 및 기계들을 생산하는 기계공업이며 이 CNC기술의 발전에 따라 금속공업과 화학공업이 재생, 강화되어야 다른 연관공업들도 다시 살아나고 발전할 수 있다. 이것은 조선이 자력갱생에 의거하여 자기완결적인 산업구조를 만들어 놓았고 이 자력갱생 전략을 더욱 강화하여 경제위기를 극복하려고 한 것에서 기인된 것이다.

금속공업에서 공업의 쌀이라고 하는 철강재를 생산해 내야 다른 모든 공장들을 가동시킬 수 있는 기본적인 틀이 마련되는 것이며, 특히 채광, 채취기기(器機)가 제대로 생산, 보장되어야 석탄과 그 밖에 공업생산에 원료가 되는 광물(鑛物)을 채광, 채취할 수 있다. 조선은 석유가 아닌 석탄을 기반으로 경제를 건설하였기 때문에 경제를 재건하기 위해서는 석탄을 채광, 채취할 수 있는 굴착기와 같은 기기의 생산이 정상화되어야 하며, 이것은 철강재를 생산하는 금속공업에서 생산의 정상화가 먼저 이루어져야 되는 것을 전제로 한다.

석탄공업이 정상화되면 석탄을 주(主)원료로 하는 화학공업의 생산의 정상화도 가능하게 된다. 조선에서는 석탄을 주원료로 질소비료를 비롯한 화학비료와 비날론과 같은 화학섬유 그리고 경공업에서 필수적인 화학원료들을 만들어 내기 때문이다. 그렇기 때문에 김정일은 금속과 화학공업이 국가의 가장 중요한 기간공업이라고 하였으며[1], CNC기술력 향상에 힘을 집중하고 가시적인 성과가 있으면 이것을 우선적[2]으로 금속공업과 화학공업

---

[1] 김정일, "현시기 당사업과 경제사업에서 중요하게 제기되는 몇가지 문제에 대하여 (조선로동당 중앙위원회, 내각책임일군들앞에서 한 연설, 주체94(2005)년 1월 9일)", 『김정일선집 21(증보판)』 (평양: 조선로동당출판사, 2013), 211쪽.

[2] 물론 이러한 CNC기술이 최우선적으로 적용된 것은 군수부문이다. 금속과 화학부문은 인민(민간)경제부문들 중에서 CNC기술이 우선적으로 적용되었다.

에 적용하여 조선경제의 재건을 도모하였던 것이다.[3]

김정일의 현지지도를 분석하여보면 매우 흥미로운 점을 발견할 수 있다. '고난의 행군'이 시작되고 가장 어려웠다는 강행군시기인 1995년부터 1997년까지 김정일 현지지도의 압도적인 비중은 군이 차지하고 있다. 강행군시기 이후에도 김정일이 현지지도를 가장 많이 한 것도 역시 군부대와 534부대와 같이 군에 소속된 공장과 기업소들이었다. 군부대 이외에서 현지지도가 가장 많이 이루어진 부문은 발전소건설현장과 발전소였다.[4] 김정일은 "사회주의건설에서 가장 중요한 것은 전기"[5]라고 하였는데 CNC 공작기계를 생산하는 기계공업을 비롯한 금속과 화학 등과 같은 국가적인 차원에서 전략적 의의를 가진 부문에서 생산의 정상화를 이루기 위해서 가장 먼저 풀어야 할 문제가 바로 이들 공장과 기업소들이 조업을 할 수 있게

---

[3] 이러한 기조는 김정은 시대에도 마찬가지다. 김일성종합대학의 강춘식은 김정일의 현명한 영도에 의하여 주체철생산체계가 완성되고 주체섬유인 비날론생산이 활성화되며 주체비료생산이 늘어나 온 나라의 경사를 안아오는 역사적인 기적이 창조되었다면서 김정은 시대에도 금속공업과 화학공업을 두 축으로 하여 조선경제전반을 활성화하고 인민생활을 향상시켜야 한다는 것을 다음과 같이 피력하였다.
"금속 및 화학공업발전에서 이룩된 성과를 더욱 공고히 하고 보다 높은 수준으로 끌어 올리는 것은 경제건설분야에서 쌓아올리신 위대한 대원수님들의 불멸의 업적을 빛내이고 우리 당의 경제강국건설구상을 앞당겨 실현하는데서 중요한 의의를 가진다. 금속공업과 화학공업을 쌍기둥으로 하여 인민경제전반을 활성화하고 인민생활을 향상시키는데서 중요한것은 무엇보다 먼저 금속, 화학공업부문에서 주체화, 현대화의 구호를 높이 들고 우리의 원료, 연료와 최신과학기술에 의거하여 생산을 추켜세우기 위한 투쟁을 힘있게 벌리는 것이다." (강춘식, "금속공업과 화학공업을 쌍기둥으로 하여 인민경제전반을 활성화하고 인민생활을 향상시키는데서 나서는 중요문제", 『김일성종합대학학보: 철학, 경제학』 주체103(2014)년 제60권 4호, 47쪽).

[4] 1998년~2011년 기간 중 '조선중앙년감'에 기록된 김정일의 발전소건설현장 또는 발전소조업현장에 대한 현지지도는 총 60회였다. 따라서 김정일은 이 기간 중 일 년에 평균 4.3번꼴로 조선 곳곳에서 건설 중이거나 조업 중인 발전소를 방문한 것이 된다. 단일 기업소로 김정일이 가장 많이 방문한 기업소는 2.8비날론련합기업소와 룡성기계련합기업소로 상기 기간 중 각각 13번씩 방문하여 현지지도도 하였다(〈표 2-2〉 참조).

[5] 『조선중앙년감』 2000년, 211쪽.

전기를 공급하는 것이기 때문이었다.

이런 측면에서 김정일이 CNC기술개발과 향상에 국가의 명운(命運)을 걸었던 것은 단순히 운(運)에 맡기는 도박보다는 주도면밀하게 경제문제를 푸는 데 있어서 고리가 되고 동시에 성공 가능성을 높여 줄 수 있는 여건이 가장 잘 조성된 부문을 선별하여 투자하였던 것으로 보인다. 이러한 투자는 희천공작기계종합공장과 구성공작기계공장에 집중되었는데 조선공업의 어머니 공장이라고 하는 희천공작기계종합공장은 1998년부터 전기에 대한 수요를 자체적으로 충족할 수 있다는 자강도 희천시에 위치하고 있으며, 조선에서 CNC공작기계를 최초로 생산하였다는 구성공작기계공장은 평안북도 구성시에 위치하고 있어 조선 최대 규모의 수력발전소인 수풍발전소와 세 번째 규모인 태천발전소로부터 전기를 끊김 없이 공급받을 수 있었다.

〈표 3-1〉에서 보듯이 김정일의 발전소에 대한 현지지도가 집중된 곳은 함경남북도와 자강도 그리고 평안북도인데 금속과 화학공업에서 전략적 의의를 갖고 있는 〈표 2-2〉에 기재된 공장과 기업소들(성진제강련합기업소(함경북도 김책시), 2.8비날론련합기업소(함경남도 함흥시), 흥남비료련합기업소(함경남도 함흥시), 룡성기계련합기업소(함경남도 함흥시), 김책제철련합기업소(함경북도 청진시), 락원기계련합기업소(평안북도 신의주시)도 함경남·북도와 평안북도에 위치하여 있다. 국가적 차원에서 전략적 의의를 갖는 공장들과 기업소들의 생산의 정상화 역시 안정된 전기 공급을 전제로 하기 때문에 〈표 3-1〉에서 보듯이 이들이 위치하여 있는 곳에서 발전소들을 새로 건설하고 이미 있는 발전소는 설비를 재정비하고 보강하여 이들 공장들과 기업소들의 생산의 정상화를 위한 여건을 준비하였던 것으로 보인다. 여기에 대하여 평안북도의 사례를 중심으로 보다 구체적으로 분석하여보자.

CNC공장기계를 생산하는 구성공작기기계공장과 굴착기와 대형산소분리기 등을 생산하는 락원기계련합기업소는 평안북도 구성시와 신의주시에 각각 위치해 있어 수풍발전소와 태천발전소로부터 생산에 필요한 전기를 우선적으로 공급받을 수 있다. 이를 바탕으로 구성공작기계공장과 락원기계련합기업소는 매우 긴밀한 생산 관계를 맺고 있으며 조선의 경제재건에서 중추적 역할을 담당한다.

구성공작기계에서 CNC공작기계들를 만들어 락원기계련합기업소에 공급해 주면 락원기계련합기업소에서 이 CNC공작기계들을 기반으로 채광, 채취공업에 필요한 고성능의 설비와 기계 그리고 주체비료를 만드는 데 필수적인 대형산소분리기 등을 생산하여 광산 관련 련합기업소들과 남흥청년화학련합기업소나 흥남비료련합기업소[6]에 보내주어 이들이 생산의 정상화를 할 수 있는 조건을 마련해 준다. 광산 관련 련합기업소들에서 석탄과 같은 광물을 정상적으로 채굴하고 남흥청년화학련합기업소와 흥남비료련합기업소에 석탄을 보내주면 이 두 련합기업소에서는 대형산소분리기를 이용하여 무연탄가스화공정을 실행하고 이를 통해 질소비료를 비롯한 각가지 화학원료를 생산한다. 질소비료는 협동농장들에게 배분되어 농업생산력을 높이고 다른 화학원료들은 신의주화장품공장 등 경공업공장들에 보내주게 되어 그들의 생산의 정상화를 촉진시킨다.

이렇듯 구성공작기계공장은 락원기계련합기업소의 개건, 현대화에 전제조건이 되고 락원기계련합기업소의 개건, 현대화는 조선경제재건의 전

---

[6] 김정일은 2009년 2월 8일 락원기계련합기업소를 현지지도하면서 흥남비료련합기업소에 새로 건설되는 가스화암모니아공정에 필요한 대형산소분리기생산을 짧은 기간에 끝내기 위한 준비사업을 활발히 벌리고 있는데 대하여 커다란 만족을 표시하고 "락원기계련합기업소에서 당면하여 대형산소분리기생산에 총력량을 집중하면서 굴착기를 비롯한 기계제품들을 질좋게 생산하여 수도건설장들과 희천발전소건설장 등 인민경제 모든 부문에 보내주어야 한다"고 지적하였다. (『조선중앙년감』 2010년, 38~39쪽).

제조건이 된다. 이 두 기업소가 같은 평안북도에 위치하고 있어 조선 최대 규모의 수력발전소인 수풍발전소와 세 번째 규모인 태천발전소로부터 전기를 우선적으로 그리고 안정적으로 공급받을 수 있다는 것은 조선경제재건에서 관건적인 의미를 가지고 있다. 김정일은 이 점을 잘 간파하고 현지지도를 통해 수풍발전소와 태천발전소를 비교적 이른 시기에 재정비하고 능력을 확장시켜 구성공작기계공장에 전기를 충분히 그리고 끊김 없이 공급하여 이 공장의 생산을 정상화시켜 락원기계련합기업소 개건현대화의 조건을 우선적으로 마련하였던 것이다.[7]

---

[7] 김정일은 2001년 2월 14일 평안북도 구성공작기계공장과 태천발전소를 현지지도 하였는데 먼저 구성공작기계공장을 방문하여 공장의 일군들과 로동자, 기술자들이 수자식조종선반, 종합선삭반, 볼반을 비롯한 현대적인 최신공작기계들을 많이 생산하고 있는데 대하여 커다란 만족을 표시면서 지난 1년간 놀라운 성과를 이룩한 그들의 투쟁성과를 높이 평가하고 감사를 주면서 "구성공작기계공장이 우리 공업의 현대화를 실현하는데서 중요한 자리를 차지하고 있다고 하면서 기술개조에 선차적인 관심을 돌려 공장을 현대화의 본보기공장으로 만들어야 한다"고 말했다. 이어 태천발전소도 현지지도 하였는데 발전기실을 돌아보면서 "건설자들이 후대들에게 떳떳이 물려 줄 또 하나의 만년재부를 마련한데 대하여 커다란 만족을 표시면서 그들의 위훈을 높이 평가하였다"고 한다(『조선중앙년감』 2001년, 29쪽).
그는 2001년 12월 14일부터 16일까지 평안북도내 공업부문 사업을 현지에서 지도하였는데 먼저 수풍발전소의 2발전직장을 방문하고 2발전직장을 현대적으로 건설하여 많은 전기를 생산하고 있는데 대하여 커다란 만족을 표시하시면서 그들의 업적을 높이 평가하였다고 한다. 이어 구성공작기계공장을 현지지도 하면서 다음과 같이 말하였다. "구성공작기계공장에서 만능공작기계에 콤퓨터장치를 받아들여 자동화된 구성10수자조종선반을 만든것은 큰 성과입니다…(중략)…지난 1월에 이 공장에 와서 현대적인 공작기계를 만들데 대한 과업을 주었는데 1년도 못되는 사이에 그 과업을 훌륭히 수행하였습니다. 현대적인 공작기계를 다른 나라에서 견본을 들여다보고 만들려고 하다가 그렇게 하지 않고 자체로 설계하여 만들었다는데 아주 잘하였습니다. 자력갱생이 혁명정신이 매우 높습니다. 이런 공작기계를 사오자면 외화가 많이 들것입니다." (김정일, "평안북도의 공업발전에서 새로운 전환을 일으킬데 대하여: 평안북도 공업부문 사업을 현지지도하면서 일군들과 한 담화(주체90(2001)년 12월 15~16일)", 『김정일선집 20(증보판)』 (평양: 조선로동당출판사, 2013), 335~337쪽).
김정일은 2003년 10월 24일 락원기계련합기업소를 현지지도하면서 기업소에서 새로 만든 유압식굴착기와 유압식자동차기중기를 보고 로동자, 기술자들이 고심어린

〈표 3-1〉 김정일의 발전소건설현장 및 발전소 현지지도 (1998년~2011년)

연도	현지지도(날짜)	위치
1998	장강 1호, 2호 발전소, 장자산발전소, 북천3호발전소, 남리발전소, 외중발전소를 비롯한 수많은 중소형수력발전소들(1월 16일~21일); 대흥단2호발전소, 대흥단5호발전소(10월 1일); 온포3호, 4호 발전소(11월 17일)	자강도 강계시; 량강도 대흥단군; 함경북도 경성군
1999	장강 3호군민청년발전소, 북천2호발전소를 비롯한 중소형발전소들을(6월 15일); 무봉청년발전소(8월 11일); 성천강22호발전소(9월 24일)	자강도 성강군; 량강도 심지연군; 함경남도 신흥군
2000	김철발전소, 금강2호발전소, 금강5호발전소(8월 1~2일); 성천강 29, 30, 32호발전소(8월 26~28일); 흥주청년발전소; 안변청년발전, 내평발전소(11월 7일); 대흥단4호청년발전소(11월 29일); 금진강발전소(11월 30일)	함경북도 청진시; 함경남도 신흥군; 자강도 장강군; 강원도 통천군, 강원도 세포군; 량강도 대흥단군; 함경남도 함주군
2001	태천발전소(2월 14일); 금야2호발전소(10월 25일); 수풍발전소(12월 14일); 흥주청년발전소(12월 23일)	평안북도 태천군; 함경남도 금야군; 평안북도 삭주군; 자강도 장강군
2003	금야강발전소(4월 14일); 흥주청년2호발전소(7월 5일)	함경남도 금야군, 자강도 장강군
2005	원산청년발전소(5월 26일)	강원도 원산시
2006	삼수발전소(3월 5일); 금진강흥봉청년발전소(11월 15일); 례성강발전소(12월 1일); 금야강발전소(9월 11일)	량강도 삼수군; 함경남도 함주군; 황해북도 금천군; 함경남도 금야군
2007	태천4호청년발전소(1월 21일); 어랑천1호발전소(2월 8일); 흥주청년2호발전소(6월 1일)	평안북도 태천군; 함경북도 어랑군; 자강도 장강군
2008	례성강발전소(1월 6일)	황해북도 금천군

탐구와 열정으로 쓸모 있고 현대적인 기계들을 훌륭히 창안제작한데 대하여 만족을 표시하였으며 "생산에서 획기적인 전환을 일으킬수 있는 튼튼한 물질기술적토대를 축성하고 새 기술을 적극 받아 들여 질 좋은 최신식기계들을 창안제작한것을 비롯하여 2년사이에 많은 일을 하였다."고 하면서 그들의 공로를 높이 평가하였다고 한다(『조선중앙년감』 2004년, 56~57쪽).

위에서 알 수 있듯이 태천과 수풍발전소의 발전이 정상화되는 조건에서 구성공작기계공장의 개건현대화가 먼저 이루어지고 여기서 생산된 CNC공작기계가 락원기계련합기업소에 공급되면서 락원기계련합기업소의 개건현대화도 잇따라 가능하게 되었다.

2009	원산청년발전소(1월 6일); 례성강청년1호발전소(1월 31일); 희천발전소(3월 25일, 9월 17일); 녕원발전소(4월 18일); 북창화력발전련합기업소(8월 17일) 금진강구창청년발전소(11월 7일)	함경남도 원산시; 황해북도 금천군; 자강도 희천시; 평안남도 녕원군; 평안남도 북창군; 함경남도 정평군
2010	희천발전소(1월 4일, 11월 3일, 12월 22일); 례성강청년1호발전소(1월 7일); 백두산선군청년발전소(5월 16일); 어랑천1호발전소(5월 20일); 원산군민발전소(7월 7일); 금야강군민발전소(8월 5일)	자강도 희천시; 황해북도 금천군; 량강도 백암군; 함경북도 어랑군; 강원도 법원군; 함경남도 금야군
2011	희천발전소(5월 28일, 8월 30일)	자강도 희천시

※출처: 『조선중앙년감』 1999년~2012년.

  희천발전소, 백두산선군청년발전소, 원산군민발전소 그리고 금야강 군민발전소를 제외한 김정일이 1998년부터 현지지도를 한 대부분 발전소들은 2009년까지 완공된다. 흥미롭게도 2009년은 조선이 CNC기술의 최첨단을 돌파하였다[8])는 해이기도 하다. 전기 공급 능력과 CNC기술 확보는 공장들과 기업소들이 생산의 정상화를 실현시키는 데 있어서 조건과 환경을 마련해 주었다. 생산의 정상화는 '조선중앙년감'에서 공장들과 기업소들의 '기술개건'또는 '현대화'로 표현되는데 2016년까지 '조선중앙년감'에 기재된 기술개건과 현대화가 이룩되거나 이를 바탕으로 새로 지어진 공장들과 기업소들은 다음과 같다.

---

8) 김정일은 2010년 1월 1일 새해를 맞이하면서 당 중앙위원회 책임일군들과 만난 자리에서 다음과 같이 말했다. "강성대국건설력사에서 변이 난 해로 자랑스럽게 기록된 2009년을 보내고 2010년을 맞이한 오늘 감회가 깊습니다. 변이 난 해인 2009년에는 우리의 힘과 기술로 인공지구위성 〈광명성 2〉호를 성과적으로 발사하고 제2차 핵시험에서 성공하였으며 주체철생산체계를 완성한 것을 비로하여 강성대국건설에 아로새겨질 력사적사변들이 수없이 일어났습니다. 그 가운데서도 내가 제일 긍지높이 생각하는것은 우리 나라의 CNC기술이 세계적수준을 돌파한 것입니다. CNC기술의 명맥을 확고히 틀어진 것이야말로 지난해에 우리가 이룩한 수많은 성과들 가운데서도 가장 특이할 성과입니다." (김정일, "우리 식 CNC기술을 개척한 성과와 경험에 토대하여 모든 분야에서 첨단을 돌파하자(조선로동동 중앙위원회 책임일군들과 한 담화, 주체99(2010)년 1월 1일)", 『김정일선집 24(증보판)』 (평양: 조선로동당출판사, 2014), 447~448쪽).

〈표 3-2〉 2016년까지 기술개건과 현대화가 이룩되거나
이를 바탕으로 새로 지어진 공장들과 기업소들

연도	공장/기업소
2003	희천공작기계종합공장
2004	구성공작기계공장
2005	락원기계련합기업소, 대안친선유리공장
2006	희천공작기계종합공장, 청년전기련합기업소, 청진기초식품공장, 성진제강련합기업소, 롱성기계련합기업소
2007	흥남제련소, 경성도자기공장, 신의주화장품공장 비누직장
2008	2월제강종합기업소
2009	김책제철련합기업소, 라남탄광기계련합기업소, 회령기초식품공장, 만포제련소, 승리자동차련합기업소, 구성공작기계공장, 희천공작기계종합공장, 청년전기련합기업소, 희천정밀기계공장, 단천제련소, 대동강타일공장, 북창화력발전련합기업소, 2.8직동청년탄광, 5월 11일제련소, 운수공구공장, 량책베아링공장, 신의주신발공장, 장자강공작기계공장, 강계편직공장, 평양곡산공장, 강계뜨락또르종합공장, 김책제철련합기업소
2010	재령광산, 강동약적기구공장, 롱성식료공장, 북중기계련합기업소, 9월제철종합기업소, 덕현광산, 2.8비날론련합기업소, 7월7일련합기업소와 청진화학섬유공장, 칠성전기공장, 천마전기기계공장, 대흥산기계공장, 삼지연공장, 혜산강철공장, 혜산신발공장, 관모봉기계공장, 남흥청년화학련합기업소, 12월5일청년광산, 장자산종합식료품공장, 강계기초식품공장, 희천청년전기련합기업소, 3월5일청년광산, 만포운화공장, 창성식료품공장, 롱성식료공장에 새로 건설된 간장직장, 강질유리직장, 강서약수공장, 백운산종합식료공장, 단천마그네샤공장, 단천광산기계공장, 무산광산련합기업소와 무산식료공장, 회령식료가공공장, 위생품분공장, 평양양말공장에 새로 건설된 여자양말직장, 평양밀가루공장, 선흥식료공장, 희천련하기계종합기업소
2011	남포유리병공장, 압록강기계종합공장, 압록강일용품공장, 대관유리공장, 1월18일기계종합공장, 정방산종합식료공장, 신흥기계공장, 운상공구공장, 자강도제련소, 압록강다이야공장, 2월제강종합기업소, 2.8기계종합공장, 수성천종합식료공장, 혜산청년광산, 평양방직공장, 봉화비누공장, 평양수지연필공장, 대동강과일종합가공공장, 5월 11일공장, 평양8월풀가공공장, 금성식료공장에 새로 건설된 밀쌈직장, 락랑영예군인수지일용품공장, 평성합성가죽공장, 태양열설비센터, 중앙양모장, 두단오리공장, 대동강돼지공장, 대동강그물공장, 대동강자라공장, 대흥청년영웅광산과 룡양광산, 태성기계공장, 리명제가 사업하는 돌가공공장, 함흥시 회상지구에 새로 건설된 남새온실
2012	대관유리공장, 허철용이 사업하는 기계공장(기계가공품), 평양양말공장, 대동강타일공장,
2013	새로 건설된 강태호가 사업하는 기계공장, 룡문술공장, 새로 건설한 성천강그물공장과 수지관직장, 보성버섯공장, 창성식료품공장, 애국돌공장

2014	조선인민군 11월2일공장, 룡문술공장, 갈마식료품공장, 천지윤활유공장, 10월8일공장, 정성제약종합공장, 조선인민군 2월20일공장, 제534군부대관하 종합식료가공공장
2015	단전제련소에 건설된 유리섬유 밍 수지액생산공정, 단천제련소 플리류산철생산공정, 광전광산 흑연생산공정, 검덕광업련합기업소 증산천 미광침전기, 새로 건설된 평양시버섯공장, 개건된 원산구두공장, 인민군대에서 새로 건설한 어분사료공장. 전동렬이 사업하는 기계공장(비행기제작공장), 룡성기계련합기업소 2월 11일공장, 12월7일공장에 새로 건설한 위생용품분공장, 새로 건설한 평양강냉이가공공장, 만경대경흥식료공장, 무산광산련합기업소 3호대형원추형 파쇄장과 폐석광산 그리고 장거리 벨크콘베아 〈나〉선
2016	평양버섯공장, 룡악산비누공장, 보건산소공장, 평양체육기자재공장, 금컵체육인종합식료공장

※출처: 『조선중앙년감』 1999년~2017년.

〈표 3-2〉에서 보는 것과 같이 기술개건과 현대화가 이룩된 공장과 기업소는 2009년을 기점으로 급속히 늘어 2010년과 2011년에 정점을 이룬다.[9] 김정일 사망 이후 최고지도자가 된 김정은은 그의 단독 현지지도를 2012년부터 시작하는데[10] 그의 현지지도에서 기술개건과 현대화를 이루거나 이를 바탕으로 새로 건설된 공장이나 기업소들의 수는 2010년과 2011년에 비해 낮다. 또한 〈표 3-3〉에서 확인할 듯이 김정은의 현지지도는 중

[9] '조선중앙년감'은 김정일의 현지지도만을 기록하고 김정일은 자신의 방문이 상징적인 의미를 갖는 곳을 위주로 현지지도를 하기 때문에 기술개건과 현대화를 이룬 공장과 기업소는 조선중앙년감에 기재된 곳들보다 훨씬 많을 것이다. 실례로 『조선중앙년감』 2006년 경제부문 서두에는 다음과 같은 내용의 글이 있다. "2005년에 사회주의경제건설분야에서 최근 몇해동안에 해놓은 일보다 더 큰 성과가 이룩되었다. 전당, 전국, 전민이 사회주의경제건설의 주공전선인 농업전선에 총집중, 총동원하여 커다란 성과를 이룩하였다. 당창건 60돐을 맞으며 백마-철산물길과 대안친선유리공장을 비롯하여 130여개대상이 건설되거나 개건현대화되였으며 1,600여개의 공장, 기업소가 년간 계획을 앞당겨 완수하였다. (『조선중앙년감』 2006년, 29쪽). 이렇듯 『조선중앙년감』 2006년에 기재된 김정일의 현지지도로 밝혀진 기술개건과 현대화를 이룬 곳은 락원기계련합기업소와 대안친선유리공장뿐이었으나 실제로는 이보다 훨씬 많은 공장들과 기업소들이 개건, 현대화되었던 것이다.

[10] 김정은은 2010년 10월 5일 851군부대의 협동훈련을 김정일과 함께 참관하면서부터 2011년 12월 15일 개점을 앞둔 광복지구상업중심까지 김정일의 현지지도에 동행하였다.

공업부문의 공장과 기업소들보다는 군부대와 군부대소속 기업소, 경공업부문의 공장과 기업소들, 문수물놀이장과 마식령스키장 같은 여가오락시설, 육아원(유치원)과 애육원(고아원) 같은 어린이 보육시설, 돼지공장과 수산사업소 같은 식용품을 만드는 기업소 등지에서 주로 이루어졌다.

〈표 3-3〉 김정은의 현지지도 (2012년~2016년)

연도	현지지도 대상
2012	서울류경수제105땅크사단, 제169군부대, 제3870군부대 제354군부대, 제671대련합부대, 허철용이 사업하는 기계공장, 공군제378군부대, 공군제1017군부대, 해군 587군부대, 제324대련합부대, 제842군부대, 해군제123군부대, 초도방어대, 려도방어대, 해군제155군부대, 제655련합부대, 릉라인민유원지개발사업, 대관유리공장, 허철용이 사업하는 기계공장, 제1591군부대, 창전거리, 인민야외빙상장건설사업, 중앙동물원, (새)창전소학교과 경상탁아소 그리고 경상유치원, 릉라유원지와 유선종양연구소, 평양양말공장과 아동백화점, 평양항공역사건설장, (새)릉라인민유원지, 운곡지구종합목장, 제552군부대관하 구분대, 제1017군부대, 장재도방어대와 무도방어대, 제4302군부대관하 감나무중대, 제313대련합부대 지휘부와 관하군부대, 제318군부대, (새)해맞이식당, 대동강타일공장, 통일거리운동쎈터, (개)평양남새과학연구소와 평양화초연구소, 류경원과 인민야외방상장 그리고 로라스케이트장, 제534군부대직속 기마부대
2013	제323군부대, 제526대련합부대관하 구분대, 제639대련합부대, 장재도방어대와 무도영웅방어대, 제641군부대관하 장거리포병구분대, 룡정양어장, 제1973군부대, 제1973군부대관하 2대대, 제1501군부대, 조선인민군2월20일공장, 룡문술공장, 제405군부대, 조선인민군 제621호육종장, 조선인민군 제534군부대관하 종합식료가공공장, 제639군부대관하 동해후방기지, 마식령스키장, 제313군부대관하 8월25일수산사업소, 송도원국제소년단야영소, 송도원청년야외극장, 성천강그물공장과 수지관직장, 제507군부대, 제549군부대 돼지공장, 고산과수농장, 보성버섯공장, 평양기초식품공장, 대관유리공장, 허철용이 사업하는 기계공장, 제1017군부대, 1월 18일기계종합공장, 남흥청년화학련합기업소, 강계뜨락또르종합공장, 강계정밀기계종합공장, 장자강공작기계공장, 룡성기계련합기업소 2월 11일공장, 신흥기계공장, 강동정밀기계공장, 제532군부대산하 1116호농장에 건설한 (새)버섯공장, 새로건설하고 있는 아동병원과 구강병원, 과학자살림집건설장, 미림승마구락부건설장, 5월 11일공장, 과학자살림집건설, 마식령스키장건설장, 제3404군부대, 장재도방어대와 무도영웅방어대, 애육돌공장, 룡연바다양어사업소, (새)평양체육관 문수물놀이장건설장, 문수물놀이장, 미림승마구락부건설장, 구강병원건설장, 5월 1일경기장, 아동병원건설장, (새)국가과학원중앙버섯연구소, (현과)김익철이 사업하는 일용품 공장, 김정숙평양방직공장,

	미림승마구락부건설장, (새)문수물놀이장, (새)미림승마구락부, 해군 제790군부대, 주성호가 사업하는 선박공장, 마식령스키장건설장, 조선인민군 11월2일공장, 조선인민군 제354호식료공장, 김정일군사연구원건설장, 평양건축대학, 제991군부대, 조선인민군 설계연구소, 마식령스키장건설장, 조선인민군 제313군부대관하 8월25일수산사업소, 제526대련합부대, (새)마식령스키장
2014	(새)수산물랭동시설, 국가과학원, 제323군부대, (새)경기용총탄공장과 메아리사격관, 조선인민군 11월2일공장, 조선인민군 1월8일수산사업소건설장, (새)송도원 국제소년단야영소, 평양약전기계공장, 제2620군부대, 제188군부대, 강태호가 사업하는 기계공장, 류경구강병원과 옥류아동병원, 제188군부대, (새)조선인민군 1월8일수산사업소, (새)김정숙평양방직공장 로동자합숙소, (현과)1월 18일기계종합공장, 제447군부대, 대성산종합병원, 김책공업종합대학 교육자살림집건설장, 천마전기기계공장, 대관유리공장, 허철용이 사업하는 기계공장, 룡문술공장, 쑥섬, 대동강과수종합농장과 대동강과일종합가공공장, 장천남새전문협동농장, 기상수문국, 려도방어대, 제863군부대, 해군 제167군부대, 위성과학자거리건설장, 5월1일경기장개건현장, (새)갈마식료품공장, 화도방어대, 송도원국제소년야영소, 옹도방어대, 평양국제비행장 항공역사건설장, 제171군부대, 천아포수산연구소, 조선인민군 제1521호기업소의 성천강그물공장과 수지관직장, 고산과수농장, 천리마타일공장, 천지윤활유공장, 평양양말공장, 전동렬이 사업하는 기계공장, 김책종합대학 교육자살림집건설장, 갈마식료품공장, 연풍과학자휴양소건설장, 조선인민군 제621호육종장, 조선인민군 11월2일공장, (새)10월8일공장, (새)위성과학자주택지구, (새)김책공업종합대학 교육자살림집, (새)평양육아원과 애육원, (새)군인식당, (현과)평양국제비행장건설장, 경성제약종합공장, (새)조선인민군 2월20일공장, 조선인민군 제534군부대 관하 (새)종합식료품공장, 제567군부대관하 18호수산사업소, 제991군부대, 신천박물관, 조선4.26만화영화촬영소, 제963군부대직속 포병중대, 제1313군부대, 5월9일메기공장, 제458군부대, 해군 제189군부대, 평양어린이식료품공장, 평양메기공장, 조선인민군 6월8일농장의 (새)남새온실, 제851군부대관하 녀성방사포병 구분대
2015	평양육아원/애육원, 전선군단 제1제대 보병사단 직속구분대들, (새)평양시버섯공장, 항공 및 반항공 지휘부, 강동정밀기계공장, 금컵체육인종합식료공장, 류원신발공장, 서부전선 기계화타격집단, (개)원산구두공장, 평양화장품공장, (현과)10월3일공장, 원산시의 육아원/애육원/초등학교/중등학원건설장, 미래과학자거리건설장, 과학기술전당건설장, 제447군부대 평양시 양로원건설장, 제1016군부대, 5월27일 수산사업소건설장, 어구종합공장, (새)어분사료공장, 금산포젓갈가공장/수산사업소건설장, 전동렬이 사업하는 기계공장, 제164군부대, 평양약전기계공장, 평양국제 비행장 2항공역사건설장, 백두산선군청년발전소건설장, 원산육아원/애육원, (새)국가우주개발원 위성관제 종합지휘소, 룡성기계련합기업소 2월 11일공장, 신포원양수산련합기업소, 제580군부대산하 7월 18일소목장, 제580군부대산하 안변양어장, 제810군부대산하 신창양어장, 대동강자라공장, 제810군부대산하 석막대서양련어종어장과 락산바다련어양어사업소,

	종합양묘장, 제810군부대산하 1116호농장, 원산육아원/애육원, 제810군부대산하 평양생물기술연구원, 조국해방전쟁사적지, 평양국제비행장 항공역사, 장천남새전문협동농장, (새)김책공업종합대학 자동화연구소, 평양대경김가공공장, 락랑위생용품공장, 신천박물관, (새)평양양로원, 제810군부대산하 1116호농장, 대동강과수종합농장, (새)평양강냉이가공공장, 신의주측정계기공장, 백두산영웅청년발전소, 라선시피해복구전투, (새)창광상점, 정성제약종합공장, (새)과학기술전당, (개)평양메기공장, (개)평양어린이식료품공장, 제313군부대산하 8월25일수산사업소, 제549군부대 15호수산사업소, 원산구두공장, (현과)조선인민군 122호양묘장, (개)5월9일메기공장, (현과)삼천메기공장,
2016	청년운동사적관, (개)금컵체육인종합식료공장, (현과)태성기계공장, 해군 제597군부대관하 10월3일공장, 룡성기계련합기업소 2월 11일, 전선대련합부대, (새)미래상점과 종합봉사기지, 신흥기계공장, 룡성기계련합기업소 동흥산기계공장, 리철호가 사업하는 기계공장, (새)민들레학습장공장, 백두산영웅청년3호발전소, 조선인민군 제122호양묘장, 허철용이 사업하는 기계공장, 자연박물관과 중앙동물원, 류경안과종합병원건설장, 보건산소공장건설장, (새)평양체육자재공장, 룡악산비누공장, (새)만경재소년단야영소, (새)류경김치공장, 국방종합대학, 〈화성-10〉시험발사, (새)평양중등학원, (개)평양자라공장, 평성합성가죽공장, 백두산건축연구원, 화성포병부대들, 제810군부대산하 어분사료공장, 천리마건재종합공장, (새)조선인민군 어구종합공장, 1월 18일기계종합공장, (개)순천화학련합기업소에 새로 꾸린 아크릴계칠감생산공정, 대동강과수종합공장, 대동강돼지공장, 전략잠수함탄도탄수중시험발사, 화성포병부대들, (새)보건산소공장, 고산파수종합농장, 새형의 정지위성운반로케트용 대출력 발동기지상분출시험, 대동강주사기공장, 룡악산샘물공장, 만경재혁명사적지기념품공장, (새)류경안과종합병원, (새)룡악산비누공장, 조선인민군 5월57일수산사업소와 1월8일수산사업소, 조선인민군 8월25일수산사업소, 조선인민군 제380대련합부대, 조선인민군 제1045군부대산하 산악보병대대의 스키훈련, 삼지연군의 여러 부문 사업, 강원도 12월6일소년단 야영소, 제525군부대직속 특수작전대대, (새)원산군민발전소, 조선인민군 15호수산사업소,

※비고: (새) = 새로 건설된, (개) = 개건 현대화된, (현과) = 현대화의 과업이 제시된.
※출처: 『조선중앙년감』 2013년~2017년.

김정은의 현지지도가 중공업부문의 공장과 기업소들 이외의 곳에서 훨씬 더 많이 이루어진 것은 2009년을 기점으로 국가적 차원에서 전략적 의의를 갖는 부문들에서 생산의 정상화가 시작되고 2011년부터는 중공업부문의 주요 공장과 기업소들에서 생산의 정상화를 위한 준비가 갖추어지었기 (즉 김정일 생전에 중공업부문 주요 기업소들에서 생산의 정상화가 시작되었기) 때문일 것이다. 제2장에서도 분석되었듯이 국가적 차원에서 중요한 전략적 의의를 갖는 금속과 화학공업부문의 선행 공장과 기업소들은 기본적으로 각각 2009년과 2010년에 재건되었다.

이들 공장과 기업소들이 재건되었다는 것은 조선의 산업발전의 근간이 되는 철강재와 농업과 경공업의 발전에 필수적인 화학비료를 비롯한 각종 화학원료를 생산하고 제조하는 이들의 능력이 단지 '고난의 행군' 이전 시기 수준으로 복귀된 것을 의미하지 않는다. 이들 공장과 기업소들의 생산능력(production capacity)과 생산력(productivity)은 제고된 CNC기술을 바탕으로 '고난의 행군' 이전 시기보다 한층 강화되고 높아지게 되었다. 이것은 또 한편으로 다른 산업이 재건되고 생산의 정상화를 이룰 수 있는 조건과 환경을 마련해 주는 배경이 되었다.

이렇듯 〈표 3-3〉에 나타나 있는 김정은 현지지도의 행적은 김정은이 미국과의 적대적인 관계가 더욱 악화되어가는 조건에서 군(軍)을 김정일의 선군시대와 같이 우선적으로 강화하는 한편, 재건되어 생산능력과 생산력이 강화된 국가적 차원에서 전략적 의의를 갖는 공장과 기업소들을 기반으로 생산의 정상화를 중공업뿐 아니라 다른 모든 산업에서도 이루려고 하는 것을 잘 보여주고 있다. 여기서 간과할 수 없는 사실은 2011년 무렵부터 조선이 '고난의 행군'이라는 경제 위기에서 완전히 벗어나고 제고된 자력갱생의 능력을 바탕으로 생산의 정상화를 모든 산업에서 추구할 수 있게 되었던 점이다.

조선이 고난의 행군을 극복하고 경제가 고난의 행군 이전 것을 회복한 것은 국가예산수입총액으로 확인된다. 〈표 3-4〉에서 볼 수 있듯이 '고난의 행군'이 시작되기 이전인 1993년도 국가예산수입총액은 405억7,120만 원이었다. 2009년 국가예산수입총액은 362억8,559만 원으로 1993년도 것

의 90%에 다다랐으며 2011년 국가예산수입총액은 418억100만 원으로 1993
년의 것을 넘어서고 있다.

〈표 3-4〉 조선의 국가예산수입총액 (1994년~2016년)

단위: 만 원

연도	1993	1994	1995	1996	1997	1998	1999	2000
국가예산수입총액	4,057,120[11]	NR[12]	NR	NR	NR	1,979,080[13]	1,980,103[14]	2,040,532[15]
연도	2001	2002	2003	2004	2005	2006	2007	2008
국가예산수입총액	2,163,994[16]	2,261,809[17]	2,373,452[18]	2,492,125[19]	2,896,407[20]	3,023,849[21]	3,208,304[22]	3,391,177[23]
연도	2009	2010	2011	2012	2013	2014	2015	2016
국가예산수입총액	3,628,559[24]	3,907,958[25]	4,180,100[26]	4,458,867[27]	4,726,399[28]	5,009,983[29]	5,260,482[30]	5,591,892[31]

※비고: NR(Not Reported, 보도되지 않음).
※출처: 『조선중앙년감』 1994년~2017년.

[11] "국가예산수입총액은 405억7,120만원으로서 계획을 100.3%로 넘쳐수행하였으며 그 전해에 비하여 102.6%로 늘어났다." (『조선중앙년감』 1994년, 90쪽).

[12] 『조선중앙년감』 1994년 90쪽에는 "1994년 국가예산수입총액과 지출총액은 각각 415억2,519만원으로서 전해에 비하여 수입총액은 102.4%로, 지출총액은 103.2%로 늘어나게 되었다."는 대목이 있다. 그러나 이것은 실지 실적이 아니고 계획 목표치이다. 『조선중앙년감』 1995년에는 전년도인 1994년 국가예산수입총액과 지출총액이 기재되어 있지 않다. 따라서 1993년을 결산하면서 세운 1994년 국가예산수입총액은 달성하지 못하였던 것으로 분석된다.

[13] "이해 국가예산수입총액은 197억9,080만원으로서 1998년 예산 수입과 지출 규모는 1990년대 초 수준에는 아직 이르지 못하고 있으나 주체86(1997)년에 비하여서는 예산수입이 100.4% 증가하였다." (『조선중앙년감』 1999년, 188쪽).

[14] "이해 국가예산수입총액은 198억103만원으로서 계획을 97.2%로, 국가예산지출총액은 200억1,821만원으로서 계획을 98.2%로 집행하였다. 이해 국가예산수입은 계획된 수준에 이르지 못하였으나 주체87(1998)년 예산수입에 비하여 장성하였다." (『조선중앙년감』 2000년, 189쪽).

[15] "국가예산지출은 계획 204억532만원에 대하여 실적 209억5,503만원으로서 102.7%로 초과집행하였다." (『조선중앙년감』 2001년, 174쪽). 국가예산지출은 국가예산수입에 맞추어 계획되었을 것이기 때문에 2000년 국가예산수입총액은 204억532만원이 된다.

16) 2001년 국가예산이 성과적으로 집행되었다. 이해 국가예산수입은 계획 215억7,080만원에 대하여 실적 216억3,994만원1,000원으로서 100.3%로 수행되었다. (『조선중앙년감』 2002년, 164쪽).

17) 2002년 국가수입총액은 '조선중앙년감'에 기재되어 있지 않다. 그러나 경제건설 성과에 대하여서는 다음과 같이 서술되어 있다. "경제건설의 모든 전선에서 타오른 혁명적대고조의 불길속에서 인민경제 여러 부문의 기술개건, 현대화사업이 힘있게 추진되고 생산을 활성화하기 위한 투쟁이 적극 벌어진 결과 공업총생산액은 전해에 비하여 112%로 장성하였다. 2002년 국가예산이 성과적으로 집행되었다. 이해 국가예산수입계획은 100.5%로 수행되었다." (『조선중앙년감』 2003년, 182쪽).
2002년 국가예산수입이 2001년도에 비해 얼마나 더 성장할 것으로 계획되어 있는지는 알 수 없지만, 조선 스스로 생산의 정상화가 점증적으로 이루어지고 있다는 점을 밝히고 있기 때문에 2002년 국가예산수입은 2001년도에 비해서는 높게 책정되었을 것이다. 위에서 보는 것과 같이 2001년 실지 국가예산수입총액은 216억 3,994만원으로 2000년도의 209억 344만원에 비해 3.5% 늘어난 것이다. 따라서 2002년 국가예산수입계획은 (매우 보수적인 가정 하에) 2001년도의 것보다 약간 높은 4%를 적용하였다. 2002년도 국가예산수입계획은 100.5% 수행되었다고 하였으므로 2002년 실지 국가예산수입총액은 다음과 같이 계산할 수 있다[216억3,996만원 x 1.04) x (1.005) = 226억1,809만원].

18) 2003년 국가예산수입총액은 '조선중앙년감'에 기재되어 있지 않다. 그러나 2003년 경제건설의 성과에 대해 "공업총생산액은 전해에 비하여 110%로 늘어났으며 전력은 121%, 연, 아연은 176%, 철광석은 146%, 세멘트는 127%로 늘어난 것을 비롯하여 중요공업제품생산이 훨씬 장성하였다."(『조선중앙년감』 2004년, 186쪽)라는 구절이 있고 국가예산수입에 대해서는 "2003년 국가예산은 성과적으로 집행되었다. 이해 국가예산수입은 100.9%로 수행되었다."(187쪽)라고 되어 있다. 이렇듯 2003년 경제건설은 전반적으로 성과적으로 수행된 것으로 보인다. 그러나 아직 생산의 정상화가 국가적 차원에서 전략적 의의를 갖고 있는 부문에서만 점증적으로 이루어지고 있음을 감안할 때 국가수입의 성장률을 전년도보다 높게 책정하지 않았을 것이다. 따라서 국가수입 성장률을 전년도와 같은 4%로 계획했을 것으로 가정하면 2003년 국가예산수입총액은 237억3,452만원 (= (226억1,809만원 x 1.04) x (1.009))이 된다.

19) 2004년 국가예산수입은 조선중앙년감에 명시되어 있지 않고 2003년에 비해 상당히 늘어났음을 함의하는 자료들이 다음과 같이 나와 있다. "전력공업발전에 선차적인 힘을 넣어 전력생산을 2002년에 비하여 1.5배로 늘이였으며 철광석은 188%, 마그네사이트 괴광은 186%, 연, 아연은 114%, 공작기계는 112%로 생산을 장성시킨 것을 비롯하여 공업부문 중요지표들의 생산량을 훨씬 늘이였다." (『조선중앙년감』 2005년, 184쪽).
위에서 중요한 대목은 전력생산이 2002년에 비하여 1.5배로 늘어났다는 것이다. 조선이 '고난의 행군'이라는 경제난을 겪게 된 것이 에너지문제에서 비롯되었다는 점을 상기해 볼 때 전력생산이 2002년에 비해 50% 늘어났다는 것은 경제성장에 매우 긍정적인 영향을 미치었을 것이다. 2004년 전략생산이 2003년보다 150% 늘어난 것은 우연으로 보기는 어렵고 철저히 계획된 결과라고 보아야 한다. 그러므로 전략생산이 늘어날 것이라는 점을 고려하여 2004년 국가예산수입을 계획하였을 것이다. 2003년도 국가수입계획이 2002년보다 4% 높게 계획되었으니 2004년 국가예산수입계획은 2003년보다 1% 높은 5%로 가정하였다. 또한 "2004년 국가예산이 원만히 집행 되였다."(『조선중앙년감』, 2005년, 185쪽)고 하니 계획대로 2004년 국가예산수입이 거쳤다는 것이므로 2004년도 국가예산수입총액은 249억2,125만원 (= 237억3,452만원 x 1.05)이 된다.

[20] 『조선중앙년감』 2006년에는 국가예산수입에 대한 자료가 나오기 전 다음과 같은 내용의 글이 있다. "2005년에 사회주의경제건설분야에서는 최근 몇해동안에 해놓은 일보다 더 큰 성과가 이룩되었다. 인민경제 모든 분야에서 생산적앙양이 일어나 발전량은 111%, 석탄생산은 110%로 늘어난 것을 비롯하여 중요지표들의 생산이 장성되었다. 영광스러운 당창건기념일에 더 큰 로력적선물을 마련하기 위한 전체 인민군 군인들과 근로자들의 힘찬 투쟁에 의하여 전국적으로 130여개의 중요건설대상과 개건현대화대상들이 성과적으로 완공됨으로써 나라의 경제토대가 일층 강화되었다." 2004년 전력생산이 2003년보다 50% 늘어나고 이것을 바탕으로 국가적 차원에서 전략적 의의를 갖는 공장과 기업소들의 생산 환경이 새롭게 갖추어지게 되고 생산능력이 제고된 것으로 해석되는 대목이다. 이에 따라 생산이 전반적으로 늘어나고 국가수입도 늘어난 것이다. 실제로 2005년 국가수입은 2004년에 비하여 116.1% 장성되었다고 하는데 이것은 원래 계획보다 100.8% 높은 것이라고 한다. (『조선중앙년감』 2006년, 210쪽). 다시 말하여 원래 2005년 국가예산수입은 2004년보다 15.3% 높게 계획되었는데 실제 수입은 그보다 0.8% 높았다는 것이다. 이에 따라 2005년 국가예산수입은 289억6,407만원[= 249억2,125만원 x 1.153) x (1.008)]이 된다.

앞에서 2004년 국가예산수입은 2003년의 것보다 5% 높게 계획되었을 것이라는 가정을 하였다. 그러나 위에서 볼 수 있듯이 2005년 국가예산수입은 2004년의 것보다 15.3% 높게 계획되었으며 실질 국가예산수입은 이보다 0.8% 높은 것이었다. 따라서 2004년 국가예산수입을 2003년의 것보다 5% 높게 계획되었다는 것은 현실에 부합하지 않을 가능성이 높다. 그러나 또 다른 측면에서는 이처럼 2005년 국가예산수입이 2004년의 것보다 15% 이상 높게 잡은 것을 조선이 2004년을 기점으로 생산의 정상화의 기틀을 마련한 것으로 볼 수도 있으며 2002년 7월 1일에 전면적으로 실시된 경제개선조치역시 2005년에 들어서면서 일정한 성과를 내고 있다고도 평가할 수 있다.

[21] "2006년 선군혁명총진군의 거세찬 불길속에서 강성대국건성의 전환적국면이 열리고 이 과정에 국가예산도 정확히 집행되었다. 이해 국가예산수입은 계획에 비하여 97.5%로 수행되였으며 2005년에 비하여 104.4%로 장성되였다." (『조선중앙년감』 2007년, 184쪽). 2005년 국가예산수입이 289억6,406만원이었기 때문에 이보다 4.4% 성장하였으면 302억3,849만원(= 289억6,407만원 x 1.044)이 된다. 그러나 이것은 원래 계획의 97.5%이다. 따라서 원래 계획대로 수행되었더라면 2006년 국가예산수입은 310억1,384만원(= 302억3,849만원/0.975)이 되었을 것이다. 이것은 2005년 실지 국가예산수입보다 7.1% 많은 것이며 2005년 국가예산수입계획의 성장률인 15.3%의 절반보다 조금 적은 수준이다.

『조선중앙년감』 2007년에는 2006년과 같이 몇 개정도의 공장과 기업소들이 개건, 현대화되었다는 언급이 없고 다만 "룡성기계련합기업소, 평양326전선공장, 대안친선유리공장, 선교편직공장, 흥남제약공장을 비롯한 수많은 공장, 기업소들에서 인민경제계획을 넘쳐수행함으로써"라고만 되어 있어 개건, 현대화 작업이 국가적 차원에서 전략적 의의를 갖는 부문에서 우선적으로 그리고 초보적인 수준에서 이루어지고 아직 심화되거나 다른 부문으로 확산되지 않았음을 시사한다. 개건, 현대화 작업이 소강상태를 보임으로써 2006년 국가예산수입 성장률도 2005년 것의 비해 낮게 계획된 것으로 분석된다.

22) "국가예산수입은 계획에 비하여 100.3%로 수행되었으며 그 전해에 비하여 106.1%로 장성되었다." (『조선중앙년감』 2008년, 168쪽). 2007년 국가예산수입은 2006년의 것보다 5.8%더 성장하는 것으로 계획되었으나 실제적으로는 이보다 0.3% 더 성장하였다는 것이다. 따라서 2007년 실지 국가예산수입은 320억8,304만원(= 302억3,849만원 x 1.061)이 된다.

23) "국가예산수입의 기본원천인 국가기업리득금과 협동단체리득금수입계획이 훨씬 넘쳐 수행됨으로써 이해 국가예산수입은 101.6%로 수행되였으며 그 전해에 비하여 105.7%로 장성하였다." (『조선중앙년감』 2009년, 192쪽). 즉, 원래 계획은 2007년에 것의 비해 4.1% 더 성장하는 것이었으나 이보다 1.6% 더 성장하였다는 것이다. 따라서 2008년 실지 국가예산수입은 339억1,177만원(= 320억8,304만원 x 1.057)이 된다.

24) "2009년 국가예산수입은 101.7%로 초과수행되어 2008년에 비하여 107%로 장성하였다." (『조선중앙년감』 2010년, 266쪽). 2009년 국가예산수입에 대한 원래 계획은 2008년의 것보다 5.3% 더 성장하는 것이었으나 실제적으로는 계획보다 1.7% 더 성장한 것이다. 따라서 2009년 실지 국가예산수입은 362억8,559만원(= 339억1,177만원 x 1.07)이 된다.

25) "2010년 국가예산수입은 101.3%로 넘쳐 수행되었으며 2009년에 비하여 107.7%로 장성하였다." (『조선중앙년감』 2011년, 290쪽). 2010년 국가예산수입은 원래 계획대로라면 2009년의 것보다 6.4% 더 성장하는 것이었으나 실제 거두어 드린 국가예산수입은 이보다 1.3% 많은 것이었다. 따라서 2010년 실지 국가예산수입은 390억7,958만원(= 362억8,559만원 x 1.077)이 된다.

26) 『조선중앙년감』 2012년 274쪽에는 2011년 국가예산수입이 2010년보다 몇 % 성장하였다는 내용은 없고 다만 "2011년 국가예산수입은 101.1%로, 그 가운데서 지방예산수입은 112.8%로 수행되었으며"라고 명시되어 있다. 다시 말하여 2011년 국가예산수입은 계획보다 1.1% 더 늘어났다는 것이다. 그렇다면 원래 계획은 2010년 국가예산수입보다 얼마나 성장하는 것으로 되어 있었을까? 최근 3년 동안의 국가예산수입에 대한 계획 성장률의 평균값은 5.3%(= (4.1 + 5.3 + 6.4)/3)이다. 그러나 최근 3년간의 실지 국가예산수입 성장률은 2008년 5.7%, 2009년 7%, 2010년 7.7%로 상승세를 타고 있기 때문에 계획 성장률 평균값에 0.5%를 더한 값, 즉 5.8%(= 5.3% + 0.5%)을 2011년 국가예산수입의 성장률로 추산하였다. 2011년 국가예산수입은 계획 성장률보다 1.1% 더 많은 것이므로 2011년 국가예산수입은 418억100만원(= (390억7,958만원 x 1.058) x 1.011)이 된다.

이렇듯 2011년을 기점으로 산업 대부분의 부문에서 생산의 정상화를 위한 준비가 갖추어 지면서 조선은 김정일이 2001년 10.3담화에서 주문한 새로운 경제관리방법을 비로서 실행할 수 있게 되었던 것이다. 경제건설과 핵무력건설의 병진노선이 채택된 2013년 3월 당중앙위원회 전원회의에서 김정은은 여기에 대해서 다음과 같이 언급하였다.

경제강국건설에서 전환을 가져오기 위하여서는 경제지도와 관리를 개선하여야 합니다…(중략)…현실발전의 요구에 맞게 우리 식의 경제관리방법을 연구, 완성하여야 합니다. 주체사상을 구현한 우리식의 경제관리방법은 생산수단에 대한 사회주의적 소유를 확고히 고수하면서 국가의 통일적 지도밑에 모든 기업체들이 경영활동을 독자적으로, 창발적으로 해나감으로써 생산자대중이 생산과 관리에서

27) 『조선중앙년감』 2013년에도 2012년 국가예산수입 2011년 것의 비해 몇% 성장하였다고 명시되어 있지 않고 "2012년 국가예산수입은 101.3%로, 그 가운데서 지방예산수입은 113.8%로 수행되었으며…"이라고만 되어 있다. (『조선중앙년감』 2013년, 366쪽). 2011년 국가예산수입 성장률 계획에서와 같은 추론을 적용하여 계획 성장률은 5.3% 그리고 실지 성장률은 이보다 1.3% 더 많은 것이므로 2012년 국가예산수입은 445억8,867만원(= 418억100만원 x 1.053) x 1.013)이 된다.

28) "2013년 국가예산수입계획은 101.8%로 수행되었으며 그 전해에 비하여 106%로 장성하였다." (『조선중앙년감』 2014년, 357쪽). 즉 원래 2013년 국가예산수입은 2012년 것의 비해 4.2% 성장하는 것으로 계획되었으나 실제로는 이보다 1.8% 더 거두어 드린 것이었다. 따라서 2013년 국가예산수입은 472억6,399만원(= 445억8,867만원 x 1.06)이 된다.

29) "국가예산수입계획은 101.6%로 수행되었으며 전해에 비해 106%로 장성하였다." (『조선중앙년감』 2015년, 308쪽). 그러므로 2014년 국가예산수입은 500억9,983만원(= 472억6,399만원 x 1.06)이 된다.

30) "국가예산수입계획은 101.3%로 수행되었으며 전해에 비하여 105%로 장성하였다." (『조선중앙년감』 2016년, 422쪽). 그러므로 2015년 국가예산수입총액은 526억482만원(= 500억9,983만원 x 1.05)이 된다.

31) "국가예산수입계획은 102.2%로 수행되었으며 2015년에 비하여 106.3%로 장성하였다." (『조선중앙년감』 2017년, 423쪽). 그러므로 2016년 국가예산수입총액은 559억1,892만원(= 526억482만원 x 1.063)이 된다.

주인으로서의 책임과 역할을 다하도록 하는 사회주의기업관리방법
으로 되여야 할 것입니다.[32]

위에서 김정은이 "현실발전의 요구에 맞게 우리 식의 경제관리방법을
연구, 완성하여야 하여야 한다"고 한 부분은 고난의 행군을 극복하고 생산
의 정상화가 시작되고 있는 상황에서 다음 단계로 도약하기 위해서 새로운
경제관리방법이 필요하니 이것을 빨리 완성하여 제도화시켜야 한다고 해
석되어야 한다.

제2장 보론에서 분석되었듯이 김정일이 10.3담화에서 강조한 핵심은
사회주의원칙을 고수하며 가장 큰 실리를 보장하는 것이었다.[33] 이는 김
정일이 2006년 2월 중앙당 책임일군들에게 한 담화에서 다시 확인된다. 김
정일은 이 담화에서 다음과 같이 말하였다.

> 경제사업을 선군시대와 강성대국건설의 요구에 맞게 바로 해나가는
> 것이 매우 중요합니다. 나는 이미 여러해 전에 경제사업에서 사회주
> 의원칙을 확고히 지키면서 가장 큰 실리를 보장하는 것을 사회주의
> 경제관리에서 틀어쥐고나가야 할 종자로 정해주었으며 나라가 처한
> 엄혹한 정세와 우리 혁명발전의 요구에서 출발하여 우리 식의 선군
> 시대 경제건설로선을 제시하고 그 관철을 위한 방향과 방도를 명백
> 히 다 밝혀주었습니다.[34]

---

32) "경애하는 김정은동지께서 조선로동당 중앙위원회 2013년 3월전원회의에서 하신 보
고", 『로동신문』 2013년 4월 1일.

33) "…사회주의원칙을 고수하며 최대한 국가적으로나 개별적 부문 단위들에서나 생산
과 건설, 기업관리운영을 가장 큰 실리를 보장하는 것을 기본으로 쥐고 경제관리에
서 나서는 모든 문제를 풀어 나가야 합니다. 무엇보다도 국가의 계획적 경제관리원
칙(사회(집단)주의원칙)을 확고히 견지하고 옳게 구현하여야 합니다." 김정일의 2001
년 10월 3일 담화의 일부분 임수호의 책(『시장과 계획과 시장의 공존』)의 부록1(250
쪽)에서 재인용.

위의 김정일 담화 내용에서 알 수 있듯이 김정은이 "주체사상을 구현한 우리식의 경제관리방법은 생산수단에 대한 사회주의적 소유를 확고히 고수하면서 국가의 통일적 지도밑에 모든 기업체들이 경영활동을 독자적으로, 창발적으로 해나감으로써 생산자대중이 생산과 관리에서 주인으로서의 책임과 역할을 다하도록 하는 사회주의기업관리방법으로 되여야 할 것"이라고 한 부분은 김정일이 이미 12년 전에 강조하였던 것과 같은 것이다. 따라서 김정은은 새로운 경제관리체계를 만들라고 주문한 것이 아니라 김정일이 이미 제시한 경제건설 노선과 그 관철을 위해 밝혀준 경제관리 체계를 (산업 대부분의 부문에서 생산의 정상화가 이루지지 못해 긴 시간 동안 미루어 졌다[35])가 경제 수준이 고난의 행군 이전의 것을 회복하고 자력갱생능력 또한 제고되면서) 현 실정에 맞게 다듬어서 제도화하여 실행하려는 것이었다.[36]

2. '사회주의기업책임관리제'의 주요 특징

김정은이 말한 '사회주의기업관리방법'은 약 1년 후 김정은이 2014년

---

[34] 김정일, "모든 사업을 창조적으로 하는것은 시대와 혁명발전의 절실한 요구이다: 조선로동당 중앙위원회 책임일군들과 한 담화(주체95(2006)년 2월 17일, 19일)", 『김정일선집 22(증보판)』 (평양: 조선로동당출판사, 2013), 394쪽.

[35] 바로 이런 이유 때문에 김정은의 2014년 5월 30일 당중앙위원회 책임일군들에게 한 담화는 공개되지 않는 것으로 추론된다.

[36] '사회주의기업책임관리제'가 김정은의 2014년 5월 30일 담화 이후 제도화된 것은 다음 리창하의 글에서 확인된다. "사회주의기업책임관리제는 기업체들이 생산과 기업 경영전반에 대한 결정권, 집행권, 통제권을 행사하도록 법률적으로 제도화함으로써 자체의 과학적인 기업전략, 경영전략에 따라 기업활동을 주동적으로, 창발적으로 해나갈수 있는 사회경제적환경과 조건을 원만히 보장한다." (리창하, "사회주의기업책임관리제는 우리 식의 독특한 기업관리방법", 『김일성종합대학학보: 철학, 경제』 주체107(2018)년 제60권 2호, 63쪽).

5월 30일 당중앙위원회 책임일군들에게 한 담화에서 '사회주의기업책임관리제'로 명명 지어진다. 김정은이 2014년 5월 30일에 한 담화는 공개되지 않고 있다. 그러나 그것을 해설한 다수의 논문들이 존재하여 이들을 통해 '사회주의기업책임관리제'의 주요 내용을 가늠해 볼 수 있다.

김일성종합대학의 교수인 김영흥은 그의 글, "사회주의기업책임관리제'를 바로 실시하는데서 나서는 중요한 문제"[37]에서 "사회주의기업책임관리제'는 다른 나라의 것을 모방한 것도 아니며 다른 나라들에서 해본 경험에 기초하여 실시하는 경제관리방법도 아닌 명실 공히 조선의 실정에 맞게 독창적으로 창조한 조선식의 경제관리방법"이라고 하였다. 또한 이것은 김정은 시대에 하늘에서 뚝 떨어진 것이 아닌 김일성과 김정일의 시대에 이미 나와 있는 사회주의경제관리의 기본원리와 생산과 관리에서 책임제를 강화할 데 대한 사상을 현실발전의 요구에 맞게 기업관리실천에 구현한 과학적인 기업관리방법이라고 서술하고 있다.

김영흥은 이처럼 그의 글 서두에서 '사회주의기업책임관리제'가 김일성 그리고 김정일 시대에 만들어진 경제관리방식의 연장선상에 있음을 분명히 하여 기존의 경제관리방식의 일부 내용이 현 실정에 맞게 조정되었지만 그 기본적인 골격은 유지하고 있음을 강조하였다. 즉 '사회주의기업책임관리제'는 체제전환 또는 이행으로 인해 기존의 경제관리방식을 버리고 완전히 다른 체제의 경제관리방법으로 바뀐 것이 아니라 기존 경제관리방식의 기본 틀은 유지하지만 변화된 현실에 맞게 내용의 일부가 조정, 조율된 것이라는 것이다. 그렇다면 '사회주의기업책임관리제'에서 유지되고 있는 이전 경제관리방식의 기본 틀은 무엇이고 또 어떤 부분이 현실조건에

---

[37] 김영흥(김일성종합대학 경제학부), "사회주의기업책임관리제를 바로 실시하는데서 나서는 중요한 문제" 2016년 11월 4일: http://www.ryongnamsan.edu.kp/univ/success/social/part/814 (접속: 2017년 1월 25일).

맞게 조정, 조율된 것일까?

　김영흥은 당의 경제건설노선과 경제정책에 기초하여 기업체의 경영전략수립에서 사회주의원칙을 철저히 구현하기 위한 필수적 요구이라면서 '기업체지표'도 당의 경제정책과 방향의 테두리 안에서 세워져야 하는 점을 강조하였다. 결국 기업체도 당의 지도를 받아야 한다는 것인데 이것은 공장과 기업소 그리고 협동단체들의 당위원회가 해체되지 않고 여전히 기업체에 존속되어 역할을 한다는 것을 의미한다.[38] 다시 말하여 '사회주의기업책임관리제'하의 기업체들도 '대안의 사업체계'를 기본으로 운영된다는 것이며 이런 의미에서 '사회주의책임관리제'는 김정일뿐만 아니라 김일성이 제시한 사회주의경제관리의 기본원리에 기반을 두고 현 실정에 맞게 조정, 조율되어 나왔다는 앞의 주장을 뒷받침해 준다.

　기업체에서 당위원회는 여전히 존재하며 당의 노선과 정책을 기업체에서 관철되도록 기업체를 지도하며 기업체에서 당의 정책이 반영된 '중앙지표'가 우선적으로 수행하도록 지도, 관리하는 역할과 임무를 맡고 있다.[39] 또한 기업체에서 식량과 부식물에 대한 보조뿐 아니라 강성원, 합숙,

---

[38] 김일성종합대학의 차영수는 "우리 식의 경제관리방법을 확립하는 사업은 본질에 있어서 위대한 수령님과 장군님께서 밝혀주신 경제관리의 원리와 방법을 오늘의 현실에 맞게 구현하고 계승발전시켜나가는 사업이"라면서 "우리 식의 경제관리방법을 확립하는데서 중요한 것은 위대한 수령님께서 창조하시고 위대한 장군님께서 심화발전시키신 대안의 사업체계의 요구를 철저히 지키는 것"임을 강조하였다.
　이어 그는 "대안의 사업체계가 경제관리에서 사회주의원칙을 구현할 수 있게 하는 가장 우월한 경제관리체계로 되는 것은 무엇보다 먼저 그것이 당위원회의 집체적지도밑에 경영활동을 벌려나가는 경제관리체계이기 때문"이라면서 "오늘 우리 나라에서 경제사업에 대한 당과 수령의 령도는 당위원회의 집체적지도를 통하여 가장 훌륭히 실현되고 있다"고 하여 '사회주의기업책임관리제'하의 기업체들에도 당위원회가 존재함을 확인할 수 있다 (차영수, "대안의 사업체계는 경제관리에서 사회주의원칙을 구현할수 있게 하는 가장 우월한 경제관리체계", (『김일성종합대학학보: 철학, 경제』 주체103(2014)년 제60권 4호, 63쪽).

탁아소, 유치원 등의 설립 및 관리와 같은 근로자들의 종합적인 복지를 담보하는 후방공급사업을 관장하는 임무와 역할을 맡고 있는 것이다.

기업체의 상대적 독자성과 권한은 이전에 비해 훨씬 높아지고 확대되었지만 기업체는 기업체 내의 당위원회의 지도와 관리를 여전히 받게 되는 것이다. 기업체에 대한 중앙의 물질적이고 금전적인 지원, 즉 재정적 지원이 줄어들면서 기업체 경영에 대한 기업체의 자율성이 높아진 반면, 기업체는 기업체내에 조직되어 있는 당위원회의 지도와 관리를 여전히 받기 때문에 기업체들은 각자 자신의 영리적 목적만을 추구할 수 없고 여전히 집단주의(사회주의)틀에서 운영되는 것이다. 이런 측면에서 '사회주의기업책임관리책임제'는 "다른 나라의 것을 모방한 것도 아니며 다른 나라들에서 해본 경험에 기초하여 실시하는 경제관리 방법이 아닌 조선식의 독특한 경제관리 방법"이라고 할 수 있다.

김영흥은 기업체들에 실제적인 경영권을 준다고 하여 생산수단에 대한 소유권과 경영권이 나눠지는 것으로 생각하여서는 안 되며 '사회주의기업관리책임제'는 철저히 당과 국가의 통일적인 지도 밑에 진행되는 조선식의 경제관리방법이라는 점을 강조하면서 공장, 기업소, 협동단체들이 기업활동을 주동적이고 창발적으로 하여 생산을 정상화하고 확대, 발전시켜 나가는 것을 '사회주의기업책임관리제' 실시의 가장 중요한 목적으로 꼽았다. 기업체들이 "기업 활동을 주동적이고 창발적으로 하여 생산을 정상화하고 확대 발전시켜 나가는 것"은 구체적으로 다음 두 가지 내용을 담고 있다.

---

39) 이 점은 다음 리명민의 글에서 확인할 수 있다. "공장, 기업소, 협동단체들에서 사회주의기업책임관리제를 바로 실시하여야 한다…(중략)…경제사업에 대한 당의 령도를 보장하며 정치사업을 확고히 앞세워나가는것은 우리식 경제관리방법의 중요한 내용을 이룬다." (리영민, "우리 식 경제관리방법을 확립하는것은 경제강국건설의 중요한 요구", 『근로자』 주체103(2014)년 제9호, 41쪽).

그 하나는 '사회주의기업책임관리제'하의 모든 기업체가 자체로 세운 경영전략에 기초하여 다른 기업체들과 계약과 주문계약을 맺고 생산에 필요한 원료, 자재, 설비들을 구입하여 생산을 활성화하고 확대재생산을 할 수 있게 된 것이다. 이것은 '사회주의기업책임관리제'가 도입됨으로서 조선에서 대부분의 자원배분이 이제 공식적으로 시장을 통해 이루어지게 된 것을 의미한다.[40] 다른 하나는 기업체가 가능한 범위에서 대외경제활동을 능동적으로 벌여 기업체에서 필요한 원료, 자재, 설비들을 자체로 해결할 수 있게 되었다. 가능한 범위[41]라고 선을 긋고 있긴 하지만, '사회주의기업책임관리제'에서는 일반 기업체들에게도 자체적으로 다른 나라의 기업들과 무역을 할 수 있는 권한이 부여된 것이다. 무역의 권한이 일반 공장, 기업소 그리고 협동단체로까지 확대된 것이다.

[40] 2017년 경제연구 제1호에 실린 김경옥의 다음 글은 이것을 뒷받침해 준다. "기업체들이 확대된 계획권과 생산조직권을 옳게 행사한다는 것은 기업체들의 생산경영활동에서 국가의 중앙지표의 계획수행과 주문계약에 의한 기업소지표계획화를 옳게 결합시키고 합리적인 생산조직방법을 받아들여 사회적수요가 높은 제품생산을 계획적으로 늘여나간다는 것을 의미한다. 주문계약은 특히 수요와 공급간의 균형을 보장하는 원칙에서 기업체들로 하여금 협동생산조직, 전문화생산조직, 결합생산조직, 대규모생산조직을 비롯한 여러가지 생산조직형태와 앞선 생산조직방법들을 주동적으로 받아들이도록 하여 기업체들의 생산기술적특성과 생산조직권행사의 요구에 맞게 계획적생산을 끊임없이 늘여나갈 수 있게 한다." (김경옥, "사회주의기업체들의 확대된 계획권과 생산조직권행사의 중요요구", 『경제연구』, 주체108(2017)년, 제1호 14쪽).
위에서 중요한 부분은 바로 '주문계약이 특히 수요와 공급 간의 균형을 보장하는 원칙'이라고 한 부분인데 수요와 공급 간의 균형을 보장하는 것은 정부의 개입이 없는 시장에서만 가능하기 때문에 결국 '중앙지표'의 일부 계획수행에 필요한 자재 수·공급을 제외한 모든 자원배분은 시장을 통해 한다는 것이다.

[41] 가능한 범위는 정확히 명시되어 있지 않지만, 아마도 대외경제성에 사전에 심의와 승인을 받는 것을 전제로 한 것으로 추정된다. 조선은 2014년 4월에 열린 최고인민위원회 제13기 제1차 전원회의에서 내각의 무역성과 합영투자위원회 그리고 국가경제개발위원회를 '대외경제성'으로 통합하는 결정을 내렸다. 대외무역업무와 감독이 대외경제성으로 통합되면서 기업소들에 대한 무역 승인과 절차 또한 간소해지고 간편해 졌을 것이다.

위에서 설명된 '사회주의기업책임관리제'하의 기업체는 자본주의시장 경제체제하의 일반기업과 비교하여 크게 다르지 않다. 따라서 김영흥이 "사회주의기업관리책임제는 철저히 당과 국가의 통일적인 지도 밑에 진행되는 조선식의 경제관리방법이라 한 것"이라고 한 부분과는 모순이 되는 것처럼 보인다. 그러나 당과 국가의 통일적인 지도는 공장, 기업소, 협동단체들이 계획지표 중에서도 국가경제발전전략이 반영된 '중앙지표'를 우선적으로 수행한 이후 기업체 자체적으로 세운 '기업체지표'를 수행하도록 하여 보장하였다. 즉 모든 기업체는 자신들이 자체적으로 세운 '기업체지표'를 수행하기 전에 먼저 국가에서 하달 받은 '중앙지표'를 수행하여야 한다는 것이다.

사회주의기업책임관리제에서 '기업'앞에 '사회주의'가 붙은 것이 바로 이런 연유(緣由)이다. '사회주의기업책임관리제'에서 기업들은 이전 경제운영체계에서보다 기업 활동을 더 주동적이며 창발적으로 할 수 있는 자율성을 얻었지만, 이 자율성은 당과 국가의 경제건설 전략을 반영한 '중앙지표'가 먼저 수행되어야만 행사될 수 있는 것이다. 이런 의미에서 '사회주의기업책임관리제'가 "철저히 당과 국가의 통일적 지도 밑에서 진행된"다는 것이다. 여기까지 '사회주의기업책임관리제'는 김정일이 2001년 10.3담화에서 제시한 선군시대의 경제건설노선과 그 관철을 위해 밝힌 방향과 방식과 비교하여 크게 다르지 않다.

한 가지 다른 점은 김정일이 제시한 새로운 경제운영체계에서는 자재공급사업이 계획을 기본으로 하고 보충적으로 사회주의물자교류 시장이 조직되어 운영되지만, 사회주의기업책임관리제에서는 국가적으로 전략적 의의를 갖는 지표, 즉 '중요지표'[42]를 수행하기 위해 필요한 자재 수, 공급 이

---

[42] '중요지표'는 '중앙지표'에서 따라 떨어져 나와 독립적인 지표가 아니라 중앙지표에 포함되어 있는 것 중 국가적 차원에서 전략적 의의를 갖는 부문들의 연간 계획생산 목표이다.

외에 모든 자원배분을 주문과 계약을 통해, 즉 시장을 통해 하기 때문에 시장이 자재 수, 공급과 같은 자원배분(resource allocation)에서 보조적인 역할이 아니라 주도적인 역할을 할 수밖에 없다는 것이다.

전체 지표에서 '중요지표'가 차지하는 비중에 따라 (사회주의물자교류)시장이 자원배분에서 (그 역할이) 보조적인지 아니면 주도적인지가 결정되는데 '조선중앙년감', '로동신문', '경제연구' 또는 '김일성종합대학학보(철학, 경제)'와 같은 조선의 자료와 문헌들에서 전체 지표에서 '중요지표'의 비중이 얼마나 되는지에 대한 기록은 찾아보기 어렵다. 이것은 기업체마다 다른 비중이 적용되기 때문일 것으로 추론되는데 '김일성종합대학학보(철학, 경제)'에 실린 '사회주의기업책임관리제'를 또 다른 측면에서 설명하고 있는 조길현의 글은 전반적으로 전체 지표에서 '중요지표'가 차지하는 비중이 높지 않다는 것을 암시하고 있다.

그는 "기업체들의 책임성과 창발성을 높일 수 있게 계획지표를 합리적으로 분담하는데서 중요한 것은 중앙과 지방, 웃기관과 아랫단위 사이에 그것을 합리적으로 분담하는 것"이라면서 다음과 같이 기술하고 있다.

> 계획경제라고 하여 모든 부문, 모든 단위들의 생산경영활동을 세부에 이르기까지 다 중앙에서 계획화하여야 한다는 법은 없다. 경제건설에서 전략적의의를 가지는 지표들과 국가적으로 반드시 틀어쥐고 해결 하여야 할 중요지표들을 맡아 계획화하는 경우 국가적으로 보장할 수 있는 설비, 자재의 범위안에서 해당지표를 맡아 계획화 할 수 있게 지표분담을 하여 생산과 소비, 수요와 공급이 정확히 맞물려진 현실적인 계획이 되도록 하여야 한다.[43]

43) 조길현, "기업체들의 책임성과 창발성을 높일수 있게 인민경제계획사업을 개선하기 위한 방도"(『김일성종합대학학보: 철학, 경제』 주체103(2014)년 제60권 2호, 82쪽).

위에서 볼 수 있듯이 '중요지표'는 경제건설에서 전략적 의의를 가지는 지표들과 국가적으로 반드시 틀어쥐고 해결하여야 할 것들[44]로 한정하고 있다. 또한 이러한 지표들을 기업체에게 하달하고 수행할 것을 요구할 경우 국가는 필요한 설비와 자재를 기업체에 공급·보장해 주어야 한다는 것이다. '중요지표'를 늘리면 늘릴수록 국가의 부담은 늘어나며 이것은 사회주의기업책임관리제가 "모든 기업체들이 경영활동을 독자적으로, 창발적으로 해나감으로써 생산자대중이 생산과 관리에서 주인으로서의 책임과 역할을 다하도록 하는 사회주의기업관리방법으로 되여야 한다"는 김정은의 교시에도 어긋난다. 따라서 전체 지표에서 '중요지표'가 차지하는 비중은 크지 않을 것이며 이를 바탕으로 '사회주의기업책임관리제'하의 시장이 자원배분에서 주도적인 역할을 맡고 있을 것으로 추론된다.

두광익은 '김일성종합대학학보'에 실린 자신의 논문에서 "사회주의기업책임관리제의 요구에 맞게 기업체들이 기업활동을 주동적으로, 창발적으로 진행하는데서 중요한것은 국가에서 부여한 가격제정권을 원활하게 활용하는것"이라고 하였다.[45] '가격제정권'이란 기업체들이 국가가 정한 원칙과 방법에 따라 가격을 정하게 된 지표들에 대하여 자체로 또는 수요

---

[44] 그렇다면 중요지표들의 계획화에는 어떤 부문들이 포함되고 있는 것일까? '경제연구'에 게재된 김성일의 논문에서 그 실마리를 찾을 수 있다. 이에 대해 김성일은 자신의 논문에서 다음과 같이 썼다.
"인민경제계획화에서 국가는 인민경제선행부문과 기초공업부문, 첨단기술산업, 국방공업과 같은 조국보위와 경제건설, 인민생활향상에서 관건적의의를 가지는 중요한 부문과 대상 경제지표들을 직접 틀어쥐고 현단계에서는 어떻게 하고 전망적으로는 어떻게 하겠는가 하는 전략을 세우고 투자를 집중하여 해결하는 방식으로 경제를 지도관리함으로써 경제발전의 속도와 균형을 합리적으로 조종할 수 있게 한다." (김성일, "경제발전의 속도와 균형조종에서 계획공간의 합리적리용", 『경제연구』 주체106(2017)년 1호, 34쪽).

[45] 두광익, "기업체들에서의 가격제정방법", (『김일성종합대학학보: 철학, 경제』 주체103(2014)년 제60권 4호, 63쪽.

자와 합의하여 정한 다음 해당 국가가격 기관에 등록하고 적용할 수 있는 권한을 말한다.

그런데 위에서 두광익이 지적하였듯이 '사회주의기업책임관리제'에서 기업체들이 자신들의 기업 활동을 보다 자율적으로(주도적으로 창조적으로) 진행하기 위해서는 기업체들이 부여받은 '가격제정권'을 최대한 사용하여야(원활하게 활용하여야) 하는데 이것은 기업체들이 국가가 정해 준 가격으로 기업 활동을 하는 '중요지표'를 수행할 때보다는 기업체 간의 협의와 계약으로 기업 활동을 진행할 때 실현된다. 이렇듯 '가격제정권'이 기업체들에게 부여되었다는 사실은 전체 지표에서 '중요지표'가 차지하는 비중이 크지 않다는 추론을 또 다른 측면에서 뒷받침해 준다.

김경옥의 사회주의기업체의 확대된 '계획권'과 '생산조직권'에 관한 다음의 글도 위의 추론을 뒷받침해 준다.

> 기업체들이 확대된 계획권과 생산조직권을 옳게 행사한다는 것은 기업체들의 생산경영활동에서 국가의 중앙지표의 계획수행과 주문계약에 의한 기업소지표계획화를 옳게 결합시키고 합리적인 생산조직방법을 받아들여 사회적수요가 높은 제품생산을 계획적으로 늘여나간다는 것을 의미한다. 기업소지표와 국가로부터 받은 중앙지표에 대한 계획을 주문계약의 방법으로 자체로 세워 수행하며 생산능력상 여유가 있을 때에는 국가가 시달한 지표에 대한 계획을 수행하는 조건에서 더 생산할 수 있거나 수요가 있는 지표들을 기업소지표로 하여 주문과 계약에 따라 생산하는 것이다.[46]

국가적으로 전략적 의의를 갖는 '중요지표'는 '중앙지표'에 포함되어

---

[46] 김경옥, "사회주의기업체들의 확대된 계획권과 생산조직권행사의 중요요구", 『경제연구』 주체106(2017)년 1호, 12~13쪽.

있다. 따라서 김경옥 위의 글은 기업체는 '중앙지표'에 포함된 '중요지표'를 제외한 지표와 '기업체지표' 모두 주문계약, 즉 시장을 통해서 수행되어야 한다는 것으로 해석되어야 한다. '중앙지표'와 '기업체지표'가 전체 지표에서 차지하는 비중도 조선의 공식 문헌과 자료들에 나와 있지 않다. 그러나 기업체의 자율성이 이전 경제운영체계보다 훨씬 더 강조된 것이 '사회주의 기업책임관리제'임을 고려할 때 기업체의 자율성을 바탕으로 하는 '기업체지표'는 '중앙지표'에 비해 결코 작지 않을 것이다. 따라서 '중앙지표'에서 '중요지표'가 차지하는 비중이 과반을 넘는다고 하여도 '중요지표'가 차지하는 비중은 전체 지표에서 절반이 되지 못하므로 전체 지표를 수행하면서 자원배분의 큰 부분(절반이 넘는 부분)은 시장을 통해 한다고 할 수 있다.

여기서 조길현의 앞의 글을 다시 한 번 살펴보자. 조길현의 앞의 글은 다음 김정일이 2001년 10.3담화에서 말하였던 내용과 거의 같다.

> 계획경제라고 하여 모든 부문, 모든 단위의 생산경영활동을 세부에 이르기까지 다 중앙에서 계획하여야 한다는 법은 없습니다. 당에서 이미 방침을 준 대로 국가계획위원회는 경제건설에서 전략적 의의를 가지는 지표들만을 담당하고, 그 밖에 소소한 지표달과 세부규격 지표들은 해당기관, 기업소들에서 계획화하도록 하여야 합니다… (중략)…국가계획위원회에서는 도별로 공업총생산액, 기본건설 투자액과 같은 종합지표와 필요에 따라 몇 가지 중요지표나 찍어주고 국가적으로 보장할 수 있는 설비자재를 계획화해주며 계획이 시, 군별, 기업소별 분활과 전개된 세부지표들의 계획화하는 도와 시, 군들에서 자체 실정에 맞게 하도록 하는 것이 좋을 것 같습니다.[47]

47) 김정일의 2001년 10월 3일 담화의 일부분 임수호의 책 (『시장과 계획과 시장의 공존』)의 부록1(252쪽)에서 재인용.

이것 역시 '사회주의기업책임관리제'의 기본적인 골격은 이미 2001년 김정일의 10.3담화에서 나왔으나 산업 전반으로 생산의 정상화가 이루어지지 않았기 때문에 실천에 옮겨지지 않다가 2011년을 기점으로 생산의 정상화에 대한 준비가 국가적 차원에서 전략적 의의를 갖는 부문들뿐만 아니라 산업 전(全) 분야에서 갖출 수 있게 되어, 마침내 '변화된 현실과 현실발전의 요구'에 맞게 경제운영관리도 김정일의 교시대로 바뀔 수 있었다는 앞의 추론을 뒷받침해 준다.

김일성종합대학의 강성남의 글, "위대한 령도자 김정일동지께서 사회주의경제관리의 개선완성에 쌓아올리신 불멸의 업적"은 이 점을 더욱 확실히 해 주는데 그는 '사회주의기업책임관리제'를 설명하면서 다음과 같이 김정일이 10.3담화에서 내린 교시를 거의 토시하나 틀리지 않고 그대로 쓰고 있다.

> 국가계획위원회는 경제건설에서 전략적의의를 가지는 지표들, 국가적으로 반드시 틀어쥐고 해결하여야 할 중요지표들을 계획화하고 그밖의 소소한 지표들과 세부지표들은 해당 기관, 기업소들에서 계획화하도록 하여야 한다. 그리고 년, 분기계획을 월별로 분할하는 것도 성, 중앙기관이나 도에 맡기는 것이 합리적이며 지방공업을 비롯한 지방경제부문에 대하여서는 국가계획위원회에서 도별로 공업총생산액, 기본건설투자액과 같은 종합지표와 필요에 따라 몇가지 주요지표나 찍어주고 국가적으로 보장할수 있는 설비, 자재를 계획화해주며 계획의 시, 군, 기업소별분할과 세부지표들의 계획화는 도와 시, 군들에서 자체실정에 맞게 하도록 하여야 한다.[48]

위의 강성남의 글에서 재확인되듯이 국가는 기업체로 하달된 '중요지표'

---

48) 강성남, "위대한 령도자 김정일동지께서 사회주의경제관리의 개선완성에 쌓아올리신 불멸의 업적", 『김일성종합대학학보: 철학, 경제』 주체105(2016)년 제62권 1호, 152쪽.

가 원만히 수행되기 위해 기업체가 생산에 필요한 자원과 자재 그리고 설비를 책임지고 공급하여 준다. 다시 말하여 국가는 '중요지표'에 국한해서는 기업체들에게 재정(財政)을 보장하여 준다. 그러나 '중요지표'를 제외한 '중앙지표'와 기업체 자체적으로 세운 '기업체지표'를 수행하는 데 필요한 자금은 국가가 보장하여 주지 않고 기업체 스스로 해결하여야 하는 것이다.[49]

　　조선은 기업체들에게 국가의 통일적이며 계획적인 지도 아래서 기업체가 자기의 기능수행에 필요한 화폐자금을 조성하고 분배 이용하기 위한 재정활동을 조직하고 집행할 수 있는 권한인 '기업체재정관리권'이 부여하였다.[50] 기업체들은 부여받은 재정관리권을 바탕으로 기업전략, 경영전략을 실리원칙에 맞게 세워 필요한 자금을 스스로 조달할 수 있다고 한다. 보다 구체적으로, 기업체가 국가로부터 받은 현물지표별 생산계획을 초과 수행하고 생산물의 원가를 저하하는 방법으로 기업체의 순소득(영업이득)을 늘릴 수 있는데 이 순소득은 기업체 소유가 됨으로서 '기업체지표' 수행에 필요한 자금의 원천이 될 수 있다는 것이다. 또한 기업체 자체적으로 조직하고 기업체내에 존재하는 유휴자원과 노동력을 활용하는 8월 3일 인민소비품생산과 유통 그리고 판매에서 발생하는 순소득(영업이득)가운데서 분배되는 기업체의 몫을 늘려 '기업체지표'를 수행하기 위해 필요한 자금으로 활용할 수 있다는 것이다.[51]

[49] 물론 여기에도 예외가 있다. 새로 조직된 기업체들과 중요대상 기업체들에서 이런 기업체들이 스스로 유동동자금을 조성하고 이용할 수 있는 조건이 마련되어 있지 않기 때문 중앙지표뿐아니라 기업체지표를 수행하면서 필요한 유동자금은 국가가 책임지고 보장 공급해 준다.(김철수 (박사, 부교수) "사회주의기업체들에서 류동자금 보장조직의 중요요구," 『김일성종합대학학보: 철학, 경제』 주체105(2016)년 제62권 3호, 50쪽.

[50] 림태성 (부교수), "사회주의기업체의 제정관리권", 『경제연구』 주체105(2016)년 1호, 41쪽. 사회주의기업체의 '재정관리권'은 기업체의 재정관리내용에 따라 재정계획의 작성 및 집행권, 경영자금의 조성 및 이용권, 노동보수자금의 조성 및 지불권, 경영수입의 조성 및 분배권, 국가예산납부의무집행권 등으로 구분된다.

그러나 기업체가 '중요지표'를 제외한 '중앙지표'와 '기업체지표' 수행에 필요한 자금을 스스로 조달하여야 한다는 사실을 고려하고 '중요지표'를 제외한 '중앙지표'와 '기업체지표'가 전체 지표에서 절반 이상을 차지한다는 추론이 조선현실에 부합되는 것이라면 기업체가 절약과 증산 등의 기업체의 자구의 노력으로 순소득을 늘리거나 8월3일인민소비품과 같은 기업체에 여유로 존재하는 자원과 노동력을 이용해서 기업체의 소득을 높이는 것만으로 기업체가 할당받은 그리고 스스로 세운 지표들을 수행하기 위하여 필요한 자금을 충당하기는 어렵다. 그렇다면 기업체가 국가로부터 할당받고 자체로 세운 지표들을 수행하기 위하여 필요한 자금은 어떻게 조성할까?

3. 상업은행화와 '사회주의기업책임관리제'

조선에서 이 문제를 다룬 글들52)은 위에서 언급된 방법들 이외에 은행

---

51) 김철수의 앞의 논문 50쪽.

52) 여기에는 다음과 같은 글들이 있다. 김철수 (박사, 부교수), "사회주의기업체들에서 류동자금 보장조직의 중요요구", 『경제연구』 주체105(2016)년 3호; 정련, "현시기 상업기업소재정관리개선에서 나서는 요구", 『경제연구』 주체105(2016)년 제4호; 한은정, "현시기 사회주의사회 화폐류통의 공고화실현에서 제기되는 중요문제", 『경제연구』 주체105(2016)년 제4호; 구금혁, "현시기 은행기관들을 상업은행화하는데서 나서는 중요한 문제", 『김일성종합대학학보: 철학, 경제』 주체105(2016)년 제62권 4호; 장경식, "원에 의한 통제는 사회주의은행의 중요한 기능", 『김일성종합대학학보: 철학, 경제』 주체106(2017)년 제63권 2호; 홍증범, "사회주의상업은해에 관한 독창적인 사상리론", 『김일성종합대학학보: 철학, 경제』 주체107(2018)년 제64권 1호; 한영철, "금융기관 채산제와 그 운영에서 나서는 중요문제", 『김일성종합대학학보: 철학, 경제』 주체107(2018)년 제64권 1호; 최용남, "재정은행사업에서 전환을 일으키는것은 사회주의강국건설의 중요요구", 『김일성종합대학학보: 철학, 경제』 주체107(2018)년 제64권 2호; 김철수 (박사, 부교수), "현시기 사회주의기업책임관리제가 실지 은을 내도록 하기 위한 재정적방도", 『경제연구』 주체107(2018)년 4호.

을 통한 대출을 방법으로 제시하고 하고 있다. 이 중 고금혁은 기업체가 기업 활동에 필요한 자금을 은행으로부터 대출을 받아 충당하는 것이 사회주의강성국가건설에서 요구되는 사항이라고 다음과 같이 피력하고 있다.

> 사회주의강국건설을 힘있게 다그쳐나가는데서 은행기관들의 역할을 높이는 것은 매우 중요한 문제로 나선다. 그것은 사회주의사회에서 은행기관들이 기업체들의 경영활동에 필요한 자금을 원만히 보장해주는 동시에 자금리용에 대한 통제를 통하여 기업체들의 경영활동에서 실리를 보장하는 역할을 수행하기 때문이다. 특히 발전하는 현실적요구에 맞게 은행기관들을 상업은행화 하여 그 역할을 높이는 것은 날을 따라 늘어나는 자금적수요를 내부예비를 적극 탐구동원 하는 방법으로 해결하도록 하는데서 중요한 의의를 가진다.[53]

이어 그는 기관, 기업소들에 필요한 자금을 원만히 보장하고 그에 대한 재정적 통제를 올바로 진행해 나가자면 '금융기관채산제' 운영을 짜고들어야 하고 '금융기관채산제'를 바로 운영하려면 은행기관들을 '상업은행화' 하여야 한다며 '금융기관채산제'와 '상업은행화'라는 새로운 개념을 거론하였다. 두 가지로 표현되지만 각기 다른 개념을 포함하고 있는 것은 아니다. '금융기관채산제'는 상업은행들이 금융 업무를 통해 수입으로 지출을 보상하고 국가에 이익을 주는 경영활동방식이라고 하며 이러한 '금융기관채산제'를 바로 운영되려면 은행기관들이 '상업은행화' 되어야 한다는 것이다. 다시 말하여 은행기관들에도 독립채산제가 적용된 것이며 독립채산제의 적용을 받은 은행기관들은 저금과 대출 등의 금융 업무를 통해 수입을얻고 이 수입으로 자신들의 지출을 보상하며[54] '사회주의기업책임관리제'

---

53) 구금혁, "현시기 은행기관들을 상업은행화하는데서 나서는 중요한 문제", 『김일성종합대학학보: 철학, 경제』 주체105(2016)년 제62권 4호, 130쪽.

하의 모든 기업체와 같이 영업에서 이익이 발생하면 일정 부분을 국가에 돌려야 한다는 것이다.

이렇게 '상업화'된 은행기관들은 자신들의 지출을 스스로 충당하여야 하기 때문에 대출을 요청한 기업체들의 상환능력을 꼼꼼히 따져 심사를 한 이후에 대출 여부를 결정하게 된다. 따라서 상환능력을 갖춘 것으로 검증된 기업체들만이 대출을 받을 수 있게 되어, 기업체들이 대출을 받기 위해 자신들의 경쟁력을 스스로 키우기 때문에 기업체의 경쟁력을 높이는 효과도 있다고 한다.[55] 또한 제도적으로 조선에서의 "모든 화폐거래는 은행을 통하여 이루어지게 되어 있어 은행은 화폐거래과정을 통하여 기업체들의 경영활동을 일상적으로 장악, 통제할 수 있는 유리한 조건을 가지고 있어 경제 모든 부문의 기관, 기업체들의 생산경영활동에 대하여 전면적이며 정상적인 '원에 의한 통제'를 할 수 있게 되었다"고 한다.[56]

위에서 "인민경제 모든 부문의 기관, 기업체들의 생산경영활동에 대하여 전면적이며 정상적인 원에 의한 통제를 할 수 있게 되었다"는 것이 의미하는 바는 매우 크다. '원에 의한 통제'란 재정지출 또는 은행대출을 통해 기관과 기업소들의 생산과 유통을 통제하는 것을 말한다. 그러나 '사회주의기업책임관리제'가 전면전으로 실시되기 이전 기관과 기업소들의 생산과 유통은 계획을 바탕으로 이루어졌기 때문에 은행대출을 통한 '원에 의한 통제'는 계획에 차질이 생겼을 때와 같은 특별한 경우에만 활용되었으며 대부분의 '원에 의한 통제'는 재정지출을 통해 이루어졌다.

---

[54] 바로 이런 의미에서 은행기관들이 '상업은행화'된다는 것이다.

[55] 리상국 (부교수), "재정규률과 통제를 강화랄데 대한 우리 당의 리론은 재정은행사업의 영원한 지도적지침", 『경제연구』 주체106(2017)년 1호, 46쪽.

[56] 장경식, "원에 의한 통제는 사회주의은행의 중요한 기능", 『김일성종합대학학보: 철학, 경제』 주체106(2017)년 제63권 2호, 62쪽.

경제건설을 계획을 통해 하게 되면 피하기 어려운 고질적인 문제들 중 하나가 바로 국가계획기관들의 주관주의와 관료주의가 생산자들의 기관본위주의 또는 지방주의와 충돌하여 계획화사업이 진퇴양난에 빠지는 것이었다. 조선은 '대안의 사업체계'를 통해 이 문제를 해결하려 하였다. 그러나 한편에서 국가는 계획의 목표를 될 수 있으면 더 높게 설정하려 하고, 또 다른 한편에서 공장과 기업소들은 자신들의 실제 생산능력을 감추고 낮게 보고하여 자신들에게 하달되는 생산 목표를 적게 받고 생산에 필요한 자재는 더 많이 받으려고 하였다. 그리고 이러한 관료주의와 기관본위주의는 경제건설이 계획이라는 범주에서 진행되고 조선의 모든 사람들이 사상적으로 공산주의적 인간으로 개조되지 않는 한 해결하기 어려운 난제였다.

'사회주의기업책임관리제'가 제도화되고 나라의 경제건설 대부분이 시장이라는 범주에서 진행되면서 인민(민간)경제 모든 부분의 기관, 기업체들의 대한 '원에 의한 통제'는 은행대출을 통해 하게 된 것이며 이를 장경식은 "전면적이며 정상적인 원에 의한 통제를 할 수 있게 되었다"고 한 것이다. 다시 말하여 "인민경제 모든 부분의 기관. 기업체들의 생산과 경영활동에 대한 전면적이며 정상적인 원에 의한 통제"란 '사회주의기업책임관리제하'의 모든 기관과 기업체들은 자신들의 생산과 경영에서 필요한 자금의 많은 부분을 이제 국가재정이 아닌 은행에서 대출을 받아 해결하여야 하고 이것이 '정상적인' 즉, ('사회주의기업책임관리제'가 성립되기 전까지 국가기관의 주관주의와 생산자들의 본위주의가 충돌하여 늘 문제가 야기되었던 것을 원초부터 방지할 수 있는) 합리적인 것이라는 것이다. 장경식의 이와 같은 주장은 '사회주의기업책임관리제'가 제도로서 성립된 이후 조선에서 자원배분의 주도적인 역할은 이제 계획이 아니라 시장이 한다는 점을 더욱 명확히 해 준다.

기업체가 자신의 생산과 경영활동에 필요한 자금의 많은 부분을 은행으로부터 대출을 받아 진행한다면 은행은 기업체들에게 대출해줄 자금을 어디서 마련하는 것일까? 위에서 살펴보았듯이 은행기관들은 저금과 대출 등의 금융 업무를 통해 수입을 얻고 이 수입으로 자신들의 지출을 보상한다. 따라서 기업체들에게 대출할 수 있는 자금은 은행에 예금된 돈을 통해 마련된다. 조선에서 나온 문헌과 자료들에는 은행대출이 기업체들의 생산과 경영활동에 들어가는 자금총액에서 차지하는 비중이 나와 있지 않다. 또한 '중요지표'가 전체 지표에서 차지하는 비중이 절반이 되지 않을 것이라는 합리적인 추론을 할 수는 있어도 정확한 비중을 알 수가 없고 기업체들이 낸 영업이익의 정확히 어느 정도가 기업체들의 생산과 경영활동에 필요한 자금으로 쓰이는지도 알 수 없기 때문에 기업체들이 은행으로부터 대출받는 자금의 규모를 파악하기란 쉽지 않다.

은행대출에 관한 글을 쓴 조선의 학자들은 이구동성으로 개인의 '수중에 잠겨있는 내화와 외화로 존재하는 유휴화폐'가 상당하다[57]고 지적하며 이 '유휴화폐'를 은행으로 동원하기 위해 '주민저축사업', '보험사업' 그리고 '환자(환전)사업'을 활발하게 벌여야 한다고 강조하고 있다.[58] '상당하다'고는 하나 그 규모에 대해서는 전혀 언급되어 있지 않아 얼마만큼의 내화와 외화가 주민들의 수중에 잠겨있는지는 역시 파악하기 어렵다. 그러나 주민들의 수중에 쓰지 않고 남아 있는 화폐가 많다는 사실은 조선경제에 관해 매우 중요한 점을 시사해 주고 있다.

주민들의 "수중에 유통되지 아니하고 묵히고 있는 화폐가 많다"는 의미는 주민들이 일을 하여 벌어들인 화폐량이 자신들이 일상생활을 하면서

---

[57] 대표적으로 고금혁은 이것을 다음과 같이 말하였다. "현실에서 주민들 수중에 잠겨 있는 방대한 량의 내화 및 외화현금은 나라의 경제발전에서 무시할 수 없는 원천으로 되고 있다." (고금혁의 앞의 글, 132쪽).

[58] 홍증범, "사회주의상업은해에 관한 독창적인 사상리론", 『김일성종합대학학보: 철학, 경제』 주체107(2018)년 제64권 1호, 62~63쪽.

지출되는 화폐량보다 크다는 것이다. 이것을 두고 조선 사람들이 수입보다 지출을 적게 하는 매우 합리적인 소비자라고 볼 수도 있다. 그런데 유통되지 않고 주민들의 수중에 남아 있는 '유휴화폐'의 양이 방대하다는 것은 주민들이 합리적인 소비자이라서 만이 아니라 구입할 수 있는 소비품이 충분하지 못하기 때문일 것이다. 인민들에게 필요한 소비품이 부족하다는 것은 김정은이 2013년 3월 18일 전국경공업대회에서 한 연설에서도 확인할 수 있다. 그는 "현 시기 경공업부문에서의 중심과업은 이미 마련된 생산 잠재력을 최대한 동원하여 인민소비품생산을 획기적으로 늘리고 경공업부문의 현대화, 과학화를 힘있게 추진하여 조선의 경공업을 세계선진수준으로 올려 세우는 것"이라고 강조하면서 다음과 같이 말하였다.

> 경공업부문에서는 무엇보다도 생산을 높은 수준에서 정상화하여 갖가지 질좋은 인민소비품들을 대대적으로 생산하여야 합니다…(중략)…위대한 장군님께서는 경공업부문의 공장, 기업소들과 상업봉사기관들을 현지지도하실 때마다 시제품이나 견본품을 만들어 전시하거나 상점에 진렬하는데 그치지 말고 생산을 정상화하여 실지 인민들에게 차례지게 할데 대하여 간곡히 당부하시였습니다. 그런데 지금 경공업공장들에서는 생산을 정상화할데 대한 위대한 장군님의 유훈을 관철하지 못하고 있습니다.[59]

리순화는 『경제연구』 2013년 1호에서 생산과 소비 사이의 균형도 수요와 공급 사이의 균형과 마찬가지로 보편적인 의의를 가지는 균형이고 이러한 생산과 소비 사이의 균형이 현상 형태로 표현한 것이 수요와 공급 사이의 균형이라고 설명한 다음, 김정은이 김정일이 정식화한 수요와 공급의

[59] "경애하는 김정은동지께서 전국경공업대회에서 하신 연설", 『로동신문』 2013년 3월 19일.

적용법칙의 의의를 깊이 통찰하고 나라의 경제를 활성하고 발전시키기 위하여 수요와 공급의 균형을 잘 맞추는 것을 "현 시기 경제사업에서 나서는 근본문제의 하나로 제시함으로써 경제강국건설을 다그치기 위한 가장 정확한 길이 밝혀지게 되었다"[60]고 하였다.

리순화가 김정은이 수요와 공급에 대해 정확히 무엇을 말했는지 명확히 하고 있지 않지만 김정은의 위의 연설에서 경공업공장들에서 생산을 정상화시키지 못해 인민소비품이 부족하다고 지적한 것에서 인민소비품 공급이 인민들의 수요를 따라가지 못해 수요와 공급의 불균형이 심각한 문제가 되고 있던 당시 조선의 현실을 엿볼 수 있다. 소요와 공급의 균형을 맞추는 것은 김정은이 "현 시기 경제사업에서 나서는 근본 문제의 하나"로 제시할 정도로 중요한 문제였던 것이다.

당시 현실이 이러하였기 때문에 인민들은 자신의 번 돈의 상당 부분을 쓰지 않고 수중에 가지고 있었던 것이다. 얼마나 많은 돈이 인민들 수중에 있었는지 그리고 있는지 정확히 파악할 수는 없으나 국가예산수입총액의 연평균성장률(Compound Annual Growth Rate)을 통해 그 정도는 가늠하여 볼 수 있다. 국민총소득(Gross National Income)을 쓰지 않고 국가예산수입총액을 대용(proxy)으로 쓰는 이유는 조선이 국가경제통계에 관련하여 '조선중앙년감'을 통해 비교적 꾸준히 발표하는 것이 국가예산수입총액과 국가예산지출총액 그리고 국방비와 같은 지출내역이기 때문이다.

사회주의국가인 조선은 모든 생산재가 국가의 소유이고 국민은 일할 권리를 법으로 보장받고 있기 때문에 '사회주의기업책임관리제'가 전면적으로 실시되면서 모든 기업체(공장, 기업소, 협동단체들)의 소득을 합한 기업

---

[60] 리순화, "경제균형체계에서 수요와 공급의 균형이 차지하는 위치와 의의", 『경제연구』 주체102(2013)년 1호, 17~18쪽.

체소득총액은 국민총소득과 같거나 유사하다고 보아도 합리성의 범주에 크게 벗어나지 않는다. '번수입체계'가 2002년 도입된 이후 국가수입의 원천은 기관과 공장과 기업소들 그리고 협동단체들의 수입에서 일정 비율로 가져가는 '국가기업리익금'이다. '국가기업리익금'은 국가수입의 원천이기 때문에 '국가기업리익금총액'과 '국가예산수입총액'의 연평균성장률은 같다.

또한 어느 한 기업체소득은 '국가기업리익금', '기업체충당금' 그리고 '로동보수금'으로 나누어지기 때문에 이 기업체소득의 구성요소들의 연평균성장률은 같다. 따라서 '국가수입총액'과 '로동보수금'의 연평균성장률은 같다. 따라서 이러한 등치관계를 바탕으로 기업체소득에서 정확히 얼마의 비율로 '국가기업리익금'이 결정되어 국가예산수입총액으로 들어가는지는 모르지만 둘의 연평균성장률은 같기 때문에 바로 이 연평균성장속도를 통해 어느 정도의 화폐가 유통되지 않고 주민들 수중에 남아 축적되고 있는지 가늠해 볼 수 있다.

〈표 3-4〉를 활용하여 2000년부터 2016년까지 16년간의 국가예산수입총액의 연평균성장률(Compound Annual Growth Rate, CAGR)을 계산하여 보면 다음과 같다.

> CAGR = (FV/PV)1/n - 1; FV는 끝나는 연도의 값이며, PV는 시작하는 연도의 값이며, n은 연도수이다. 따라서 2000년부터 21016년까지 연평균성장률은 ((55,918,920,000/20,405,320,000)^(1/16) - 1) = 0.065, 6.5%

'국가수예산입총액'은 2000년부터 2016년 기간 중 연평균 6.5%로 성장하였다. 따라서 같은 기간 '로동보수금'의 연평균성장률도 6.5%이다. 기업체소득 중 근로자들의 몫인 '로동보수금'은 현금으로 받기[61] 때문에 근로자들의 현금수입 역시 이 기간 중 연 6.5%씩 증가한 것이다. 모든 근로자의 봉급(현금수입)이 연평균 6.5%씩 증가하면 그들의 구매력도 그만큼 증가한다. 근로자들은 현금수입으로 받는 생활비로 물질문화생활에 필요한 소비품을 구입하는데[62] 소비품이 충분히 공급되지 않으면 물가상승(inflation)을 야기 시킨다.[63] 그런데 물가상승을 저지하려면 소비품공급은 물가상승률보다 빠르게 증가하여야 하는데 이것은 자구적으로 (즉 수입품을 늘리지 않고) 단기간 해결하기는 매우 어려운 일이다.

소비품공급이 물가상승률보다 느리게 증가하거나 정체된다면 물가는 더욱 빠르게 상승하는 악순환에 빠지게 된다. 물가에 대한 자료는 조선의 문헌과 자료들에서 찾아보기 어려우나 2009년 11월 기존의 구권 100원을

---

[61] 이것은 김련아의 글에서 확인된다. "근로자들의 수입이 기본적으로 현금으로 이루어지는 조건에서 그 수입과 지출사이의 균형이 어떻게 보장되는가 하는데 따라 주민들의 지불능력있는 수요를 충족시킬 수도 있고 그렇지 못할 수도 있으며 이것은 결과적으로 인민생활과 화폐류통에 직접적인 영향을 미치게 된다." (김련아, "지역별, 계층별 주민의 화폐수지균형표작성를 위한 지표계산에서 나서는 문제", 『경제연구』 주체102(2013)년 3호, 26쪽).

[62] 봉향미, "생활비와 가격의 균형을 보장하는것은 로동자, 사무원들의 생활을 안정향상시키기 위한 중요담보", 『경제연구』 주체106(2017)년 1호, 35쪽.

[63] 이 문제는 특히 2002년 7월 1일 경제개선조치 이후 심각해진 것으로 보인다. 김중한은 "변화된 환경편향들을 바로 잡을 수 있도록 상품가격을 새로 재정하고 근로자들의 생활비를 늘이는 중대한 조치"(즉 7.1 경제개선조치)를 취하면서 물가상승에 대한 우려를 다음과 같이 우회적으로 표명하였다.
"경제일군들은 공장, 기업소들을 만부하로 돌려 근로자들에게 생활비를 제때에 주며 생활비가 올라 간데맞게 상품을 넉넉히 보장하기 위한 조직사업을 짜고 들어야 한다. 일군들은 비록 조건은 어렵지만 최대한으로 생산을 늘여 상품가격과 생활비를 개정한 국가적조치가 은을 내게 하여야 한다. 그래야 화폐의 구매력을 높이고 인민생활을 높이면서 화폐류통을 원활히 보장할 수 있다. 가격과 생활비가 개정된 조건에서 상품생산이 따라 서지 못하면 류통화폐량이 늘어나게 되어 재정금융공간이 재생산과 인민생활향상에서 제대로 리용될수 없게 된다." (김중한, "가격과 생활비를 개정한 국가적조치가 더 큰 은을 내게 하자", 『근로자』 주체92(2003)년 3호, 54쪽).

신권 1원으로 교환한 액면절하방식으로 화폐개혁을 실행한 점과 화폐개혁 이후에도 김정은이 소비품공급이 원활하지 않다고 지적한 점 등을 고려할 때 물가상승은 고질적인 문제가 되었다고 보는 것이 합리적이면서 현실적이다. 그렇기 때문에 현금수요는 더욱 늘어나게 되는 것이며 주민들은 필요한 소비품을 국영상점에서 살 수 없기 때문에 시장에서 구입할 때 쓰게 되는 것이다.[64]

이렇게 현금이 은행출납을 떠나 기관, 기업소를 거쳐 주민들의 수중으로, 주민들의 수중에서 다시 상업봉사기관, 기업소를 거쳐 은행으로 되돌아오는 현금유통운동[65] 과정 중에 단절이 생기면서 상당량의 현금이 주민들 수중에 잠기게 되는 것이다(이를 조선에서는 '유휴화폐'라고 한다).

[64] 조선의 대부분의 경제학자나 전문가들은 주민들 수중에 상당량의 현금이 주민들 수중에 있다고만 할뿐 이것에 대해 보다 구체적인 설명은 하지 않았다. 그러나 김순학은 김일성종합대학학보 2018년 제64권 2호에 실린 자신의 글에서 여기에 대한 추가적인 설명을 다음과 같이 하고 있다.
"중앙은행은 나라의 화폐류통상태를 구체적으로 파악할수 있는 발권계획, 현금수입 및 지출계획 등의 지표들과 함께 개별적인 기관, 기업소들과 주민들수중의 현금보유규모를 장악할수 있는 지표를 새롭게 설정하고 그를 통한 과학적인 분석을 진행하여야 한다. 여기에서 기본적인것은 개별적인 주민들의 화폐소득지표를 변화된 현실에 맞게 새롭게 설정하고 리용하는것이다. 기업소들의 류동자금규모는 은행기관이 거의나 파악하고있다고 볼수 있지만 주민들의 경우에는 사정이 다르다. 은행기관이 이전시기와 다름없이 생활비 수준에 기초한 주민들의 화폐소득의 운동을 지표로 설정리용한다면 화폐류통상태를 과학적으로 분석할수 없으며 대책도 옳바로 세울수 없게 된다. **또한 기관, 기업소들과 주민들 사이에 기본으로 되여있던 현금운동이 개별적주민들사이로 바뀌여진 조건**(필자 강조)에 맞게 그에 대한 지표들을 옳게 선정하고 리용하여야 한다." (김순학, "화폐의 안정성을 보장하는데서 나서는 중요한 문제", 『김일성종합대학학보: 철학, 경제』 주체107(2018)년 제64권 2호, 95쪽).
위에서 변화된 현실이란 바로 현금흐름(운동)이 이전에는 기관, 기업소들과 주민들 사이에서 주로 이루어졌다면 이제는 개별 주민들 사이에서 주로 이루어진다는 것이며 이것은 결국 개별주민들 사이에 소비품을 사고파고 행위가 현금흐름에서 주(主)가 되었다는 것을 의미한다.
[65] 전룡삼 (후보원사, 교수), "화폐류통의 공고화와 그 실현방도", 『경제연구』 주체106(2017)년 1호, 43쪽.

그렇다면 얼마나 많은 현금이 현금유통운동에서 누락되어 주민들의 수중에 있는 것일까?

리원경의 다음 글은 앞의 물음에 중요한 단서를 제공하고 있다. 그는 『경제연구』 2002년 3호에 게재된 그의 글에서 "주민수중의 화폐를 널리 흡수하여 그것을 기업활동용 화폐자금에 대한 추가적수요를 충족시키는데 리용하는 것은 합법칙적현상"으로 된다면서 주민들 수중에 있는 '유휴화폐'에 대한 중요한 단서를 다음과 같이 제공하고 있다.

> 급변하는 국내외정세와 관련하여 혁명의 근본요구를 구현한 선군시대가 펼쳐 지게 되었으며 인민경제계획이나 국가예산집행에서 많은 변화가 일어났다. 이러한 변화는 인민경제적 자금수요의 충족방법에서 새로운 길을 찾을 것을 요구하였다. 이 요구를 반영하여 인민경제실천에서는 국가재정자금동원을 중시하면서도 내부예비동원, 일시적유휴화폐자금동원에 각별한 주의가 돌려 지게 되었다. **그 결과 인민경제자금수요를 충족시키는데서 국가재정자금동원방법이 차지하는 비중보다 유휴화폐자금동원방법이 차지하는 비중이 상대적으로 늘어나는 경향이 생겨나고 있다.**[66](필자 강조)

리원경의 위의 글을 당시 상황과 맥락에 맞게 풀어 보면 다음과 같다. '고난의 행군'이라는 심각한 경제위기상황에서, 즉 국가의 예산수입총액이 위기 이전보다 절반 이상으로 줄어든 상황에서 재원의 부족으로 대부분의 인민경제부문에서는 계획을 제대로 세울 수 없었으며 국가예산지출은 국방과 국가적으로 전략적 의의를 갖는 부문으로 집중할 수밖에 없었다. 따라서 인민경제건설에 필요한 자금은 국가예산으로 충당하는 방법뿐 아니라 다른 방법도 모색되었는데 그것이 바로 '유휴화폐'를 은행이 흡수하여

---

[66] 리원경, "인미경제적자금수요해결의 원칙적방도", 『경제연구』 주체91(2002)년 3호, 28쪽.

인민경제건설에 필요한 자금으로 돌리는 방법이다. 이렇게 하다 보니 인민경제자금수요를 충족시키는 데서 국가의 재정자금(국가예산지출항목에서 '인민경제비')을 동원하는 비중보다 주민들의 '유휴화폐' 자금을 동원하는 비중이 상대적으로 커지고 있다.

리원경이 위의 글을 작성하였을 때가 2002년이니 위의 글은 2000년대 초반 당시의 상황을 반영한 것이며 당시부터 인민경제자금수요를 충족시키는 데서 동원된 주민들의 '유휴화폐'가 차지하는 비중이 인민경제자금수요 충족에서 국가재정에서 '인민경제비'로 충당되는 비중보다 높아가고 있다는 것이다. 이와 같은 상황은 2014년부터 전면적으로 시행된 '사회주의기업책임관리제'하에서도 큰 변화가 없는 것으로 보인다. 홍영의는 『경제연구』 2014년 3호에 게재된 그의 글에서 "경제강국건설에 필요한 방대한 자금을 제때에 원만히 보장하자면 은행의 기능에 맞게 그 역할을 높여야 한다"면서 "사회주의사회에서 은행은 단순히 신용매개, 지불중개기관이 아니면 유휴화폐자금을 최대한 동원하여 자금이 모자라는 기관, 기업소들에 보장해 주어 그들이 생산활동을 잘하도록 하는 국가기관이다"[67]라고 하여 '사회주의기업책임관리제'하에서도 주민들의 '유휴화폐'가 인민경제자금수요를 충족시키는 중요한 원천임을 확인시켜 주고 있다.

조선중앙년감에 국가지출총액과 인민경제비에 대한 액수는 표기되어 있지 않다. 그러나 2000년부터 2016년까지의 국가예산수입총액은 〈표 3-4〉에 나타나 있듯이 이미 추산되어 있으며 각 년도의 국가예산지출총액은 전년도 국가수입총액에 맞추어 계획되고 국가예산지출총액에서 인민경제비지출이 차지하는 비율도 비교적 일관성 있게 기재되어 있다. 이것을 바탕

---

[67] 홍영의 (박사, 부교수), "은행의 역할을 높이는 것은 경제강국건설에서 나서는 중요한 요구", 『경제연구』 주체103(2014)년 제3호, 39쪽.

으로 2000년부터 2016년까지의 기간 중 매년 인민경제비의 지출액과 주민 수중에 남아 있는 '유휴화폐'의 규모는 다음과 같이 추산할 수 있다.

〈표 3-5〉 국가예산지출총액, 인민경제비지출,
그리고 주민 수중의 남아 있는 '유휴화폐' 규모 (2000년~2016년)

단위: 만 원

연도	예산수입총액	예산지출총액	인민경제비	유휴화폐 규모[68]
2000	2,040,532	2,095,503[69]	840,297[70]	≧840,297
2001	2,163,994	2,167,805[71]	916,982[72]	≧916,982
2002	2,261,809	2,250,555[73]	510,876[74]	≧510,876
2003	2,373,452	2,352,281[75]	548,081[76]	≧548,081
2004	2,492,125	2,474,680[77]	1,022,043[78]	≧1,022,043
2005	2,896,407	3,023,849[79]	1,248,850[80]	≧1,248,850
2006	3,023,849	3,023,849[81]	1,233,730[82]	≧1,233,730
2007	3,208,304	3,262,845[83]	1,305,138[84]	≧1,305,138
2008	3,391,177	3,391,177[85]	1,356,471[86]	≧1,356,471
2009	3,628,559	3,621,302[87]	1,448,521[88]	≧1,448,521
2010	3,907,958	3,907,958[89]	1,469,392[90]	≧1,469,392
2011	4,180,100	4,171,740[91]	1,668,696[92]	≧1,668,696
2012	4,458,867	4,441,032[93]	1,776,413[94]	≧1,776,413
2013	4,726,399	4,689,730[95]	2,119,758[96]	≧2,119,758
2014	5,009,983	5,009,983[97]	2,339,662[98]	≧2,339,662
2015	5,260,482	5,260,482[99]	2,498,729[100]	≧2,498,729
2016	5,591,892	5,591,892[101]	2,700,884[102]	≧2,700,884

[68] 위에서 리원경이 "인민경제자금수요를 충족시키는데서 국가재정자금동원방법이 차지하는 비중보다 유휴화폐자금동원방법이 차지하는 비중이 상대적으로 늘어나는 경향이 생겨 나고 있다"라고 한 것을 바탕으로 주민들에게 남아있는 '유휴화폐'의 규모는 각 년도 인민경제비지출보다 같거나 많은 것으로 추산하였다.

[69] "국가예산지출은 계획 204억532만원에 대하여 실적 209억5,503만원으로서 102.7%로 초과집행되었다." (『조선중앙년감』 2001년, 174쪽).

[70] "공화국정부에서는 사회주의경제건설에서 결정적전진을 이룩하기 위하여 예산지출총액의 40.1%에 해당한 자금을 인민경제부문에 돌렸다." (『조선중앙년감』 2001년, 174쪽). 따라서 2000년 인민경제비지출총액은 84억297원(= 209억5,503만원 x 0.401)이 된다.

[71] "이해 국가예산지출은 계획215억7,080만원에 대하여 실적 216억7,805만4,000원으로서 100.5%로 초과집행되었다." (『조선중앙년감』 2002년, 164쪽).

72) "이해 국가예산지출총액의 42.3%의 자금을 경제건설부문에 돌림으로써 인민경제 중
요부문의 생산을 추켜 세우고 인민생활에 필요한 공장, 기업소들의 건설과 개건현
대화가 적극 추진되었다." (『조선중앙년감』 2002년, 164쪽). 그러므로 2001년 인민경
제비지출총액은 91억6,982만원(= 216억7,805만원 x 0.423)이 된다.

73) 2002년 국가지출총액도 『조선중앙년감』 2003년에 기재되어 있지 않다. 그러나 "2002년
국가예산이 성과적으로 집행되었다"고 하니 국가지출총액은 원래계획대로 집행되었
을 것이다. 2002년 국가수입의 계획이 225억555만원(= 216억3,996만원 x 1.04)이고 국가
지출계획이 99.9% 집행되었다고 가정하면 2002년 국가지출총액은 225억555만원이다.

74) "공화국정부는 경제강국건설에서 새로운 비약을 일으키기 위하여 국가예산지출총액
의 22.7%에 해당한 자금을 인민경제 여러 부문에 투자하였으며 과학기술부문에 많
은 자금을 지출하여 과학기술발전에서 적지 않은 성과를 이룩하였다." (『조선중앙년
감』 2003년, 183쪽). 따라서 2002년 인민경제비지출총액은 51억876만원(= 225억555만
원 x 0.227)이 된다.

75) 각주 73)과 같은 가정을 적용하여 계산하였다. 226억1,809만원 x 1.04 = 235억2,281만원.

76) "국가예산지출총액의 23.3%를 인민경제사업비로 돌린 결과 전력공업을 비롯한 인민
경제선행부문들이 물질기술적토대가 튼튼히 다져지고 경공업의 현대화가 적극 추
진되었다." (『조선중앙년감』 2004년, 187쪽). 따라서 54억8,081만원(= 235억2,281만원
x 0.233)이 된다.

77) "이해 국가예산지출은 99.3%로 집행되었다." (『조선중앙년감』 2005년, 185쪽). 그러므
로 2004년 국가예산지출총액은 247억4,680만원(= 249억2,125만원 x 0.993)이 된다.

78) "이해 국가예산지출총액가운데서 인민경제에 대한 지출에 41.3%, 사회문화에 대한
지출에 40.8%를 돌림으로써 나라의 경제를 발전시키고 사회주의문화를 건설하기 위
한 사업을 성과적으로 보장하였다." (『조선중앙년감』 2005년, 185쪽). 따라서 2004년
인민경제비지출총액은 102억2,043만원(= 247억4,680만원 x 0.413)이 된다.

79) "이해 국가예산지출은 계획보다 104.4%로 초과집행되었다." (『조선중앙년감』 2006년,
211쪽). 그러므로 2005년 국가예산지출총액은 302억3,849만원(= 289억6,407만원 x
1.044)이 된다.

80) "국가예산에서는 지출총액의 41.3%에 해당한 자금을 인민경제부문에 지출하여 사회
주의경제건설을 적극 추동하였다." (『조선중앙년감』 2006년, 211쪽). 따라서 2005년
인민경제비지출총액은 124억8,850만원(= 302억3,849만원 x 0.413)이 된다.

81) "이해 국가예산지출은 계획에 대하여 99.9%로 집행되었다." (『조선중앙년감』 2007년,
184쪽). 99.9%는 100%와 같이 취급하였다.

82) "국가예산에서는 경제강국건설에서 새로운 비약을 일으키기 위하여 지출총액의
40.8%에 해당한 자금을 인민경제 여러 부문에 투자하였다." (『조선중앙년감』 2007년,
184쪽). 그러므로 2006년 인민경제비지출총액은 123억3,730만원(= 302억3,849만원 x
0.408)이 된다.

83) "이해 국가예산지출은 집행과정에 큰물피해복구자금을 비롯하여 예상치 않았던 막대한 자금이 추가된 결과 계획에 대하여 101.7%로 초과집행되었다." (『조선중앙년감』 2008년, 168쪽). 그러므로 2007년 국가지출총액은 326억2,845만원(= 320억8,304만원 x 1.017)이 된다.

84) 2007년 인민경제비는 얼마나 지출되었는지 '조선중앙년감'에 나와 있지 않다. 그러나 '조선중앙년감'의 다음 대목은 전년에 비해 인민경제비가 줄지 않았음을 시사한다. "이해에 국가예산에서는 전해에 비하여 농업부문에 대한 지출을 108.5%로 경공업부문에 대한 지출을 크게 늘임으로써 전반적농업생산을 장성시킬수 있는 확고한 전망을 열어놓았으며 경공업의 기술개건을 적극 추진시켜 인민소비품생산토대를 튼튼히 다질수 있게 하였다. 인민경제 선행부문, 기초공업부문을 추켜세울데 대한 당의 정책적의도를 구현하여 전력, 석탄, 금속공업과 철도운수부문에 많은 자금을 투자한 결과 이 부문의 물질기술적토대가 더욱 강화되었으며 경제강국건설의 추동력인 국가과학기술발전 5개년계획과제들이 수행되고 인민경제 여러 부문에 최신과학기술성과들이 적극 도입되었다." (『조선중앙년감』 2008년, 168쪽).
그러나 전년보다 성장률을 높이 계획하지 않았고 집행도 그러했기 때문에 국가예산지출총액에서 얼마의 비율로 지출되었는지 나오지 않은 것으로 보인다. 또한 2007년은 큰물피해로 국가예산지출을 계획보다 1.7% 초과 집행하였기 때문에 국가예산지출총액에서 인민경제비지출은 2006년보다 0.8% 적은 40%로 잡은 것으로 추론하면 2007년 인민경제비지출총액은 130억5,138만원(= 326억2,845만원 x 0.4)이 된다.

85) "이해 국가예산지출은 99.9%로 집행되었다." (『조선중앙년감』 2009년, 192쪽).

86) 2008년 인민경제비도 국가예산지출총액에서 얼마의 비중으로 지출되었는지 '조선중앙년감'에 나와 있지 않고 다음과 같이 서술되어 있다. "국가예산지출에서는 우리 당의 선군혁명로선을 높이 받들고 나라의 방위력을 강화하는데 큰 힘을 넣으면서 인민경제 선행부문, 기초공업부문을 추켜세우고 인민생활을 향상시키는데 자금투자를 집중하였다." (『조선중앙년감』 2009년, 192쪽).
2008년 국방비지출은 전체 예산지출의 15.8%로 전년의 15.7%와 거의 차이가 없기 때문에 2008년 인민경제비 지출이 전체 예산지출에서 차지하는 비중도 전년과 같이 40%로 추정할 수 있다. 이에 따라 2008년 인민경제비지출총액은 135억6,471만원(= 339억1,177만원 x 0.4)이 된다.

87) "이해 국가예산지출은 99.8%로 집행되었다." 따라서 2009년 실지 국가예산지출총액은 362억1,302만원(= 362억8,559만원 x 0.998)이 된다.

88) 2009년 인민경제비도 국가예산지출총액에서 얼마의 비중으로 지출되었는지 '조선중앙년감'에 나와 있지 않다. 그러나 국방비지출이 전체 예산지출에서 전년과 같은 15.8%이고 인민경제비 지출관련 다음과 같은 내용("국가예산에서 금속공업의 발전에 투자를 집중하면서 전력, 석탄공업과 철도운수부문에 많은 자금을 돌림으로써 인민경제 선행부문, 기초공업부문을 추켜세우고 전반적공업생산을 획기적으로 장성시키수 있게 하였다, 기본건설부문에 대한 자금지출을 전해에 비해 108.6%로 늘이여

금속, 화학, 기계공업을 비롯한 인민경제중요부문의 주체화, 현대화를 실현하며 물질기술적토대를 더욱 튼튼히 다져나갈수 있게 하였다. 인민생활을 높이기 위하여 이해 국가예산에서 전해에 비하여 농업, 경공업부문에 대한 지출을 늘임으로써 농업생산과 농촌건설이 적극 추진되고 경공업부문의 기술개건, 현대화가 힘있게 진척될수 있게 하였다. 이해 과학기술부문에 대한 자금지출을 전해에 비하여 107.2%로 늘인 결과 우주기술과 핵기술, CNC기술분야에서 최첨단수준을 돌파하고 인민경제중요공업부문들이 높은 과학기술적토대우에 올라서게 되었다." (『조선중앙년감』 2010년, 266쪽)을 고려하면 2008년 인민경제비지출이 전체 예산지출에서 차지하는 비중은 전년과 같은 40%로 추정할 수 있다. 따라서 2009년 인민경제비지출은 144억 8,521만원(= 362억1,302만원 x 0.4)이 된다.

89) "이해 국가예산지출은 99.9%로 집행되었으며 전해에 비하여 108.2%로 늘어났다." (『조선중앙년감』 2011년, 290쪽).

90) 2010년 인민경제비도 국가예산지출총액에서 얼마의 비중으로 지출되었는지 '조선중앙년감'에 나와 있지 않다. 국방비지출이 전체 예산지출에서 전년과 같은 15.8% 이지만 무료의무교육제와 무상치료제, 사회보험 및 사회보장제 그리고 장휴양제와 같은 당과 국가의 혜택이 반영되어 있는 인민적시책비지출이 2009년보다 6%늘었다. 대체적으로 인민적시책비지출가 전체 예산지출에서 차지하는 비중이 약 40%이 므로 40%의 6%가 는 것은 전체 예산지출에서 2.4%(= 40% x 6%)가 인민적시책비로 더 쓰인 것이다. 국방비지출이 전체 예산지출에서 차지하는 비중이 전년도와 같기 때문에 인민경제비지출이 전체 예산지출에서 차지하는 비중은 2.4% 줄었을 것이다. 그러므로 2010년 인민경제비지출은 146억9,392만원(= 390억7,958만원 x 0.376)이 된다.

91) "…국가예산지출은 99.8%로 집행되었다." (『조선중앙년감』 2012년, 274쪽). 따라서 2011년 국가예산지출총액은 417억1,740만원(= 418억100만원 x 0.998)이 된다.

92) 2011년 인민경제비 지출은 명시되어 있지 않다. 그러나 국방비는 전년과 같은 전체 예산지출의 15.8%이며 인민적시책비지출에 대한 특별한 언급이 없기 때문에 인민경제비는 2009년과 같은 수준인 40%일 것으로 추론하였다. 따라서 2011년 인민경제비지출총액은 166억8,696만원(= 417억1,740만원 x 0.4)이 된다.

93) "국가예산지출은 99.6%로 집행되었다." (『조선중앙년감』 2013년, 366쪽). 그러므로 2012년 국가예산지출총액은 444억1,032만원(= 445억8,867만원 x 0.996)이 된다.

94) 2012년 인민경제비지출은 명시되어 있지 않으나 전체 예산지출에서 인민적시책비로 38.9% 그리고 국방비로 15.9%가 지출되어 평상시 수준으로 돌아갔기 때문에 전체 예산지출에서 인민경제비가 차지하는 비중도 평상시 수준인 40%로 추산하였다. 따라서 2012년 인민경제비지출총액은 177억6,413만원(= 444억1,032만원 x 0.4)이 된다.

95) "국가예산지출계획은 99.7%로 집행되었으며 그 전해에 비하여 105.6%로 늘어났다." (『조선중앙년감』 2014년, 357쪽). 그러므로 2013년 국가예산지출총액은 468억9,730만원(= 444억1,032만원 x 1.056)이 된다.

앞의 〈표 3-5〉에서 볼 수 있듯이 인민경제자금수요를 위해 (은행저축 등의 방법을 통해)동원된 주민들의 '유휴화폐'는 매년 국가지출총액의 절반에 가까우며 동원되지 않은 상당량의 '유휴화폐'도 여전히 존재한다고 하니[103] 전체 '유휴화폐'의 규모는 최소한 국가지출총액의 50% 이상이라고 추산된다. 또한 2013년부터 '금융기관채산제'가 도입되면서 은행기관들이 '상업은행화' 되었기 때문에, 즉 은행기관들은 저금과 대출 등의 금융 업무를 통해 수입을 얻고 이 수입으로 자신들의 지출을 보상하며 또 자신들의

96) "국가예산에서는 지출총액의 45.2%를 경제건설부문에 지출하여 자립경제이 토대를 튼튼히 다지고 농업부문을 비롯한 인민경제 여러 부문에서 생산적앙양을 일으키며 건설에서 최전성기를 열어나가기 위한 투쟁을 자금적으로 보장하였다." (『조선중앙년감』 2014년, 357쪽). 따라서 2013년 인민경제비지출은 211억9,758만원(= 468억9,730만원 x 0.452)이 된다.

97) "국가예산지출계획은 99.9%로 집행되었다." (『조선중앙년감』 2015년, 308쪽).

98) "국가예산에서 인민경제발전에 지출총액의 46.7%를 보장하여 농업생산을 늘이고 지식경제강국의 면모에 맞는 경제적토대를 강화하며 건설의 번영기를 열어나가기 위한 투쟁을 자금적으로 안받침하였다." (『조선중앙년감』 2015년, 308쪽). 따라서 2014년 인민경제비지출은 233억9,662만원(= 5,009,983만원 x 0.467)이 된다.

99) "국가예산지출계획은 99.9%로 집행되었다." (『조선중앙년감』 2016년, 422쪽).

100) "국가예산에서는 경제강국건설과 인민생활향상에 지출총액의 47.5%를 돌림으로써…" (『조선중앙년감』 2016년, 422쪽). 따라서 2015년 인민경제비지출은 249억8,729만원(= 526억482만원 x 0.475)이 된다.

101) "국가예산지출계획은 99.9%로 집행되었다." (『조선중앙년감』 2017년, 423쪽).

102) "국가경제발전 5개년전략을 지침으로 하여 전력, 석탄, 금속, 화학공업과 철도운수부문을 비롯한 인민경제부문에 지출총액의 48.3%를 돌림으로써 자립경제의 위력을 과시하고 사회주의경제강국건설을 다그치는데 이바지하였다." (『조선중앙년감』 2017년, 423쪽). 따라서 2016년 인민경제비지출은 270억884만원(= 559억1,892만원 x 0.483)이 된다.

103) 최용남은 주민들의 수중에도 내화와 외화가 적지 않게 잠겨있다는 점을 지적하면서 이러한 돈을 "마음 놓고 맡기거나 찾을 수 있도록 하면서 수익을 가져다주게 한다면 국가수중에 더 많은 자금을 집중시킬 수 있으며 국가는 놀고 있는 내화와 외화를 빠짐없이 거두어들여 사회주의강국건설에 바로 이용할 수 있게 한다"고 하였다. (최용남, "재정은행사업에서 전환을 일으키는것은 사회주의강국건설의 중요요구", 『김일성종합대학학보: 철학, 경제』 주체107(2018)년 제64권 2호, 83쪽).

수입의 일정 부분을 국가에 바쳐야 하기 때문에 은행기관들의 금융영업활동 ('상업은행화')은 더욱 활발해 지고 심화될 수밖에 없다.[104] 따라서 국가 재정보다는 금융을 통한 '인민경제자금수요'를 충당하는 경향은 더욱 커질 수밖에 없으며 그 비중도 비례하여 커지고 있다고 추론된다.

최용남의 글에서도 확인되듯이 2018년 현재까지도 상당량의 현금이 주민들의 수중에 있다는 사실은 2018년 현재까지도 많은 주민들이 현금을 현금유통과정에서 누락시켜 자신들이 필요한 소비품을 그들끼리(Consumer to Consumer, C2C) 거래하고 조달받는 시장에서 사용한다는 것이다. 그렇다면 조선에서 시장은 어떤 양상으로 변화되어 왔으며 조선 당국은 어떻게 대처하였을까?

4. 조선에서의 시장의 변천양상과 '사회주의기업책임관리제'

'고난의 행군'시기 인민들은 대부분의 필수생활소비품들을 시장(장마당)을 통해 자율적으로 거래하고 조달받음으로서 시장은 인민들의 생활을 유지하는 데 있어서 필수조건처럼 되었다. '고난의 행군'시기 조선의 시장에서 또 하나 특징적인 것은 경공업제품의 대부분이 외국제라는 것이다. 이것은 무역제일주의가 강조되면서 비교우위가 없다고 판단되는 경공업제

---

[104] 한영철의 다음 글은 위의 추론을 뒷받침해 주고 있다. "상업은행들의 자금융통을 위한 금융활동이 활발해질수록 그에 따르는 업무수입이 늘어나게 되어 은행자체의 수지균형도 보장하고 국가에 더 많은 리익을 줄수 있다. 그러므로 금융기관 채산제는 다양한 자금융통공간을 리용하여 모든 기관, 기업체들의 화폐자금을 은행에 집중시키고 화폐거래가 은행을 통하여서만 진행되게 하며 주민유휴화폐도 최대한으로 은행에 동원되여 리용되게 함으로써 모든 화폐거래가 은행을 중심으로 원활히 류통되도록 한다." (한영철, "금융기관 채산제와 그 운영에서 나서는 중요문제", 『김일성종합대학학보: 철학, 경제』 주체107(2018)년 제64권 1호, 72쪽).

품을 수입하여 쓰도록 한 김정일의 교시에서 비롯된 것이었다.[105] 김일성
이 강조하였던 자체적으로 내비를 동원한 경공업의 활성화는 모든 것이 부
족하였던 '고난의 행군'시기 동력을 잃게 되었으며, 비록 제한적인 테두리
안에서이지만 1994년부터 군 단위까지 무역이 허용되면서 생활필수품을
비롯한 경공업제품의 수입은 봇물 터지듯 조선 시장으로 밀려들어오게 되
었던 것이다.

　조선은 '고난의 행군'의 가장 어려운 시기가 지나고 국가적 차원에서
전략적 의의를 갖는 부문들이 재건의 발판을 마련하기 시작하자 인민들에
의해 자율적으로 운영되는 시장들을 없애고 시장을 '종합시장'이라는 통제
아래 두게 된다.[106] '종합시장'에서 통제의 틀은 시장에서 매대(賣臺)를 설
치하고 물품을 판매하는 판매자들이 시장에 등록하게 하고 이들에게 매대

---

[105] 김정일은 2000년 1월 당 중앙위원회 책임일군들과 한 담화에서 다음과 같이 교시하
　였다.
　"모든 나라들이 경공업을 자기 나라의 조건에 맞게 발전시키고 경공업제품을 유무
　상통의 원칙에서 해결하고있습니다. 어느 나라나 경공업제품을 100% 자체로 생산
　하여 충족시키는 나라는 없습니다…(중략)…인민생활에 필요한 경공업제품문제를
　원만히 풀자면 지금의 경공업생산지표를 대폭 줄여 필요한것만 생산하고 그밖에
　인민소비품은 다른 나라에서 사다가 수요를 충족시키는 방향으로 나가야 합니다."
　(김정일, "인민생활을 높이는데서 나서는 몇가지 과업에 대하여: 조선로동당 중앙위
　원회 책임일군들과 한 담화(주체89(2000)년 1월 23일)",『김정일선집』20(증보판)』
　(평양: 조선로동당출판사, 2013), 88~89쪽).

[106] 친척이 조선에 있어 조선을 자주 방문하여 그곳 사정에 밝은 한 지인(知人)에 의하
　면 조선에는 당국으로부터 공식적으로 인정받는 종합시장이외에 소위 'informal
　market'이라 할 수 있는 비공식 또는 비법적인 시장이 여전히 존재한다고 한다. 그
　러나 2005년 종합시장이 평양과 나선지구 그리고 신의주에서 시범적으로 세워지고
　이후 조선 전국으로 확산되며 주민들이 자발적으로 만든 시장들을 흡수, 통합하면
　서 informal market의 중요도는 급락하였다. 이들은 마치 한국에서 재래시장 입구나
　부근에서 노점상과 같이 종합시장의 입구나 출구 또는 부근에서 생활필수품들을
　종합시장을 찾아오는 사람들에게 종합시장에서 거래되는 가격보다 저렴하게 판매
　한다. 이들은 자릿세를 내지 않기 때문에 종합시장에서 판매되는 상품보다 저렴하
　게 판매할 수 있다고 하는데 당국의 단속이 심해지고 종합시장의 규모가 커지면서
　2016년 현재 찾아보기 힘들어질 정도로 그 수가 줄어들었다고 한다.

사용 비(자릿세)를 부과하는 것과 식량에 해당하는 쌀과 옥수수를 팔지 못하게 하는 것에 적용되었다. 그러나 물품의 가격은 수요와 공급에 의해 정해지도록 하여 자유방임적 시장체계이다. 조선은 시장을 완전히 없애는 조치를 취하는 대신 경공업을 적극 육성하여 경공업제품 생산을 늘리고, 상업봉사(commercial service)의 질을 획기적으로 개선하여 경쟁에서 시장을 누르는 방법을 선택하였다. 김정일은 자신의 마지막 현지지도가 된 '광복지구상업중심'에서 다음과 같이 교시하였다.

> 시장은 점차 없애야 합니다. 광복지구상업중심과 같은 이런 상업망들에서 시장을 눌러놓아야 합니다…(중략)…지구별로 상업중심을 내오게 되면 자연히 시장들이 조락될 것입니다. 상업중심들에서 상품들을 시장가격보다 좀 눅은 가격으로 팔아주면 우리 인민들이 시장을 리용하려고 하지 않을 것 입니다…(중략)…당에서는 국가에서 경공업제품에 대한 인민들에 수요를 충족시키지 못하는 공간을 광복지구상업중심과 같은 상업봉사망을 꾸려 메꾸자는 것입니다. 경공업제품을 제대로 생산보장하지 못하여 생기는 공백을 메꾸어야 합니다.[107]

장마당과 같은 자유방임적 시장과의 경쟁에서 이기는 방도를 김정일은 조선이 경공업제품 생산에서 경쟁력이 떨어진다는 현실을 인정하고 자체적으로 또는 외국과의 합영, 합작을 통해 경공업생산품을 대폭적으로 늘여 시장가격보다 낮을 가격으로 소비자들에게 판매하는 것에서 찾았다. 이렇게 상품을 판매하고 받은 돈을 무역은행에서 외화로 역(逆)교환해 주

---

107) 김정일, "광복지구상업중심은 인민생활향상에 이바지하는 현대적인 상업봉사기지이다: 광복지구상업중심을 현지지도하면서 일군들과 한 담화(주체100(2011)년 12월 15일)", 『김정일선집 25(증보판)』 (평양: 조선로동당출판사, 2015), 521쪽.

고[108] 또 경공업제품 제조에 필요한 기계와 원료 등을 해외에서 구입하기 위해 김정일은 조선 외화 획득의 대표적인 창구 역할을 하는 단천지구 광산들과 공장, 기업소들을 따로 떼어서 전적으로 인민생활자금을 보장하는 데 복무하도록 하였다[109]고 한다. 그러나 김정일의 이러한 관심과 노력에도 불구하고 국영상점은 시장과의 경쟁에서 우위를 차지하지 못하였던 같다.

이에 김정은은 2013년 3월 18일 전국경공업대회에서 경공업생산을 정상화하여 인민들에게 질 좋은 경공업제품들이 충분히 공급되도록 한 당부한 김정일의 유훈이 아직까지도 관철하지 못하고 있다고 지적하였다. 나아가 그는 "경공업부문에서는 공장, 기업소들에서 생산을 정상화하는 것을 선차적인 과업으로 틀어줘고 인민생활에 절실히 필요한 소비품들을 다량 생산하며, 특히 기초식품과 1차소비품생산을 결정적으로 늘여야 한다"[110]고 주문하면서 김정일이 생전 마지막 현지지도에서 했던 교시에 대한 실행을 대를 이어서라도 하겠다는 의지를 분명히 하였다.

김정은은 또한 경공업부문에서 심각한 문제의 하나가 원료, 자재의 수입의존도가 높은 것을 지적하고 이를 해결하기 위해서 화학공업부문의 공장, 기업소들에서는 경제조직사업을 짜고 들어 질 좋은 섬유와 수지, 각종 기초화학제품들을 원만히 생산 보장해 주는 것과 지방공업을 발전시키는 것 그리고 중앙공업공장들과 지방산업 공장들 사이에 자매관계를 맺고 서로 도와주는 것 등을 방도로 제시하였다.[111]

---

108) 김정일, "제2차 평양제1백화점상품전시회장을 돌아보면서 일군들과 한 담화(주체 100(2011)년 7월 10일)", 『김정일선집 25(증보판)』 345쪽.

109) "경애하는 김정은동지께서 전국경공업대회에서 하신 연설", 『로동신문』 2013년 3월 19일자.

110) 김정은, 앞의 연설.

111) 김정은, 앞의 연설.

그러나 김정은이 경공업생산 정상화에 가장 역점을 둔 것은 역시 경공업부문에 기술혁신을 도입하는 경공업부문의 현대화와 과학화였다. 김정은은 "경공업부문에서 현대화, 과학화를 힘있게 다그치는 것은 생산을 늘리고 제품의 질을 높이며 나라의 전반적경공업을 새로운 과학기술적 토대 우에서 활력 있게 전진시키기 위한 기본열쇠"임을 강조하면서 "설비와 생산 공정을 최첨단기술로 장비하기 위한 투쟁을 줄기차게 벌이며" 특히 김정일과 자신이 현지지도 한 소위 '령도업적단위들'에서 생산 공정의 CNC화, 무인화를 실현하여야 한다고 주문하였다.[112]

김정은은 앞서 3월 13일 당 중앙위원회 전원회의의 보고에서 "경제건설과 핵무력건설을 병진시킬데 대한 당의 로선을 튼튼히 틀어쥐고 철저히 관철하여야 한다"면서 "경제강국건설을 다그치고 인민생활을 획기적으로 높이는 것은 현시기 우리 당앞에 나서는 가장 중요하고 절박한 과업"[113]이라고 역설하였다. 김정일 시대의 경제건설에서 주된 목표가 주체철, 주체섬유, 주체비료 체계로 대변되는 중공업의 생산정상화의 기본적인 토대를 완성하는 것이었다면, 김정은 시대의 경제건설에서 가장 중요한 과업은 경공업을 현대화와 과학화의 토대위에 올려놓고 이 부문에서 생산의 정상화를 추구하는 것이 된다.

김정은의 이러한 경공업부문에 대한 투자 우선순위는 그의 현지지도에서 나타나는데 〈표 3-3〉에서 볼 수 있듯이 2013년부터 2016년까지 기간 중 경공업부문에 대한 김정일의 현지지도는 모두 79차례나 이루어져 같은 기간 중 31차례만 이루어진 중공업부문에 비해 약 2.5배 많은

---

112) 김정은, 앞의 연설.

113) "경애하는 김정은동지께서 조선로동당 중앙위원회 2013년 3월전원회의에서 하신 보고", 『로동신문』 2013년 3월 14일자.

것이었다. 또한 '조선중앙년감'에 따르면 김정은이 최고지도자가 된 이후 수많은 경공업공장들이 '개건화'와 '현대화'라고 일컫는 생산시설과 공정의 향상(upgrade)을 이룩하였다[114]고 한다. 이러한 '개건화'와 '현대화'가 현실에서 어떤 변화가 일어나고 있는지는 조선 문헌들에는 잘 나와 있지 않지만 '조선신보'의 다음의 보도들은 김정은이 2013년 3월 18일 전국경공업대회에서 한 연설 이후 경공업분야에서 많은 변화가 있음을 시사하고 있다.

> 오전 11시 문이 열리는것과 동시에 광복지구상업중심(만경대구역)의 각 매장들은 많은 손님들로 흥성인다…(중략)…백화점은 일용품을 중심으로 외국에서 상품을 수입하여 인민들은 그것을 조선돈으로 구매하였다. 그 차액은 무역총상사의 경상비에 포함시켰다. 국가부담으로 인민들의 당면한 물질적수요를 충족시키기 위해 취해진 조치였다…(중략)…개업당시 국산품과 수입품의 비률은 4대6이였다. 개업후 상업중심의 경영과 봉사방식에도 변화가 일었다. 현재 국산품과 수입품의 비률은 7대3이다. 나라의 전반적경제가 활성화되고 개건현대화된 경공업공장들에서 각종 제품들이 쏟아져나온 결과다.[115]

---

114) 『조선중앙년감』에 따르면 다음 경공업공장들이 김정은의 현지지도에 힘입어 '개건화'와 '현대화'를 완성하였다고 한다: 대동강타일공장(『조선중앙년감』 2013년, 177쪽), 534군부대관하 종합식료가공공장(『조선중앙년감 2014년』 115쪽), 평양기초식품공장(『조선중앙년감』 2014년, 132쪽), 김익철이 사업하는 일용품공장(『조선중앙년감』 2014년, 187쪽), 조선인민군 제354호식료공장(『조선중앙년감』 2014년, 200쪽), 조선인민군 11월2일공장(『조선중앙년감』 2015년, 80쪽), 갈마식료품공장(『조선중앙년감』 2015년, 142쪽), 10월8일공장(『조선중앙년감』 2015년, 147쪽), 2월20일공장(『조선중앙년감』 2015년, 162쪽), 제534군부대관하 종합식료가공공장(『조선중앙년감』 2015년, 163쪽), 평양시버섯공장(『조선중앙년감』 2016년, 109쪽), 원산구두공장(『조선중앙년감』 2016년, 119쪽), 평양강냉이가공공장(『조선중앙년감』 2016년, 200쪽), 정성제약종합공장(『조선중앙년감』 2016년, 211쪽), 평양메기공장(『조선중앙년감』 2016년, 222쪽), 평양어린이식료품공장(『조선중앙년감』 2016년, 226쪽), 조선인민군 제313군부대관하 8월25일수산사업소(『조선중앙년감』 2016년, 229쪽), 5월9일메기공장(『조선중앙년감』 2016년, 240쪽).

위의 조선신보의 보도에서 주목하여야 할 점은 '광복지구상업중심'에서 판매되는 조선산과 외국산의 제품의 비율이 2011년 12월 개점 당시 4 : 6이었던 것이 2018년 1월 현재 7 : 3으로 역전되었다는 것이다. 위의 보도에서도 확인되지만 '광복지구상업중심'에서 판매되는 외국산 제품들은 '조선대성무역총상사'가 외국에서 외국돈을 주고 수입하고 그것들을 '광복지구상업중심'에서 소비자들에게 판매할 때는 조선 돈으로 한다는 것이다.

여기서 환율에 의한 차액이 발생하는데 이것을 무역총상사의 경상비에 포함시키는 방법으로 국가가 부담하였다는 것이다. 그러므로 국가가 부담을 줄이기 위해 외국산 제품의 비율을 줄이 수도 있다. 그러나 '광복지구상업중심'이 조선의 대표적인 쇼핑센터임을 고려한다면, 외국산에 비해 질적으로 현저히 떨어지는 조선산 제품을 외국산과 같이 놓고 팔지는 않았을 것이다. 조선산과 외국산의 제품 비율이 7 : 3으로 바뀐 것은 국가의 부담이 커진 것이 원인일수도 있겠지만 조선산 제품이 2011년 12월 개점 당시보다는 질적인 측면에서 개선되었기 때문이라는 것은 분명한 사실인 것으로 보인다. 따라서 김정은의 국산화 강화 정책은 무시할 수 없는 효과를 현실에서 내고 있다고 평가할 수 있다.

흥미로운 점은 '사회주의기업책임관리제'하에서 미국의 경제제재가 강해지면 질수록 조선의 이러한 소비품에서 국산화 장려정책은 더욱 탄력을 받을 수 있다는 현실이다. 조선 사회과학원 경제연구소 김철 소장은 『조선신보』와 갖은 인터뷰에서 조선 기업체들이 소위 '수입병'에 걸려 있음을 인정하면서 다음과 같이 말하였다.

---

115) 김지영 기자, "〈만리마의 시대/경제부흥과 생활향상 7〉보다 수준높은 봉사를 위한 백화점들의 경쟁", 『조선신보』 2018년 1월 17일자: http://chosonsinbo.com/2018/01/17 suk-10/ (접속: 2018년 1월 19일).

기업체들이 수입품을 쓰게 된 리유는 다른데 있지 않다. 1990년대의 고난의 행군, 강행군시기에 국내에서 생산이 정상화되지 못해 어쩔 수 없이 필요한 원료, 자재를 다른 나라에서 수입하였다. 그런데 그 이후도 외화가 있으면 외국제품을 사들일수 있으니 기업체들이 외화벌이부문을 늘였다. 원료, 자재를 쉽게 조달하려고 한 결과 외국제품이 더 많아졌다. 말그대로 수입병에 걸린것이다. 지금 일고있는 국산화바람은 비정상의 정상화이다…(중략)…사회주의기업책임관리제에서는 인민경제계획을 수행하는것 이외에도 기업들사이에 호상주문하여 계약을 맺고 그것을 리행하게 되여있다. 이 과정에도 소득이 생긴다. 말하자면 적대국들이 제재를 가하면 가할수록 국산제품을 새로 만들어내는 기업들간의 거래가 늘어나 사회순소득이 불어나는 구조로 되여있는것이다.116)

위의 김철 소장이 인터뷰에서 말한 내용을 재정리해 보면 다음과 같다. 조선 기업체들에서 외국제품 수입을 오랫동안 하다 보니 이것이 일종의 습관처럼 되어 버려, 이제는 자력갱생의 능력이 한층 높아져 충분히 수입을 대체 할 수 있는 데도 불구하고 수입을 지속한다는 것이다. 그런데 '사회주의기업책임관리제'에서는 기업체들이 서로 간의 물건을 사고팔고 할 수 있다. 따라서 적대국들이 무역 제재를 하여 조선으로의 수입에 제동이 걸리게 되면 자연히 이들 기업체들은 국내(조선)에서 수입대체품을 만들어 서로 유통할 것이다. 이 과정에서 기업체들의 소득이 늘어나기 때문에 기업체들은 이러한 거래를 유지할 뿐만 아니라 늘릴 동기(incentive)도 생기게 되어 무턱대고 일단 외국으로부터 수입하고 보는 '수입병'도 고칠 수 있다는 것이다.

116) 김지영 기자, "[인터뷰] 사회과학원 경제연구소 김철소장: 조선이 쇠퇴가 아닌 상승의 길을 걷는 리유", 『조선신보』 2018년 1월 5일자: http://chosonsinbo.com/2018/01/27suk-8/ (접속: 2018년 1월 6일).

김철 소장의 위와 같은 주장은 제2장과 이장에서 살펴보고 분석하여 결론지을 수 있는 (이전의 것과 비교하여 차원이 상승된) 조선의 자력갱생 능력과 '사회주의기업책임관리제'의 전면적 시행으로 기업체와 기업체를 이어주는 시장의 역할과 기능이 한층 높아진 조선의 현실과 같은 선상에 있다고 볼 수 있어 허풍 또는 빈말이라고 보기 어렵다. 조선이 김정일 시대부터 경공업제품들의 국산화를 정책적 차원에서 추진하고 있고 '사회주의기업관리책임제'가 실시된 지 (2016년 말(末)을 기준으로) 이미 3년을 넘어 일정한 효과[117]를 내고 있음을 고려할 때 이와 같이 조선에서 경공업제품들의 국산화가 광범위하고 심도 깊게 이루어진다면 외국산 그중에서도 중국산 제품들을 주로 수입하여 운영되는 종합시장도 축소되는 결과를 낳을 것으로 예측된다.[118]

---

[117] 〈표 3-5〉에서 살펴보았듯이 조선의 국가예산수입은 2014년에는 계획보다 101.6%, 2015년에는 101.3% 그리고 2016년에는 계획보다 102.3%로 '사회주의기업책임관리제'가 전면적으로 시행된 2014년부터 매년 계획보다 높게 성장하고 있다.

[118] 조선의 기업체 간의 거의 모든 거래(Business To Business, B2B)는 시장을 통해 이루어지고 있으며 기업체와 소비자 간의(Business to Comsumer, B2C) 거래도 시장이 매개한다. 위의 시장들은 모두 일정 정도의 영리(營利)를 허용하고 있는 집단주의의 틀에서 운영된다. B2B와 B2C 이외에 소비자와 소비자 간의 거래(Comsumer to Comsumer, C2C)를 중개하는 시장이 있는데 이것이 바로 '종합시장'이며 이 시장만큼은 집단주의의 틀에서 벗어나 영리만을 목적으로 운영된다.

제4장

"사회주의강국건설은 사회주의완전승리를 이룩하기 위한 투쟁의 력사적단계이며 그것은 김일성－김정일주의국가건설사상을 철저히 구현함으로써만 빛나게 완성될수 있습니다 …(중략)… 우리 공화국은 앞으로도 동풍이 불어오든 서풍이 불어오든 그 어떤 도전과 난관이 앞을 막아서든 우리 국가와 인민의 근본리익과 관련된 문제에서는 티끌만 한 양보나 타협도 하지 않을것이며 모든것을 자력자강의 원칙에서 해결해나가면서 우리 식, 우리 힘으로 사회주의강국건설을 다그쳐나갈것입니다."

▲2019년 4월 12일 최고인민회의 제14기 제1차 회의에서 한 시정연설, "현 단계에서의 사회주의건설과 공화국정부의 대내외정책에 대하여" 중에서

조선의 사회주의 경제건설과
경제관리체제 진화에 대한 총괄 정리와 평가

1. 김일성 시대(1949~1994): '대안의 사업체계'의 탄생과 응용

조선의 경제건설은 자급자족을 하기 어려운 조건을 갖고 있는 나라에서 자립적 경제건설이 과연 가능한지 그리고 가능하다면 어느 수준까지 가능한지를 보여준다. 조선의 지도부는 휴전협정을 맺은 직후 열린 1953년 8월 5일 열린 조선로동당 중앙위원회 제6차 전원회의에서 "중공업을 우선적으로 발전시키고 경공업과 농업을 동시에 발전시킨"다는 '중공업우선전략'을 채택함으로서 자립적 경제건설에 대한 지향성을 분명히 하였다.

국가투자의 우선순위를 중공업부문에 두겠다는 이러한 '중공업우선전략'은 조선 국내에서 김일성을 절대적으로 지지하는 세력과 정치적으로 경쟁적인 관계에 있던 '연안파'와 '소련파' 그리고 해방 이후부터 조선에 막대한 원조를 주며 경제건설을 지원하였던 소련으로부터 환영받지 못하는 것이었다. 조선로동당과 내각에서 일정한 세력을 가지고 있던 '연안파'와 '소련파'는 1956년 6월과 7월 사이 김일성이 국내에 부재한 틈을 타서 정치적으로는 김일성의 유일지도체제 구축을 반대하고 소련과 같이 집단지도체제를 받아들일 것과, 경제적으로는 '중공업우선전략'을 지양하고 경공업을 위시로 한 경제건설노선으로 선회할 것을 요구하는 이른바 '8월종파사건'을 일으킨다. 그러나 이들이 당과 내각에 더 확고히 뿌리를 내리고 있었던 김일성 지지 세력에 밀려 당과 내각에서 축출당하고 일부가 중국과 소련으로 정치적 망명을 가게 되면서 '중공업우선전략'은 당과 국가의 경제건설노선으로서 더욱 확고히 자리를 잡게 된다.

그러나 소련이 환영하지 않은 것은 조선이 '중공업우선전략'을 고수하는 데 있어서 큰 문제가 되는 것이었다. 당시 소련은 사회주의권 경제통합체인 코메콘(COMECON)을 추진하면서 조선의 자립적 경제건설노선인 '중공업우선전략'을 반대하는 입장을 확실히 하였고 조선의 가입을 종용하고 있었다. 소련은 김일성이 자신의 요구를 받아들이지 않고 '중공업우선전략'을 반대하고 코메콘 가입에 적극적이었던 '연안파'와 '소련파'까지 숙청당하자, 조선에 대한 원조를 전후 복구 3개년 기간보다 약 50% 이상 대폭 삭감해버리는 조치까지 취하면서 조선을 압박하였다. 이것은 중공업에 우선순위를 두고 경제건설을 추진하였던 조선에게 엄청난 타격이 되는 것이었다. 중공업을 육성하기 위해서는 국가의 투자를 중공업에 집중하고 대규모의 투자자금이 필요한데 당시 이러한 투자자금원천의 절반 가까이가 소련으로부터 오고 있었기 때문이다.

외국 그 어디에서도 중공업육성에 필요한 투자자금을 차관의 형태로도 공급받거나 끌어낼 수 없었던 김일성은 투자의 원천을 조선 국내에서 찾았다. 근로대중에게 나라의 어려운 사정을 직접 이야기하고 이들이 생산을 더 하도록 독려하는 방법을 선택하였던 것이다. 이때 김일성이 직접 방문한 곳이 바로 강선제강소이며, 이곳 근로자들은 김일성의 호소에 호응하여 6만 톤의 생산능력을 가지고 있었던 강선제강소에서 12만 톤의 철강재를 생산해 내는 기적에 가까운 성과를 내었다.

이것을 계기로 김일성은 근로대중에게 직접 증산을 호소하는 현지지도를 전국적인 단위에서 벌이게 되며 이것이 조선의 경제건설의 상징이라고 하는 '천리마운동'으로 발전한다. '천리마운동'으로 조선은 5개년계획기간(1957~1961) 동안 연평균 36.6% 성장이라는 엄청난 성과를 내었다. '천리마운동'은 단순한 증산운동이 아니었다. 천리마운동은 처음에는 집단으로 참여하여 증산운동을 벌이는, 즉 근로자 모두가 참여하지만 각각의 근로자가 다른 근로자들의 협동과 협조를 전제하지 않고 개인적 차원의 증산운동을 벌이는 것이었으나, 증산운동을 집단적 차원에서 벌이는 '천리마작업반운동'으로 바뀐다.

조선의 공장, 농장 그리고 광산 등 모든 생산지에서 창조되는 생산은 집단의 차원에서 근로자들의 협업 그리고 협동과 조정을 바탕으로 한 분업의 결과물로 나오는 것이지 근로자 개인의 차원에서 이루어지는 가내수공업의 소산물이 아니었기 때문이었다. 생산과 증산이 집단의 차원에서 이루어진다고 하여 각 근로자가 집단의 이익을 자기 개인의 이익보다 우선시하는 집단주의(공산주의)형 인간으로 자연스럽게 바뀌는 것은 아니지만 김일성은 이렇게 집단의 이익을 우선시하는 집단주의(공산주의)형 인간은 교양과 교육을 통해 만들어질(개조될) 수 있다고 믿었다. 각 작업반의 구성원들이 각기 자기개인의 이익보다도 자신이 속해있는 집단의 이익을 더 중요시 생각하고 이를 위해 헌신할 수 있도록 이들을 교양하고 이끄는 사람이 바로 당원(黨員) 또는 당일군들이며 이들의 임무와 역할인 것이었다.

따라서 '천리마작업반운동'은 단순히 생산을 늘리는 증산운동만이 아니라 근로자 개인을 집단주의(공산주의)형 인간으로 만드는 인간개조사업이며 정치사업이 되는 것이다.[1] 이 점은 조선 경제건설의 특징을 논함에 있어서 매우 중요하다. 김일성은 단순히 효율성을 바탕으로 경제를 성장시켜 즉, 생산을 효율적으로 늘려 소비를 늘리자는 신고전학파(Neoclassical)적 경제건설을 추구한 것이 아니다. 김일성은 생산이 집단이라는 차원에서 이루어지는 노동의 산물인 만큼 생산을 늘리기 위해서는 집단을 구성하고 있는 근로자들 간의 협동과 협조가 전제되어야 한다고 믿었다. 그리고 이들 간의 협동과 협조는 이들이 자기 자신의 이익보다는 이들이 속해있는 집단의 이익을 먼저 생각하고 우선시 하며 이루어지었을 때 극대화되며 생산에서 시너지가 창출될 수 있기 때문에 (마치 1957년 "강선의 로동계급이 당의 호소를 받들고 한사람같이 떨쳐나서 내부예비를 동원하여 6만 톤 능력의 분괴압연기에서 12만 톤의 강재를 생산하는 기적을 창조한 것)[2]과 같이) 이들을 집단주의(공산주의)형 인간으로 만드는(개조하는) 사업, 즉 정치사업이 생산을 효율성 위에서 조직하는 것보다 선행되어야 했다.

---

[1] 여기에 대해 김일성은 사회주의건설의 모든 사업은 정치사업이 선행되면서 풀어가야 한다고 강조하면서 다음과 같이 말하였다.

"생산의 참다운 주인은 생산자대중이며 생산에 대하여 누구보다도 잘 아는 것도 생산자대중입니다. 그러므로 생산을 발전시키며 생산활동에서 성과를 거둘수 있게 하는 가장 중요한 담보는 당원들과 근로자들 속에서 정치사업을 잘하여 그들의 사상의식수준을 높이고 자각적 열성을 불러일으키는 것입니다. 모든 사업에 정치사업을 앞세워 광범한 근로대중이 혁명과업수행에 자각적으로 발동되어 온갖 지혜와 재능을 다 바치도록 하는 것은 자본주의에 비한 사회주의의 결정적우월성이며 사회주의경제제도의 본질로부터 흘러나오는 요구입니다…(중략)…우리의 이 혁명위업은 결코 몇사람의 힘만으로는 실현될수 없으며 모든 사람이 힘을 합쳐 투쟁하여야만 실현될수 있습니다. 그러므로 우리는 당원들과 근로자들 가운데서 어느 한 사람도 뒤떨어진채로 내버려두어서는 안되며 모든 사람들을 다 공산주의적으로 교양개조하여 참다운 혁명가로 만들어야 합니다. 이리하여 모든 사람들이 다 혁명가의 높은 자각을 가지고 일하도록 한다면 생산도 잘될 것이며 기업관리운영에서 나타나는 결함들도 모두 제때에 고쳐나갈수 있을 것입니다." (김일성, "새 환경에 맞게 공업에 대한 지도와 관리를 개선할데 대하여: 대안전기공장장위원회 확대회의에서 한 결론(1961년 12월 16일)", 『김일성전집 28』 (평양: 조선로동당출판사, 1999), 278~280쪽).

[2] 김일성, "자력갱생의 혁명정신을 높이 발휘하여 사회주의경제건설을 다그치자: 경제부문 책임일군들과 한 담화(1987년 1월 3일)", 『김일성전집 85』 (평양: 조선로동당출판사, 2009), 10쪽.

이러한 정치사업은 당일군들의 몫이었으며 각 공장과 기업소들에 조직된 당위원회는 상위 당조직(1급 또는 2급과 같이 큰 규모의 공장/기업소는 도당위원회, 그 밖에 공장/기업소는 군당위원회)의 지도를 받으며 자기 단위에서 정치사업을 총괄하는 것이었다. 각 생산단위에서 정치사업을 하는 당일군이 절대로 하지 말아야 할 것이 있었는데 그것이 바로 "행정일군들의 뒤꼬리를 따라다니거나, 행정경제사업을 가로타는 것"이었다.

"행정일군들의 뒤꼬리를 따라다닌다는 것"은 당일군들이 자신이 속해 있는 사업장에서 정치사업을 하지 않아 공장이나 기업소가 행정일군들이 하는 행정경제사업을 위주로 돌아가는 경우를 가리킨다. 또한 "당일군들이 행정경제사업을 가로탄다는 것"은 당일군들이 자기가 속한 사업소에서 지배인이 하여야 할 행정경제사업을 대신하는 경우를 가리킨다.[3] 첫 번째 경우는 당사업보다 경제사업을 우선시하는 경제주의에 빠질 위험이 있고 두 번째 경우는 당을 등에 업은 당일군들이 세도(勢道)를 부리는 관료주의에 빠질 위험이 있다는 것이다.[4] 그리고 궁극적으로 이 두 경우 모두 생산현장의 근로자들이 서로 협동하고 협조하여 하나가 되어 자기 개인뿐 아니라 전체를 위해 일하게 되는 것을 가로막아 사회주의사회건설 나아가 공산주의사회건설을 해 나가는 데 해악(害惡)이 된다는 것이다.

김일성은 생산에서 증산을 추구하였지만 증산을 추구하는 목적이 증산 그 자체에 있거나 소비를 늘리는 것에만 있지 않았다. 경제건설을 통해 공산주의사회로 나갈 수 있는 물질적 토대를 만드는 것도 중요하지만 더욱

3) 김일성, "당을 질적으로 공고히 하며 공업생산에 대한 당적지도를 개선할데 대하여: 조선로동당 중앙위원회 정치위원회에서 한 결론(1953년 6월 4일)", 『김일성전집 15』 (평양: 조선로동당출판사, 1996), 408쪽.
4) 김일성, "당사업을 강화하며 나라의 살림살이를 알뜰하게 꾸릴데 대하여: 조선로동당 중앙위원회 제4기 제12차전원회의에서 한 결론(1965년 11월 15~17일)", 『김일성전집 36』 (평양: 조선로동당출판사, 2001), 35쪽.

중요하게는 사람들의 사상이 공산주의(집단주의)로 바꾸어져야, 즉 사람들의 사상이 개인보다는 전체의 이익을 우선시하는 것으로 바뀌어져야만 증산도 극대화시킬 수 있고 제대로 된 사회주의사회도 건설할 수 있으며 공산주의사회로의 이행도 가능하다는 것이다.[5]

사회주의건설의 모든 것에서 정치사업이 신행되어야 한다는 김일성의 교시에서 정치사업을 하는 가운데 형성되는 당일군들과 근로자들 사이의 특별한 관계 그리고 이러한 정치사업에 용해되어 있는 김일성의 이상(vision)은 위에서 보는 것과 같이 단순한 것이 아니어서 이해하기 쉽지 않지만 흥미롭게도 사회주의경제이론 또는 공산주의경제이론이 아니라 제임스 번즈(James M. Burns)의 변혁리더십(Transformation Leadership)이라는 리더십이론을 통해 설명될 수 있다.

번즈는 리더십 유형을 크게 '거래리더십'(Transaction Leadership)과 '변혁리더십'(Transformation Leadership)으로 구분하였다. '거래리더십'이란 리더(leader)가 추종자에게 어떤 것을 때 추종자의 동기(incentive)를 유발하기 위해 보상(reward)을 해 주는 것을 말한다. 이런 보상은 대부분 추종자의 봉급과 수당을 올려주는 것과 같은 물질적 보상을 의미한다. 이러한 관계는 거래(transaction)가 끝나면, 더 이상 지속될 수 없으며 리더와 추종자는 거래가 끝난 후 각기 다른 길을 가게 된다.

이에 반해 '변혁리더십'은 조직에서 리더와 추종자들의 관계가 상호 간 동기부여와 행동 이념을 보다 높은 차원으로 끌어올리는 것을 의미하는데, 리더와 추종자는 '변혁리더십'을 거치면서 하나가 된다. 이것은 '도덕'(moral)적이다. 왜냐하면 '변혁리더십'은 지도하는 사람과 지도받는 사람, 쌍방의

---

[5] 김일성, "천리마 시대에 맞는 문학예술을 창조하자(1960년 11월 27일)", 『김일성전집 26』 (평양: 조선로동당출판사, 2001), 290쪽.

윤리의식 및 행동을 고취하게 하고, 쌍방 모두를 변혁(transform)시키기 때문이다.[6]

당일군들은 높은 자리에서 근로대중들을 명령과 지시 그리고 물질적 보상으로 이끌어가는 것이 아니라 근로대중들 속으로 들어가 그들과 동고동락하면서 집단주의를 지향하는 당의 정책과 노선을 자신들이 속한 생산지의 근로자들에게 설명하고 교양하여, 이들이 당의 정책과 노선을 마음 깊숙이 받아들이고 자기 자신보다도 전체를 위해 일할 수 있도록 이끌어간다. 이 과정에서 당일군들과 근로자들 모든 하나가 되어 한마음으로 일하게 되면 집단주의의 우월성이 발휘되어 실현되어 증산도 극대화되고 당일군들과 근로대중들 모두 공산주의(집단주의)형 인간으로 개조되며 이것이 사회주의건설 모든 부문 그리고 단위에서 일어난다면 조선은 사회역사 발전의 보다 높은 단계인 공산주의사회로 이행된다는 것이다.

경제건설사업은 반드시 당의 지도하에서 진행되고 이루어져야 한다는 주장을 김일성은 조선민주주의인민공화국이 건국되기 이전부터 하였기 때문에 그것은 그가 경제건설에 관하여 가지고 있는 변하지 않는 사상(思想)이며 지론(持論)이라 할 수 있다. 그는 이미 1949년 2월 13일 북조선로동당 중앙위원회 제5차 회의에서 다음과 같이 말하였다.

> 우리 당은 부강한 자주독립국가를 건설하며 인민들의 물질문화생활을 부단히 향상시키기 위하여 투쟁하는 것만큼 응당 경제건설사업을 틀어쥐고 지도하여야 합니다. 경제건설사업에 대한 당적지도를 강화하여야 당의 의도대로 경제건설을 진행하여 자주독립국가의 물질적토대인 민족경제를 부흥발전시킬수 있고 인민들의 물질문화생활을 계통적으로 향상시킬수 있습니다. 경제건설사업을 당적으로

[6] James McGregor Burns, *Leadership* (New York: Harpers, 1978), pp. 19-20.

지도한다는 것은 정치적조직사업으로 경제건설사업을 보장한다는
것을 의미합니다. 그런데 지금 적지 않은 당단체들은 경제건설에 대
한 당적지도를 행정경제사업에 대한 국가의 지도와 동일시하면서
경제건설사업에 대한 당적지도를 행정화하고 있습니다.[7]

이러한 김일성의 경제건설에 대한 사상과 지론은 조선경제 전반에서
관철되어야 하는 것이었으며 이에 따라서 개인적 차원의 증산운동으로 시
작되었던 '천리마운동'도 집단적 차원의 증산운동인 '천리마작업반운동'으
로 바뀌었던 것이다. '천리마작업반운동'을 통해 김일성이 의도하였던 것은
자연을 개조하는 노동 과정과 인간 의식을 바꾸는 교양 과정을 하나로 통
일시키고, 근로자들의 공산주의적 의식을 고조시켜 생산력 발전을 도모하
는 것이었다.[8]

김일성은 근로자들의 의식(사상)이 생산관계의 사회주의적 개조 이후
생산력 발전에서 주도적인 역할을 하는 것으로 보고 경제건설을 추구함에
있어 의식과 사상의 관할(管轄)이라 할 수 있는 정치·도덕적 자극을 우위
에 두고, 여기에 경제의 관할이라 할 수 있는 물질적 자극을 결합시키는
경제건설방식을 추구하였던 것이다. 이와 같은 조선의 경제건설방식은 다
른 사회주의국가들이 실행하였던 소련식 또는 중국식의 경제건설방식이나
자본주의국가들이 현재까지 실행하고 있는 신고전주의(Neoclassical)식 또
는 케인지주의(Keynesian)식의 경제건설방식과 비교하여 구별되는 조선만
의 독특한 경제건설방식이라 할 수 있다.

---

[7] 김일성, "당단체들의 사업을 개선강화할데 대하여: 북조선로동당 중앙위원회 제5차
회의에서 한 결론(1949년 2월 13일)", 『김일성전집 9』 (평양: 조선로동당출판사, 1994),
120쪽.

[8] 리종수, "사회주의 건설의 새 임무와 직맹 단체의 교양적 역할", 『근로자』 1962년 제1
호, 38쪽.

김일성은 자신의 경제건설에 대한 사상과 지론을 바탕으로 '대안의 사업체계'라는 독특한 경제관리 체계를 만든다. '대안의 사업체계'는 "공업부문에 구현된 청산리정신, 청산리방법이며 그 기본요구는 생산지도에서 '혁명적군중로선'을 철저히 관철하는 것"[9]이며 '대안의 사업체계'의 기본정신은 "간부들과 근로자들이 한 덩어리가 되며 간부들이 책상에 앉아서 지시하고 명령하는 것이 아니라 아래에 내려가서 생산자들과 사업하며 그들을 직접 도와주는데 있다"[10]고 한다. 기존의 '지배인유일관리제'는 각 공장과 기업소들의 경영을 지배인이 단독으로 책임, 관리하지만[11] '대안의 사업체계'에서는 간부들이 생산현장에 직접 내려가 근로자들과 하나가 되어 생산과 경영을 한다는 것이다.

'대안의 사업체계'가 경제건설에 대한 김일성의 사상과 지론을 집약, 반영한 새로운 경제관리 운영체계라는 것은 '대안의 사업체계'에 대한 김일성의 다음 설명에 잘 나타나 있다.

　　대안의 사업체계와 청산리정신, 청산리방법은 우리 당의 혁명적군

---

9) 김일성, "대안체계의 요구대로 성의 지도를 개선하자: 기계공업부문일군협의회에서 한 연설(1962년 9월 19일)", 『김일성전집 29』 (평양: 조선로동당출판사, 2000), 404쪽.

10) 김일성, "지도일군들의 당성, 계급성, 인민성을 높이며 인민경제의 관리운영사업을 개선할데 대하여: 조선로동당 중앙위원회 제4기 제10차전원회의에서 한 결론(1964년 12월 19일)", 『김일성전집 33』 (평양: 조선로동당출판사, 2000), 464쪽.

11) 이것을 김일성의 말을 빌려서 표현하자면 다음과 같다. "대안의 사업체계란 한마디로 말하여 경제관리에서 우리 당의 혁명적군중로선을 구현한 사업체계입니다. 이 체계는 우가 아래를 도와주고 아는 사람이 모르는 사람을 도와주며 **지배인혼자서 모든 사업을 독판치던 지배인유일관리제대신에**(필자 강조) 당위원회의 집체적지도에 의하여 기업관리에서 나서는 중요한 문제들을 풀어나가며 설비에 대한 점검보수, 설계작성, 부속품준비를 비롯한 기술준비사업과 원로림와 자재를 앞세워 생산을 정상화하도록 할 것을 요구하고 있습니다." (김일성, "중심군당위원회의 과업에 대하여: 중심군당위원장들앞에서 한 연설(1963년 4월 27일)", 『김일성전집 31』 (평양: 조선로동당출판사, 2000), 91쪽).

중로선을 구현하고 있는 경제관리체계이며 대중령도 방법입니다. 지도일군들은 대안의 사업체계와 청산리정신, 청산리방법의 요구대로 관료주의와 형식주의를 철저히 없애고 현실에 깊이 들어가 아래 일군들을 도와주고 걸린 문제를 풀어주며 언제나 정치사업을 앞세우고 대중을 조직동원하여 경제과업을 수행하여야 합니다. 또한 지도일군들은 생산지도와 기업관리운영 사업을 개인의 소총명에 의해서가 아니라 반드시 당조직과 군중에 의거하여 진행하는 사업작풍을 가져야 합니다.[12]

김일성은 "대안의 사업체계는 모든 부문, 모든 기업소들에서 다 받아들여야 할 가장 우월한 공산주의적경제지도체계"[13]라고 하면서 '대안의 사업체계'가 조선 경제를 관리하고 운영하는 새로운 체계임을 분명히 하였다. 위에서 볼 수 있듯이 '대안의 사업체계'는 "정치사업을 앞세우고 대중을 조직동원하여 경제과업을 수행"하는 경제건설에 대한 김일성의 사상과 지론이 그대로 반영된 경제관리 운영체계이며 조선 경제 모든 단위와 부문에서 실행되어야 했음으로 조선에서 경제건설은 이제 당의 지도하에 정치사업을 선행시키며 진행되게 되었다.

김일성도 '대안의 사업체계'가 자신의 경제건설에 대한 자신의 사상과 지론을 가장 잘 반영하고 있다[14]고 인식하고 있었으며 "대안의 사업체계대

---

[12] 김일성, "여섯개고지 점령을 위한 투쟁에서 이룩한 성과를 더욱 공고 발전시키자: 조선로동당 중앙위원회 제4기 제5차전원회의에서 한 결론(1962년 12월 14일)",『김일성전집 30』(평양: 조선로동당출판사, 2000), 88쪽.

[13] 김일성, "새 환경에 맞게 건설에 대한 지도와 관리를 개선할데 대하여: 국가건설위원회당총회에서 한 연설(1965년 3월 26일)",『김일성전집 28』(평양: 조선로동당출판사, 2001), 93쪽.

[14] 이러한 인식은 다음 김일성의 연설에 잘 나타나 있다. "경제지도에서 우리 당의 일관한 원칙과 방법은 우가 아래를 도와주고 정치사업을 앞세워 군중을 움직이고 대중의 힘과 지혜에 의거하여 경제건설과업을 수행하여나가는 것입니다. 우리 당의 이 원칙과 방법은 대안의 사업체계에 훌륭히 구현되었습니다. 모든 경제지도기관들과

로 하면 안 될 일이 없다"[15]고 하면서 '대안의 사업체계'로 조선의 경제관리 운영에서 나타나는 모든 문제를 해결할 수 있다고 믿었다. 김일성의 이러한 인식과 믿음을 바탕으로 조선은 새로운 경제운영체계를 전면적으로 도입하는데 그것이 바로 '계획의 일원화와 계획의 세부화'였다.

'계획의 일원화와 계획의 세부화 체계'는 '대안의 사업체계' 틀에서 운영되었지만 경제에서 불확실성(uncertainty)을 완전히 배제하지 않는 한 모든 계획이 서로 빈틈없이 맞물리고 경제의 모든 부문과 단위의 세부까지 계획하는 것은 불가능의 영역에 있었다. 이렇듯 '계획의 일원화와 세부화 체계'는 결코 실현될 수 없는 것이었지만 김일성은 국가계획위원회와 당 일군들의 자질과 노력 부족으로 이루어지지 않는다고 비판하며 중앙집권적 계획체제인 '계획의 일원화와 세부화'를 고수하며 밀고 나갔다.

'대안의 사업체계'로 또 해결할 수 없는 문제는 '축적과 소비'의 불균형문제였다. 위에서 분석되었듯이 조선이 다른 나라들의 도움을 받지 못하는 상황에서 중공업우선정책을 추구하여 자립적 경제토대를 구축하려다 보니 소비는 늘 축적의 희생양이 되었다. 제1차7개년계획기간(1961~1970) 중에 병진노선이 채택되면서 국가의 투자를 중공업에 더욱 집중하자 '축적과 소비'의 불균형문제는 더욱 악화되었으며 경제건설을 정상적으로 지속할 수 없는 상황에 이르게 되었다. 제1차7개년계획은 원래 1967년에 끝나게 되어 있었으나 이렇듯 중공업과 경공업 사이의 균형에 심각한 균열이 생기고 근

경제지도일군들이 대안체계의 요구대로 일한다면 경제지도사업은 다 잘되여나갈 것입니다." (김일성, "새 환경에 맞게 건설에 대한 지도와 관리를 개선할데 대하여: 국가건설위원회당총회에서 한 연설(1965년 3월 26일)." 『김일성전집 35』 (평양: 조선로동당출판사, 2001), 92쪽).

15) 김일성, "군의 역할을 강화하며 지방공업과 농촌경리를 더욱 발전시켜 인민생활을 훨씬 높이자: 지방당 및 경제일군창성연석회의에서 한 결론(1962년 8월 8일)", 『김일성전집 29』 (평양: 조선로동당출판사, 2000), 246쪽.

로대중들의 물질적 동기에 악영향을 끼치게 되자 계획을 3년 더 연장하여 1970년에 끝내게 된다.

조선은 중공업과 경공업의 균형을 만회하기 위해 7개년계획이 아닌 완충적인 6개년계획을 실시하게 되는데 6개년계획기간(1971~1976) 동안 조선은 경공업활성화운동을 모든 단위(분공장체계)와 지역(지방공업)에서 대대적으로 벌린다. 또한 지방 스스로 살림살이를 책임지는 '지방예산제'도 도입하여 중앙의 재정적 부담을 줄이면서 지방의 소비품수요를 지방 자체적으로 만드는 '지방산업'을 통해 해결하도록 하였다. 이러한 '지방산업' 육성정책은 제2차7개년계획기간(1977~1984) 동안 '경공업혁명'이란 제목으로 지속되었다. 이 '경공업혁명'은 내용적으로 각 지역, 지방에서 그 지역과 지방의 자체적인 원료와 자재 그리고 유휴노동을 활용하여 중소규모의 경공업공장들을 건설하고 '8월3일인민소비품증산운동'을 더욱 활성화하고 전국적으로 확산시키는 것이었다.

'대안의 사업체계'의 틀을 유지하면서 진행된 경공업활성화운동과 경공업육성정책은 공장과 기업소가 그 단위에서 근로자들의 기본적인 복지와 생필품을 일정하게 책임지게 이끌었다. 경공업육성정책과 이에 따른 경공업활성화운동이 진행되면 진행될수록 공장과 기업들의 자율성은 더욱 커지게 되었고 '계획의 일원화와 세부화 체계'의 실효성은 현실에서 더욱 멀어지게 되었다.

또한 시시때때로 벌이던 대중동원식 증산운동은 '계획의 일원화 세부화 체계'를 유명무실하게 만들어 버렸다. 그러나 이것은 김일성에게는 커다란 문제가 되지 않았다. 김일성에게 국가경제계획이 중앙 통제적으로 일원화시키고 나사못 하나까지도 정확히 그 수요와 공급을 맞추는 세부화보다도 더 중요한 것은 '대안의 사업체계'의 틀이 유지되는 것, 즉 "정치사업을 앞세우고 대중을 조직, 동원하여 경제과업을 수행"하는 것이 더 중요하였기 때문이었다.

김일성은 현실성이 없어지진 '계획의 일원화와 세부화 체계'를 공식적으로 폐기하기보다는 '계획의 일원화와 세부화 체계'에서 문제가 되었던 계획의 '규모와 범위'(scope and scale)의 문제를 '련합기업소'로 분할하여 해결하고 '련합기업소' 내의 공장과 기업소들의 독립채산제를 강화하면서 중앙집권적 계획체계에서 '련합기업소'체계로의 이행을 1973년부터 조심스럽게 준비하였다. 각 공장과 기업소의 독립채산제가 강화되면서 시장의 역할이 부각되었지만, 각 공장과 기업소는 ('대안의 사업체계'의) 공장 또는 기업소 당위원회의 지도 아래 운영되었다.

따라서 시장이 시장체제로 비약되는 것을 막고 그 역할을 자원배분의 기제로 한정시킬 수 있었기 때문에 '련합기업소'체계는 "주체의 사회주의경제관리 원칙과 방법을 계속 철저히 관철하며 '대안의 사업체계'에 기초한 국영기업소독립채산제를 사회주의경제법칙과 조선의 발전하는 현실에 맞게 계속 심화시키고 완성해 나가"는 일환으로써 김일성의 축복(blessing)을 받고 1986년 전면적으로 도입되었다. 조선의 새로운 경제건설운영체계로 자리 매김한 것이었다.

2. 김정일 시대(1995~2011): '고난의 행군', '선군정치' 그리고 'CNC'

조선은 '련합기업소'체계로 제3차7개년(1987~1993)계획을 추진하였으나 소련의 몰락과 동구사회주의경제권의 붕괴로 '고난의 행군'이라는 사상 초유의 경제위기를 맞게 된다. '고난의 행군'은 조선경제체제에 커다란 변화를 가져왔다. 국민소득이 절반 이상으로 줄어들면서 대부분의 공장과 기업소 그리고 농장에서의 생산 활동은 중단되었다. 또한 국가의 배급체계가 기능을 할 수 없게 되자 근로자들은 근무지를 이탈하고 이곳저곳으로 식량을 구하러 다녔다. 이들이 각자가 상대적으로 더 가진 것을 서로 바꾸면서 자연스럽게 시장이 형성되었으며 사람들은 이러한 시장에 기대어 살게 되었다.

1994년 김일성 사망 이후 최고지도자가 된 김정일에게 이보다 더 크고 심각한 문제는 당일군들조차 사상적으로 흔들리며 경제건설을 철저히 당의 지도하에 하는 '대안의 사업체계'를 버리고 '경제'를 최우선시하는 '경제주의'로 퇴색되는 것이었다.[16) 김정일은 자신은 경제건설에서 '대안의 사업체계'를 고수할 것을 다음과 같이 강조하였다.

> 사상개조사업, 정치사업을 모든 사업에 앞세우는 것은 사회주의사회의 본성적요구이다…(중략)…사회주의건설에서는 언제나 사상개조사업, 정치사업을 앞세워 인민대중을 교양하고 대중의 혁명적열의와 창조적적극성을 높이는 사업을 기본으로 틀어쥐고나가야 한다…(중략)…돈으로 사람들을 움직이는 자본주의적방법에 의거하게 되면 사람들의 혁명적열의와 창조적적극성을 높일 수 없을뿐아니라 사회주의제도자체를 변질시켜 위험에 빠뜨리는 결과를 가져오게 된다. 우리 당은 사상개조사업, 정치사업을 확고히 앞세움으로써 인민

---

16) 당시의 어려운 상황에 대하여 김정일은 다음과 같이 회고하였다. "고난의 행군, 강행군시기는 우리 혁명의 가장 어려운 시기였습니다. 위대한 수령님께서 서거하신 이후 적들은 우리 나라가 3년을 넘기지 못하고 〈붕괴〉될것이라고 떠들면서 사회주의의 보루인 우리 나라를 고립압살하기 위하여 사면팔방에서 달려들었습니다. 제국주의자들의 끈질긴 정치군사적압력과 경제적봉쇄, 세계사회주의시장의 붕괴, 거기에 몇해째 계속된 자연재해로 하여 식량난, 원료난, 동력난이 닥쳐 대용식품으로 끼니를 에우는 사람들이 많아졌으며 공장들은 멎고 경제발전에서 불균형이 생겨나게 되였습니다. 설상가상으로 우리 내부에서 배신자들과 불순이색분자들이 사람문제를 망탕 처리하여 민심을 혼란시키고 당과 대중의 일심단결을 약화시켜보려고 시도하였습니다." (김정일, "강계정신은 고난의 행군시기에 창조된 사회주의수호정신, 불굴의 투쟁정신이다: 조선로동당 중앙위원회 책임일군들과 한 담화(주체97(2008)년 1월 30일)", 『김정일선집 23(증보판)』 (평양: 조선로동당출판사, 2014), 305~306쪽).

대중의 높은 혁명적열의와 창조적적극성에 의거하여 혁명과 건설을 힘있게 전진시켜올 수 있었으며 사회주의의 우월성을 높이 발양시킬 수 있었다.[17]

그러나 김정일은 '대안의 사업체계'를 그대로 유지하며 경제건설(재건)을 할 수 없었다. 대부분의 공장과 기업소들이 국가수입이 절반 이상으로 줄면서 폐업상태에 있었기 때문이었다. 경제난으로 당(黨)도 흔들리며 근로자들에 대한 정치사업도 제대로 수행할 수 없게 되자 김정일은 당 대신 군(軍)을 앞세워 여전히 사상을 우위에 두면서 경제건설(재건)을 추진하였는데 그것이 바로 '선군정치'[18](先軍政治)이다. '선군정치'는 조선을 모든 국가정책의 추진에 있어 군사적 관점이 가장 우월한 국가로 만드는 병영국가화하는 것이 아니라, 최고사령관의 명령이라면 목숨까지 내놓고 무조건 따르고 수행하는 전사(戰士)가 갖는 사상, 즉 '혁명적군인정신'을 가진 군(軍)을 통해 (군을 경제건설 최전방에 배치하고 이들은 물질보상에 관계없이 최고사령관과 인민을 위해 모든 것을 바쳐 일하는) 혁명과업(경제건설)을 수행하는 것이다. 이렇게 사상, 즉 '혁명적군인정신'을 우위에 놓고 경제건설(재건)을 추진하기 때문에 '선군정치'는 김일성의 독특한 경제건설방식의 연장선에서 이해되어야 한다.

제2장에서 살펴보았지만 김정일은 김일성 사망 후 당과 내각 일각에

---

[17] 김정일, "사회주의는 과학이다: 조선로동당 중앙위원회 기관지 『로동신문』에 발표한 론문(1994년 11월 1일)", 『김정일선집 18(증보판)』 (평양: 조선로동당출판사, 2012), 90~91쪽.

[18] '선군정치'하에서의 국가투자의 우선순위는 중공업우선정책하에서와 유사하게 군수공업 그리고 군수공업과 직접적으로 연관을 갖고 있는 중공업에 맞추어 졌다. 그러나 국가투자의 우선순위만 갖고 '선군정치'를 논할 수는 없다. 김정일식의 사상을 우위에 놓고 경제건설(재건)과 같은 소위 혁명과업을 수행하는 방식 등을 통틀어 '선군정치'라 하여야 한다.

서 조선도 소련 또는 중국과 같이 '개혁'과 '개방'을 하자는 요구가 나왔을 때 그들의 요구를 일축하면서 사상을 우위에 두고 정치사업을 앞세우며 경제건설을 추진하는 김일성식 경제건설방식을 고수할 것임을 분명히 하였다.[19] 이것을 당시 조선의 상황에 맞게 조정되어 실현된 것이 '선군정치'였던 것이다. 김정일이 '선군정치'노선을 시행하고 밀고나가는 데에는 자강도에서 자력갱생의 정신으로 지역에서 필요한 전력을 생산하여 에너지문제를 스스로 해결한 경험이 든든한 우군(友軍)과 같은 역할을 해 주었기에 가능하였다.

김정일은 자강도 강계시를 중심으로 한 이러한 자력갱생의 경험을 '강계정신'이라고 명명하였는데 김일성의 '주체사상'에서 핵심어(keyword) 중에 하나라고 할 수 있는 '자력갱생'이 현실에서 가장 어려운 시간에 실현되었다는 것은 사상을 우위에 두고 정치사업을 앞세우며 하는 경제건설이 현실에서 실효성이 있다는 것을 증명해 주는 것과 같았다. 따라서 자강도 강계시를 중심으로 한 자력갱생의 경험이 '강계**정신**', '**정신**'(사상)에 방점이 찍힌 것이다.

'강계정신'은 '고난의 행군'시기 조선 모든 지역에서 반드시 따라 배워

19) 여기에 대해 김정일은 정확히 다음과 같이 말하였다.
"우리는 자력갱생의 기치밑에 강성대국을 건설해 나가야 합니다. 강성대국건설은 우리가 주인이 되어 이 땅우에 우리의 힘, 우리의 기술, 우리의 자원으로 부강조국을 일떠세우기 위한 사업입니다. 강성대국을 건설하는 과정에는 부족한것도 많고 난관도 많을수 있습니다. 그렇다고 하여 그것을 남에게 의존하여 풀어 나갈수는 없습니다. 우리는 제국주의자들이 떠드는 〈개혁〉, 〈개방〉바람에 끌려 들어 가서는 절대로 안됩니다. 〈개혁〉, 〈개방〉은 망국의 길입니다. 우리는 〈개혁〉, 〈개방〉을 추호도 허용할수 없습니다. 우리의 강성대국은 자력갱생의 강성대국입니다…(중략)…강성대국을 건설하자면 당사업에서 새로운 전환을 일으켜야 합니다. 당조직들과 당일군들은 전체 간부들과 당원들과 근로자들을 강성대국건설전투로 불러 일으키기 위한 조직정치사업을 잘하여야 합니다." (김정일, "올해를 강성대국건설의 위대한전환의 해로 빛내이자: 조선로동당 중앙위원회 책임일군들과한 담화(주체88(1999)년 1월 1일)", 『김정일선집 19(증보판)』 (평양: 조선로동당출판사, 2012), 449~450쪽).

야 하는 자력갱생의 모범이 되었으며 김정일도 비로소 군(軍)뿐만 아니라 근로대중을 대상으로 하여 현실에서 다시 사상을 우위에 놓고 경제건설(재건)을 추구할 수 있게 되었다. 자강도 강계시를 중심으로 하는 자력갱생의 경험은 한편으로는 김정일에 의하여 고수되고 있는 김일성식 경제건설방식이 옳다는 정당성을 부여하였으며, 또 한편으로는 김정일에게 국가투자의 대부분을 과학기술혁신에 집중할 수 있는 기회를 제공하였다.

과학기술의 혁신으로 생산력을 높여 경제건설을 하여야 한다는 자각은 이미 김일성 시대인 제3차7개년계획부터 있었다. 그러나 6만 톤 능력의 분괴압연기에서 12만 톤의 강재를 생산하는 기적을 창조한 강선제강소의 1957년 경험은 김일성으로 하여금 근로대중을 상대로 정치사업을 재대로 하여 그들의 사상을 하나로 묶어낼 수만 있다면 그 어떤 난관도 극복할 수 있다는 자신감을 주었다. 강선제강소에서의 1957년 경험 이후 그는 줄곧 이것을 밀고 나갔으나 다시 큰 성과를 내지 못하자, 김일성은 "과학기술을 발전시키고 기술혁신운동을 강화하여 인민경제의 기술개조를 힘있게 다그치는 것"을 제3차7개년계획(1987~1993)을 수행하는 데서 가장 중요한 과제로 선정하였던 것이다.

다시 말하여 김일성은 30년간 시행하여온 노동과 자본의 투여를 늘여 성장을 도모하는 외연적 성장(extensive growth)의 한계를 인정하고 이제 조선의 경제성장은 기술혁신에 의한 내연적 성장(intensive growth)으로만 가능하다는 인식을 하게 되었던 것이다. 김정일은 '고난의 행군' 강행군이라는 가장 어려운 고비를 넘기자 과학기술에 국가의 모든 투자를 집중하는데, 이로써 김정일은 사상을 우위에 놓고 정치사업을 앞세우며 경제건설을 추구하는 것뿐만 아니라 김일성이 설파한 경제건설방식의 모든 것을 계승한 것이었다.

김정일은 수동적으로 김일성의 경제건설방식을 계승한 것이 아니었다. 김정일은 기계를 만드는 기계인 공작기계를 자동화하는 컴퓨터 수치제어(Computer Numerical Control, 이하 CNC)기술을 조선 경제재건의 중심 고리로 보고 국가가 동원할 수 있는 거의 모든 자금을 CNC 기술개발과 혁신에 투자하였다. 조선에서 경제재건은 단순히 경제의 규모와 성장속도가 '고난의 행군' 이전의 것을 회복하는 것만을 의미하지 않는다.[20]

소련이 몰락하고 사회주의경제권이 붕괴되면서 야기된 조선의 최대 경제위기는 결국은 코크스(cokes)와 원유(crude oil)의 수입을 원활이 할 수 없었기 때문에 촉발된 것이었다. 코크스와 원유는 각각 철강재와 화학비료를 만드는 데 필수적인 재료였는데 조선은 이미 오래전부터 코크스 없이 철강을 만들고 원유 없이 비료를 만드는 연구와 시도를 하고 있었다. 그런데 조선에 거의 무진장으로 부존되어 있는 무연탄을 가스화하는 '고온공기연소기술'로 코크스 그리고 원유 없이 철강과 비료를 만들 수 있는 기술이 개발되었는데 이 '고온공기연소기술'을 가능케 해 주는 필수기술이 바로 CNC이다.

김정일에게 '고난의 행군'이 끝낸다는 의미는 조선경제재건이 자력갱생의 능력을 한층 배가(倍加)시키는 바탕에서 진행된다는 것이며 이것은 곧 (그들의 표현대로라면) CNC기술의 패권을 잡는 것이 된다. CNC기술은 핵과 장거리 미사일을 만드는 데도 필수적이어서 김정일이 1999년부터 내건 '강성대국'건설의 기초적인 성과 여부는 CNC기술의 개발과 향상에 달렸다고 해도 과언이 아니었다.

---

[20] 이에 대해 김정일은 다음과 같이 말하였다. "지금 일부 사람들은 우리가 경제를 활성화한다고 하니 단순히 경제를 지난 시기와 같은 수준으로 환원복구하는 것으로 생각하고 있는데 그것은 잘못된 견해입니다. 경제를 활성화한다는 것은 본질에 있어서 21세기에 맞는 경제를 건설한다는 것을 의미합니다." (김정일, "김일성군사종합대학과 김일성정치대학을 중시하여야 한다: 조선인민군 지휘성원들과 한 담화(주체89(2000)년 2월 5일)", 『김정일선집 20(증보판)』 (평양: 조선로동당출판사, 2013), 121쪽).

김정일은 조선의 CNC기술이 2009년 세계 최첨단을 돌파하였다고 하였다. 이것은 현실에서 2010년부터 코크스 없이 철강재를 생산하는 주체철 생산체계와 원유 없이 화학비료를 생산하는 주체비료 생산체계 그리고 예전보다 전기를 훨씬 덜 쓰는 비날론의 주체섬유 생산체계가 선행 공장들에서 마련되지 시작하였고, 조선의 국가예산수입총액은 2011년부터 '고난의 행군'이전의 것을 추월하는 것으로 나타났다. 따라서 CNC기술을 국가경제 재건의 중심 고리로 선택하고 국가의 투자를 집중하는 김정일의 '선택과 집중'전략은 소기의 목적을 달성하였다고 평가할 수 있다.

이와 더불어 중요한 것은 김일성 시대 조선이 그토록 심혈을 기우려 이루려 하였던 '축적과 소비'의 균형도 CNC기술발전을 중심 고리로 한 기술혁신을 기반으로 내연적 성장체계를 완비해 감으로써 달성 가능한 목표가 되었다는 사실이다. 국가적 차원에서 의의를 갖는 주요 공장과 기업소들의 기술 개건화 사업이 2011년까지 어느 정도 마무리 되자 김정일은 경공업부문에 대한 현지지도를 강화하기 시작하였다. 그의 마지막 현지지도가 이루어진 곳도 평양에 위치하고 있는 '광복지구상업중심'이라는 상업봉사기지[21]였다.

김일성 시대에 추구하였던 외연적 성장은 한정되어 있는 국내의 노동과 자본만을 활용하여 성장을 도모하기 때문에 늘 자원부족의 문제를 겪을 수밖에 없었으며, 노동과 자본은 수확체감의 법칙에 적용을 받기 때문에 늘리면 늘릴수록 생산물의 증가속도는 줄어드는 악순환에 빠질 수밖에 없었다. 조선의 경제는 제1장에서 살펴보았던 것과 같이 제1차7개년계획 이후부터 수확체감의 법칙을 적용을 받게 되면서 이 악순환의 연속이었다고

---

[21] 한국식 표현으로는 대단지 쇼핑몰(shopping mall) 또는 대규모의 쇼핑센터 정도가 될 것이다.

하여도 과언이 아니다.

역설적으로 '고난의 행군'이라는 사상 최대의 경제난을 겪으면서 생존을 위해 동원할 수 있는 국가의 거의 모든 자금을 CNC기술 혁신에 집중한 것이 기술혁신을 통한 경제성장을 도모하는 내연적 성장의 밑거름이 된 것이었다. 내연적 성장체계가 성숙되면 경공업부문의 공장과 기업소들에서 기술개건사업이 진행되고 이를 통해 경공업의 생산성도 배가되고 생산물도 비약적으로 늘어날 수 있을 것이다. 김정일 시대에 조선경제는 비로서 내연적 성장체계의 틀을 갖추기 시작하였는데 이로써 김일성 시대의 달성하기 늘 어려운 목표였던 '축적과 소비'의 균형을 이룰 수 있는 토대도 마련되었다고 할 수 있다.

김정일은 김일성의 독특한 경제건설방식인 사상을 우위에 놓고 정치사업을 앞세우며 경제건설을 추구하는 경제건설방식을 계승하였지만 '고난의 행군'이라는 사상 최대의 경제난을 겪으면서 국가수입이 절반 이상으로 줄고 대부분의 공장과 기업소들에서 생산 활동을 정상적으로 할 수 없는 상황이었다. 따라서 김일성식 경제건설방식의 일부 내용과 수행 절차는 이러한 상황에 맞게 조정될 수밖에 없었다.

김정일은 경제건설에서 기본적으로 사상을 우위에 두고 정치사업을 앞세우는 집단주의의 틀은 고수하였지만, 사회주의사회에서 공산주의사회로 이행하는 과도기(過渡期)단계에서 조선이 위치하는 단계를 김일성 시대보다 낮게 설정하고 독립채산제를 바탕으로 사회주의분배원칙이 철저히 지켜지는 체제에서 공산주의적 시책을 극소화하고 생산의 효율성을 극대화하는 방향에서 경제를 관리하도록 하였다. 김정일은 이것을 '사회주의경제관리완성의 기본방향'이라고 하며 표어(標語)화시켰는데 이것이 바로 **"사회주의원칙을 확고히 지키면서 가장 큰 실리를 얻게 하는 것"**이었다. 최대의 경제위기를 맞고 있는 상황에서 경제관리를 완성하는 기본방향이 위와 같이 설정되면서 경제는 2002년 7월 1일 시행된 '경제개선조치'를 기점으로 일대 변화를 겪게 되었다.

김정일은 2001년 10월 3일 중앙당 일군들에게 '사회주의경제관리완성의 기본방향'을 담은 교시(10.3담화)를 하였다. 이 10.3담화의 교시의 구체적인 내용은 10.3담화가 나오고 13년 이후인 2014년 '사회주의기업관리책임제'에 그대로 반영되어 제도화된다. 김정일은 조선이 '고난의 행군'을 끝내고 생산의 정상화(normalization of production)가 이루어졌을 때를 염두에 두고 사회주의경제관리완성의 기본 방향을 제시한 것이었는데 위에서도 살펴보았지만 조선이 '고난의 행군'을 완전히 벗어난 것은 2011년부터였으며 공교롭게도 김정일도 2011년에 사망하였기 때문에 이것이 제도로서 시행되기까지는 2011년으로부터도 3년이란 시간이 더 필요하였던 것이다.

3. 김정은 시대(2012~): '사회주의경제강국건설'과 '사회주의기업책임관리제'

김정일 사망 직후인 2011년 12월 17일 밤 김정은은 금수산기념궁전에 당중앙위원회 정치국 성원들을 모이게 하고 김정일 사망소식을 전하고 김정일의 생전 업적 그리고 그의 장례 등에 대해 담화를 하였는데 담화의 끝부분이 특별히 눈길을 끈다. 김정은은 다음과 같이 말하였다.

> 오늘 우리앞에는 그 어떤 천지풍파가 닥쳐와도 장군님의 혁명유산을 대를 이어 굳건히 고수하며 장군님의 숭고한 념원을 하루빨리 빛나게 실현하여야 할 무겁고도 성스러운 혁명과업이 나서고 있습니다. …(중략)…우리 서로 팔을 끼고 어깨를 겯고 일어나 장군님께서

바라시던대로 이 땅우에 사회주의강성국가를 기어이 일떠세워야 합니다. 장군님의 유훈을 관철하는 길에서 한치의 양보와 드팀도 있어서는 안됩니다. 나는 장군님의 위업을 한치의 드팀도 없이 끝까지 관철하는 장군님의 영원한 전사가 되겠습니다…(중략)…위대한 김정일장군님은 비록 서거하시였으나 우리가 하여야 할 모든 사업과 행동의 자막대기는 장군님의 말씀과 방침이라는 것을 절대로 잊어서는 안됩니다. 우리는 장군님의 말씀과 방침들을 유일한 지침으로 하여 제기되는 문제들을 정확히 처리하면서 모든 사업을 힘있게 추진해나가야 합니다.[22]

김정은은 김정일 사망 직후 로동당의 중심 구성원이라고 할 수 있는 중앙위원회 정치국 위원들을 소집하고 자신은 김정일의 노선을 그대로 계승하고 철저히 따르며 김정일이 목표한 바를 자신이 이루겠다는 것을 선언하였다. 김정일의 노선은 곧 김일성의 노선이였음으로 김정은이 김정일의 노선을 계승하겠다는 것은 김일성의 노선을 계승하겠다는 것이다. 이것을 경제건설에 국한시켜 말하자면 자신도 김일성식 경제건설방식인 사상을 우위에 두고 정치사업을 앞세우며 경제건설을 하겠다는 것이 된다.

김정일은 김일성식 경제건설방식을 계승하면서 변화한 환경에 맞게 사회주의경제관리완성의 방향을 '사회주의원칙을 지키면서 최대한의 실리를 얻는 것'으로 잡았다. 김정일은 이것의 구체적인 내용까지도 10.3담화를 통해 밝혀 주었지만, 이러한 사회주의경제관리체제는 생산의 정상화가 이루어진 후에 가능하였기 때문에 김정일 생전에는 가시화되지 못했다. 그러

---

[22] 김정은, "위대한 김정일동지의 고귀한 생애와 혁명업적은 천추만대에 길이 빛날 것이다: 조선로동당 중앙위원회 정치국 성원들과 한 담화(주체100(2011)년 12월 17일)": http://www.dprktoday.com/index.php?type=98&no=627 (접속: 2017년 5월 25일).

나 생산의 정상화가 2011년부터 국가적 차원에서 의의가 있는 부문에서부터 시작되었고 다른 중공업부문으로 확산되면서 이에 걸맞은 경제관리체제의 필요성이 현실에서 대두되었다. 이때가 바로 김정일의 사망 직후인 2012년 무렵이었다.

김정은은 2012년을 주로 군부대 현지지도로 보내면서 자신은 김정일의 '선군정치'를 계승한다는 점을 부각하였다. 사회주의경제관리완성의 방향인 "사회주의원칙을 지키면서 최대한의 실리를 얻는 것"의 제도화에 대한 필요성이 김정은에 의하여 처음 언급된 것은 '조선로동당 중앙위원회 2013년 3월전원회의 보고'에서였다. 김정은은 보고의 대부분을 핵무력 건설과 경제건설의 병진노선의 필요성에 대해 할애하였지만 끝부분에서 "현실발전의 요구에 맞게 우리 식의 경제관리방법을 연구, 완성하여야 한다"고 하였다. 이어 그는 "구현한 우리 식의 경제관리방법은 생산수단에 대한 사회주의적소유를 확고히 고수하면서 국가의 통일적지도밑에 모든 기업체들이 경영활동을 독자적으로, 창발적으로 해나감으로써 생산자대중이 생산과 관리에서 주인으로서의 책임과 역할을 다하도록 하는 사회주의기업관리방법으로 되어야 할 것"이라면서 마치 김정일이 잡아준 사회주의경제관리완성의 방향에 대해 부연(敷衍)하듯이 앞으로 연구, 완성되어질 경제관리 방법의 핵심내용과 방향성의 틀을 명확히 해 두었다.

약 1년이 지나 이것은 '사회주의기업책임관리제'로 명명 지어지고 마침내 김정일이 13년 전 10.3담화를 통해 교시한 내용을 담은 '사회주의기업책임관리제'는 조선의 경제관리체제로서 자리를 잡는다. 제3장에서 자세히 살펴보았듯이 '사회주의기업책임관리제'에서 조선의 기업체는 자본주의의 일반 기업과 유사한 동기와 경영전략을 갖고 있으나 기업체는 기업체안의 조직되어 있는 기업체당위원회의 지도를 받고 이 제도화된 지도의 기본 요지(bottom line)는 국가의 이익을 먼저 도모하는 것이기 때문에 자본주의체제에서 영리를 주목적으로 자유방임의 틀에서 운영되는 기업과는 구분이 되며 여전히 집단주의의 틀에서 운영된다고 할 수 있다.

이러한 조선의 경제체제는 비교경제체제(Comparative Economic System)의 관점에서 어떻게 구분될 수 있을까? 제3장에서 자세히 논하였듯이 '사회주의기업책임관리제'는 중앙집권적 계획경제체제가 아니다. '사회주의기업책임관리제'를 또한 사유재산의 기반에서 산업 활동의 전 과정을 구성하는 연결고리에 교환의 매개수단인 화폐가 도입되어 모든 종류의 소득이 무언가를 판매하는 행위에서만 발생되며, 어떤 개인이 소득을 얻게 된 실체의 원천이 무엇이건 간에 그것은 그가 무엇인가를 판매한 결과로서 간주되는 자본주의 시장체제로 구분하기 더더욱 어렵다.

그러면 혼합경제(Mixed Economy)에서 흔히 볼 수 있는 유도계획(Indicative Planning)의 일종이라고 할 수 있을까? 여기에도 문제가 따른다. 유도계획의 특징은 국가가 거시적 계획지표를 세우고 기업체들에게 보조금, 장려금 그리고 세금 등을 주어서 경제적 목표를 달성하도록 유도하는 것에 있다. 그러나 제3장에서 살펴보았듯이 '사회주의기업책임관리제' 하에서 계획은 중앙지표, 기업체지표 (또는 지방지표)로 나뉘며 기업체는 국가지표인 중앙지표를 우선적으로 수행하여야 하며 중앙지표 중에서도 중요지표는 그 무엇보다 먼저 수행하여야 한다.

중요지표는 중앙집권적 계획경제의 성격을 띠고 있는데 국가에서 기업체가 계획수행에 필요한 원료와 자재를 계획하고 계획에 따라 공급해 주고 기업체는 그 무엇보다 먼저 중요지표를 수행하고 달성해야 하기 때문이다. 중요지표를 제외한 중앙지표는 기업체의 능력과 요량에 따라 수행되기 때문에 시장이 활용된다. 그러나 이것을 두고 자유방임적 그리고 자유경쟁적 시장이라 할 수 없다. 조선의 모든 기업체들이 중앙지표를 할당받고 모두 이것을 우선적으로 수행하는데 국가에서 일원적으로 그리고 세부적으로 계획을 하지는 않고 '경제발전전략'[23]이라는 경제발전방향과 틀만 제시한다. 기업체들이 자신들의 받은 중앙지표를 수행하기 위해서는 서로 간의 긴밀한 협업과 조종된 분업이 (마치 국가가 조종하고 통제 한 것과 같이) 동반되어야 하기 때문에 시장이 활용되지만 이러한 시장을 두고 자유방임적 또는 자유경쟁적 시장이라고 평가할 수는 없다.

'사회주의기업책임관리제'의 중앙지표 수행체계가 계획의 일원화와 세부화 체계와 다른 점은 '사회주의기업책임관리제'에서는 기업체들이 국가계획인 중앙지표를 수행할 때에 국가의 중앙집권적인 통제 아래 국가가 서로 빈틈없이 맞물리게 짜 주어진 계획을 수동적으로 수행하는 것이 아니라 기업체의 제량에 맞게 기업체가 능동적으로 중앙지표를 수행하는 데 있다. '사회주의기업책임관리제'하에서의 기업체들은 중앙지표를 수행하는 데 우선순위를 두지만 독립채산제로 운영되기 때문에 기업체에 필요한 운영, 관리유지비 등 경영에 필요한 거의 대부분의 자금을

---

[23] 고난의 행군'이라는 사상 최대의 경제난을 겪던 김정일 시대에는 제 몇 차 몇 개년 계획이라는 경제건설계획을 세울 수가 없었다. 그러나 생산의 정상화가 어느 정도 이루어지고 있는 김정은 시대에도 경제건설계획을 세우지 않는다. '사회주의기업책임관리제'가 실시된 이후 조선에서는 2016년부터 2020년까지의 국가경제발전 5개년 전략이 내각에 의하여 세워졌다. 그러나 김일성 시대에 세워졌던 무엇은 얼마 또 어떤 것은 얼마 생산한다는 구체적으로 수치화된 계획 대신, 김정은이 국가경제발전 5 개년전략 목표를 아래에서 밝히고 있듯이 경제건설의 전략적 방향과 틀만 제시한다. "국가경제발전 5개년전략의 목표는 인민경제전반을 활성화하고 경제부문사이 균형을 보장하여 나라의 경제를 지속적으로 발전시킬수 있는 토대를 마련하는 것입니다. 5개년전략수행기간에 당의 새로운 병진로선을 틀어쥐고 에네르기문제를 해결하면서 인민경제 선행부문, 기초공업부문을 정상궤도에 올려세우고 농업과 경공업생산을 늘여 인민생활을 결정적으로 향상시켜야 합니다." (김정은, "조선로동당 제7차 대회에서 한 당중앙위원회 사업총화보고: http://www.dprktoday.com/index.php?type=98&no=323 (접속: 2016년 12월 15일).

스스로 벌어야 한다. 따라서 기업체들이 스스로 세운 기업체지표를 성과적으로 수행하여 생산 또는 영업이익을 얻는 것은 그 무엇보다도 중요하다고 할 수 있다.

이 기업체지표는 시장을 통해 수행되지만, 이 역시 자본주의 시장체제하에서의 자유방임적 그리고 자유경쟁적 시장이라고 볼 수 없다. 조선의 기업체들이 생산과 경영에 필요한 자금의 많은 부분은 은행으로부터의 대출을 통해 마련하는데 은행은 국가의 통제를 받고 있으며, 또한 은행은 (제3장에서 자세히 분석되었지만) 소위 '원에 의한 통제'를 통해 기업체들을 관리하여, 기업체들의 경영전략은 일정하게 은행의 (그리고 간접적으로 국가의) 통제를 받고 있기 때문이다.

'사회주의기업책임관리제'가 다른 어느 경제관리체제와 다른 점은 기업체 안에 존재하고 있는 기업체당위원회와 이것의 임무와 역할에 있다. 조선의 모든 기업체에는 당위원회가 있는데 이것의 가장 중요한 목적은 기업체가 국가의 이익을 먼저 생각하고 중앙지표를 우선적으로 수행, 달성하게 하는 데 있다. 중국의 일부 기업에도 당위원회가 존재하는데 이런 당위원회는 모든 기업에 존재하는 것이 아니라 국영기업에만 있다. 그리고 중국은 기업의 소유권을 개인(들)이 가질 수 있는 권리와 토지의 소유권도 장기임대라는 형태로 간접적으로 허용하고 있어 생산재의 사유화를 사실상(de facto) 인정하고 있기 때문에 그 어떠한 형태로든 생산재의 사유화를 허용하지 않는 조선과 동급으로 비교하기는 어렵다.

조선의 모든 기업체에 존재하는 당위원회의 임무와 역할은 김일성 시대 그리고 김정일 시대에 비하여 달라진 것이 없다. 이들의 가장 중요한 임무와 역할은 기업체의 생산, 경영활동에서 당의 노선을 '정치사업을 앞세우며' 관철시키는 것이다.[24] 이런 측면에서 '사회주의기업책임관리제'는 조선에만 유일하게 존재하는 경제관리체제라고 할 수 있다. 조선의 자력갱생노선에 큰 변화가 없고 조선이 자력갱생을 지속할 수 있는 능력에 문제가 생기지 않는 한, '사회주의기업책임관리제'로 대변되는 조선의 독특한 사회주의경제체제는 고수, 유지될 것으로 전망된다.

---

24) 김정은은 2019년 4월 12일에 한 시정연설에서 다음과 같이 말함으로써 이 점을 확실을 하였다.
"당의 령도는 사회주의국가건설의 본성적요구이며 국가활동의 생명선입니다. 사회주의국가는 인민대중의 요구와 리익의 체현자인 당의 령도밑에서만 인민의 복무자로서의 사명을 훌륭히 수행할수 있고 사회생활의 모든 분야와 지역에 대한 통일적지도와 전반적사회주의건설을 위한 투쟁을 옳바로 조직진행해나갈 수 있습니다 …(중략)… 우리 당은 국가활동에 대한 당적령도를 실현함에 있어서 모든 당조직들이 자기 부문, 자기 단위의 사업을 통일적으로 장악하고 정치적으로, 정책적으로 지도하도록 하는데 깊은 관심을 돌리고 있습니다. 정치적령도기관인 당이 행정사업에 말려들고 실무적방법에 매달리면 자기의 본도를 잃게 되는 것은 물론 행정기관들의 기능을 마비시키고 당의 권위를 훼손시키며 결국은 혁명과 건설을 망쳐먹을수 있습니다." (김정은, "현 단계에서의 사회주의건설과 공화국정부의 대내외정책에 대하여: 조선민주주의인민공화국 최고인민회의 제14기 제1차회의에서 한 시정연설(주체 108(2019)년 4월 12일)", 『로동신문』 2019년 4월 13일자).

—

마무리하면서

—

"If I Could Put All Of My Money Into North Korea, I Would." (Legendary investor and market contrarian Jim Rogers told Futures magazine Editor-in-Chief Dan Collins on October 9, 2014)

"North Korea, under the leadership of Kim Jong Un, will become a great Economic Powerhouse." America's 45th President Donald J. Trump's message on Donald J. Trump@realDonaldTrump Twitter 5:09 AM - May 28, 2018)

DPRK 경제건설의 향후 전망에 대한 소고(小考)

조선경제는 '사회주의기업책임관리제'하에서 어느 수준까지 성장하고 발전할 수 있을까? 제3장에서 분석되었듯이 조선의 국가수입총액은 2011년에 '고난의 행군'이 시작되기 이전 수준 것을 추월하였고, 2016년의 국가예산수입총액은 5백5십9억1,892만 원으로 1993년의 4백5억7,120만 원의 1.5배에 가깝다. 2000년부터 2016년까지 국가예산수입총액의 연평균성장률은 6.5%이기 때문에 같은 기간 조선의 국민총소득(Gross National Income) 또는 국내총생산(Gross Domestic Product) 역시 연평균 최소 6.5%씩 성장하였을 것이다.

조선경제가 자기완결적인 구조에서 내수 위주로 성장하였음을 고려할 때, 국내총생산이 연평균 6.5% 이상 16년간 성장하였다는 것은 매우 이례적이라고 할 수 있다. 결코 대국(大國)이라고 할 수 없는 조선과 같은 규모의 나라에서 비교적 높은 수준의 경제성장을 20년 가까이 자력갱생의 방법으로 지속하기란 결코 쉽지 않기 때문이다.

대륙과 같은 규모의 영토와 온갖 종류의 부존자원을 가지고 있는 중국과 러시아뿐만 아니라 세계 최대 부국(富國)이며 그 어느 나라보다도 경제적 잠재력을 많이 가지고 있는 미국조차도 무역을 적절히 (비교우위의 관점에서) 활용하여 경제를 성장시키고 발전시켜 왔다. 그러나 조선은 무역을 경제건설의 방법이나 방도로 선택할 수 없었다. 정전(停戰) 이후 미국이 '적성국가와의 무역금지 조항 1917(Trading with Enemy Act of 1917)을 조선에 걸면서 조선은 미국뿐 아니라 대부분의 자본주의국가들과 무역하는 것을 제한당해 왔기 때문이다.

조선은 자력갱생의 노선을 택하고 경제건설에 착수하였으며 경제건설에 반드시 필요하지만 자국에 부존되어 있지 않는 원료와 원자재는 소련과 사회주의권 국가들과 선택적인 무역을 통해 공급받았다. 그러나 1990년대 초 소련과 동구사회주의권이 붕괴되면서 이와 같은 원료와 원자재의 공급이 끊기고 또 역설적으로 자력갱생으로 구축해 놓은 자기완결적인 경제구조 때문에 사상 최대의 경제난을 맞게 되었다. 그 어디에서도 경제재건을 위해 도움을 구할 수도 받을 수 없었던 조선에게 경제난을 극복할 유일한 길은 (또한 역설적으로) 자력갱생의 능력을 강화하고 배가시키는 것밖에 없었다.

앞에서도 분석되었지만 조선의 경제난은 자기완결적 경제구조의 틀에서 경제건설의 근간이라고 할 수 있는 금속과 화학공업이 원활히 가동되지 못하면서 시작되었다. 조선이 코크스(cokes)와 원유(crude oil)를 외국에서 제대로 수입할 수 없게 되고 철강재와 화학비료를 만들 수 없게 되면서 공업의 각 부문과 공장들은 기본적인 자재를 공급받지 못하여 조업을 할 수 없게 되고, 농업생산이 제대로 이루어지지 않아 식량난이 겹치면서 경제건설 전체가 마이너스 성장이라는 악순환에 빠지게 된 것이었다. 조선이 이 악순환의 고리를 끊고 '고난의 행군'을 끝낼 수 있었던 것은 코크스와 원유 없이 철강재와 화학비료를 만들 수 있는 고온공기연소(또는 고온에서 무연탄을 가스화시키는 공정으로 '무연탄가스화공정'이라고도 호칭되는)기술을 개발하고 상용화할 수 있었기 때문에 가능하였다.

조선은 '무연탄가스화공정기술'을 통해 코크스 없이 철강재를 만들고 원유 없이 화학비료를 만들 수 있게 되었다. 뿐만 아니라 전기가 많이 드는 것이 고질적 문제였던 비날론도 '무연탄가스화공정기술'을 통해 전기를 이전보다 훨씬 덜 쓰면서 생산해 낼 수 있게 되었다. '무연탄가스화공정기술'의 이와 같은 상용화는 단순히 조선이 이 기술을 지렛대로 하여 '고난의 행군'을 끝냈다는 것만을 의미하지 않는다. '무연탄가스화공정기술'의 상용화는 조선이 다른 어떤 나라와도 다르게 석유가 아니 석탄(무연탄)을 기반으로 경제건설 스스로 할 수 있게 되었음을 확고히 해 주는 것이며, 자력갱생을 바탕으로 (자국의 부존자원만으로도 경제개발에 필요한 자원을 기본적으로 충족시키는) 경제건설을 이룰 수 있는 확실한 토대가 마련된 것을 의미한다.[1] 이것은 현실에서 다음과 같이 확인되고 있다.

U.N. 안보리에서는 미국이 주축이 되어 조선의 6차 핵실험과 장거리 미사일 발사실험에 따른 유류공급을 제한하는 것을 핵심으로 한 대북제재 결의 2375호와 2376호를 각각 2017년 9월과 12월에 발표하고 제재에 들어갔다. 이에 더불어 미국의 트럼프 대통령은 2018년 2월 조선의 핵과 미사일 개발 자금을 차단하기 위해 조선의 제재 회피를 돕고 있는 기관 27곳, 28개 선박, 개인 1명 등 추가 제재를 포함한 조선에 대한 사상 최대의 제재를 단행했다고 발표하였다. 조선의 최대 원유와 정제유 수출국인 중국도 위의 제재에 적극적으로 동참하고 있어 조선으로 들어가는 정제유의 량은 2018년 들어 급속히 줄어들었지만[2], 1994년부터 조선으로 들어가는 코크스

---

[1] 물론 교통운송에는 여전히 원유가 필요하다. 그러나 조선의 여객과 화물은 철도가 각각 60% 그리고 90% 이상을 담당하고 있으며, 철도의 약 80% 이상이 전철화되어 있기 때문에 교통운송에서조차 원유가 차지하는 비중은 매우 낮다.

와 원유의 양이 급격히 줄면서 벌어졌던 '고난의 행군', '강행군'으로 대변되는 경제난은 2019년 8월 현재까지 조선에서 일어나지 않고 있다.

일각에서는 조선의 경제가 아직도 '고난의 행군'을 벗어나지 못한 심각한 상황이며 이것이 체제를 위협하기 때문에 조선이 미국과의 핵 협상에서 궁극적으로 얻어내려는 것이 경제제재조치 해제와 이에 따른 경제지원이라고 한다. 그러나 김정은은 '2019년 4월 13일 시정연설'에서 미국과의 핵협상이 장기화되어 경제제재가 지속된다 하여도 지금까지와 같이 자력갱생으로 돌파해 나갈 것을 다음과 같이 밝히고 있어 조선의 경제건설이 자립이라는 토대에 뿌리를 내리고 있음을 확인시켜 주고 있다.

> 미국이 우리 국가의 근본리익에 배치되는 요구를 그 무슨 제재해제의 조건으로 내들고 있는 상황에서 우리와 미국과의 대치는 어차피 장기성을 띠게 되어있으며 적대세력들의 제재 또한 계속되게 될 것입니다. 우리는 적대세력들의 항시적인 제재속에서 사회주의를 건설해왔지만 그렇다고 하여 그에 만성화되어서는 절대로 안되며 혁명의 전진속도를 조금도 늦출수 없습니다…(중략)…장기간의 핵위협을 핵으로 종식시킨 것처럼 적대세력들의 제재돌풍은 자립, 자력의 열풍으로 쓸어버려야 합니다. 우리에게는 최단기간내에 나라의 경제를 활성화하고 세계선진수준에로 도약할 수 있는 자립적발전능력과 기반이 있습니다. 수십년간 다져온 자립경제토대와 능력있는

---

2) U.N. 안보리 산하 대북제재위원회(1718 위원회)가 U.N.에 보고한 2018년 1월에서 5월까지 중국의 대조선 정제유 수출량은 1월 201t, 2월 1천 392t, 3월 2천438t, 4월 437t, 5월 1천451t 으로 5개월 총공급량을 배럴로 환산하면, 약 4만7천400 배럴이 된다. U.N.이 설정한 한 달 허용치를 조금 넘는 수준에 불과한데 연간 대북 정유공급 제한 50만 배럴을 12개월로 나누면 한 달에 4만 1천 배럴 정도이므로 제한 한도량에 크게 못 미치고 있다. 이 정유공급 제한량 50만 배럴은 이전 결의가 상한선으로 정했던 200만 배럴에 비해 75%가 줄어든 것이다. (김현진 기자, "유엔 "중국, 올 1~5월 북한에 정제유 5,921t 공급"…유엔 제재 상한선 크게 못 미쳐", 「Voice of America」(2018년 7월 6일: https://www.voakorea.com/a/4469490.html (접속: 2018년 7월 6일).

과학기술력량, 자력갱생을 체질화하고 애국의 열의로 피끓는 영웅적인민의 창조적힘은 우리의 귀중한 전략적자원입니다.[3]

위의 김정은 연설에서도 알 수 있듯이 조선의 경제발전전략은 자립적 기반위에서 과학기술혁신을 통해 생산력을 배가시켜 경제를 빠른 속도로 성장시키고 보다 높은 차원으로 발전시키는 것이다. 과학기술혁신의 전략적 목표로 조선로동당은 모든 생산 공정을 자동화, 지능화하고 공장, 기업소들을 무인화하는 것, 즉 '인민경제의 현대화 그리고 정보화실현'으로 제시한다.

'인민경제의 현대화와 정보화실현'은 구체적으로 개별적인 공장, 기업소들의 현대화, 정보화를 통하여 실현되며 공장, 기업소들에서 현대화, 정보화의 실현은 통합생산체계와 무인조종체계의 확립으로 나타난다고 한다. 그런데 "통합생산체계와 무인조종체계의 수립은 CNC공작기계를 비롯한 정보설비로 장비된 유연생산체계와 경영관리정보체계를 바탕으로 생산과 경영활동전반이 정보기술을 비롯한 현대적인 과학기술수단들과 수법으로 관리 운영되는 것을 의미한다"고 한다.[4] 따라서 인민경제에서 현대화와 정보화가 실현된다는 것은 첨단기초기술이라 할 수 있는 CNC기술이 개발되고 그에 기초하여 CNC공업이 창설된다는 것이며 이를 기반으로 경제 각 부문과 각 공장 그리고 기업소의 생산능력을 모두 향상시켜 경제를 보다 빠른 속도로 성장시키고 한층 높은 차원으로 발전시키겠다는 것이다.

앞에서 (그리고 제2장과 제3장에서 상세하게) 분석되었듯이 조선은

3) 김정은, "현 단계에서의 사회주의건설과 공화국정부의 대내외정책에 대하여: 조선민주주의인민공화국 최고인민회의 제14기 제1차회의에서 한 시정연설(주체108(2019)년 4월 12일)", 『로동신문』 주체108(2019)년 4월 13일자.

4) 양춘길, "지식경제를 세우는 것은 당의 새로운 전략적로선의 중요투쟁목표", 『경제연구』 주체107(2018)년 4호, 11~12쪽.

자력갱생을 추구할 수 있는 자립적 경제기반과 최첨단의 CNC기술을 이미 가지고 있으며, '인민경제의 현대화와 정보화실현'은 중공업부문에서 경공업부문 그리고 경제 전분야로 확산되어 가고 있는 중이다. 이렇듯 CNC공업이 창설되어 '인민경제의 현대화와 정보화가 실현'된다면 생산력이 전반전적으로 배가되어 경제성장과 발전을 이전보다 빠른 속도로 이룩할 수 것이다. 그러나 조선이 내수시장만으로 경제를 성장, 발전시키려 한다면 벽에 부딪힐 수밖에 없을 것이다. 조선의 내수시장은 규모에서 뚜렷한 한계를 가지고 있기 때문이다.

이를 극복하기 위해서 조선은 2019년 현재 각 도에 20여 개의 경제개발구5)을 설정해 놓고 외국으로부터 투자를 유치하고 합영과 합작을 도모하려고 한다.6) 이와 같은 경제개발구의 창설은 조선의 대외경제관계를 확

---

5) 경제개발지구는 다음과 같이 정의된다고 한다. "경제개발구는 국가가 특별히 정한 법규에 따라 경제활동에서 특혜가 보장되는 특수 한 경제지대이다. 다시말하여 국내외의 자금과 기술, 생산수단들을 적극 받아들이고 그것을 보다 효과적으로 리용하기 위하여 국내의 일반지역과 분리시켜 일정한 구획을 갈라놓고 그 안에서 투자와 경영활동에 보다 유리한 경제적 및 법률적환경을 조성하며 여러 가지 특혜와 편의를 제공해주는 특수경제지대를 경제개발구라고 한다." (리명숙, "대외경제관계의 확대발전에서 경제개발구가 노는 역할과 개발과제경제개발구개발사업을 적극 밀고 나가는것은 현시기 우리앞에 나서는 중요한 과업", 『김일성종합대학학보: 철학, 경제』 주체106(2017)년 제63권 3호 120쪽).

6) 리명진의 다음 글은 각도(道)에 창설된 경제개발구에 대한 개요를 잘 설명해 주고 있다. "우리 나라에서는 경애하는 김정은동지의 원대한 구상에 따라 각 도들에 20여개에 달하는 전문형과 종합형의 경제개발구들을 창설할데 대하여 선포하였다…(중략)… 각 도 경제개발구들은 대외경제관계를 다각적으로 발전시킬 수 있는 유리한 조건을 가지고 있다…(중략)…실례로 흥남공업개발는 흥남항과 가깝고 우리 나라의 오랜 화학공업 및 대규모기 계제작공업지역으로서의 특성으로 하여 보세가공, 화학제품생산, 촉매생산, 기계설비제작, 건재 및 약품생산을 위주로 하는 공업개발구로서 생산된 제품을 해외에 수출할수 있으며 온성섬관광개발구는 온성읍과 량수천자사이의 두만강에 있는 섬으로서 관광봉사에 매우 유리한 지역이다. 그리고 와우도수출가공구는 주변나라와 동남아시아로 직접 통하는 남포항을 끼고 있고 평양과 남포시 중심부와 가깝게 위치한 지역으로서 국내외수상운수와 대외적인 인원, 물자, 자금류 출입에 매우 유리하다.

대발전시키는 데서 경제개발구의 역할을 과거 특수경제지대(라선경제무역지대와 황금평, 위화도 경제지대) 창설과 개발 과정에 얻은 경험과 성과에 기초하여 각 도들의 환경과 특색에 맞게 경제개발구들을 기획하고 이를 추진하는 사업을 실현시키려는 조선로동당의 정책에 기반을 두고 있다. 이들 경제개발들의 가장 중요한 공통적인 특징은 지리, 위치적인 측면과 생산력 발전 수준 측면을 고려하여 이들 모두 대외경제관계발전에 매우 유리한 지역에 전략적으로 배치되어 조선의 다른 지역들과는 달리 수출 위주의 방향으로 발전하도록 기획되고 건설되었다는 점이다.[7]

이 경제개발구 모두가 기획한대로 역할을 다 한다면 조선의 경제가 더 빨리 성장하고 더 높은 차원으로 발전하는 데 큰 보탬이 될 것이다. 조선은 세계 최대의 시장으로 성장하고 있는 중국과 국경을 맞대고 있으며 세계 최대의 지하자원을 가지고 있는 러시아 극동지역과 역시 국경을 맞대고 있기 때문에, 중국으로의 수출이 그 어느 국가보다도 유리하며 러시아 극동지역의 개발이 시작된다면 개발에 참여하고 개발의 이점을 공유할 수

오늘 우리 나라에는 각 도 경제개발구개발사업을 적극 밀고나갈수 있는 충분한 잠재력이 있다. 세계 여러 나라들과의 경제적협조와 교류를 실현할수 있는 유리한 자연지리적 조건과 풍부한 인적, 물적잠재력을 가지고있으며 20여년간의 라선경제무역지대창설운영과 황금평, 위화도경제지대를 개발하는 과정에 얻은 경험들이 있다. 이로부터 우리 나라에서는 평안북도에는 압록강경제개발구와 청수관광개발구, 자강도에는 만포경제개발구와 위원공업개발구, 황해북도에는 신평관광개발구와 송림수출가공구를, 강원도에는 현동공업개발구, 함경남도에는 흥남공업개발구와 북청농업개발구, 함경북도에는 청진경제개발구와 어랑농업개발구 그리고 온성섬관광개발구, 량강도에는 혜산경제개발구, 평양시에는 은정첨단기술개발구, 황해남도에는 강령국제록색시범구, 남포시에는 와우도수출가공구와 진도수출가공구, 평안남도에는 청남공업개발구와 숙천농업개발구 등을 내왔다. 그리고 현재 국가적으로 원산-금강산국제관광지대(25)개발사업에 커다란 의의를 부여하고 적극 밀고나가고 있다." (리명진, "경제개발구개발사업을 적극 밀고나가는것은 현시기 우리앞에 나서는 중요한 과업", 『김일성종합대학학보: 철학, 경제』 주체104(2015)년 제61권 4호 76~77쪽).

7) 리명숙의 앞의 글, 121쪽.

있는 유리한 위치에 있다. 뿐만 아니라 지정학(地政學)적인 측면에서 미국과 일본이 주축을 이루고 있는 해양세력과 중국과 러시아가 주축을 이루고 있는 대륙세력을 이어주고 연결하여 이들의 경제협력을 주선하고 촉진시킬 수 있는 유리한 위치에 있어 이를 활용함으로써 자신의 경제성장과 발전도 함께 도모할 수 있다.

경제 전망을 한(조선)반도로 국한시켜 보자면, 개성공단의 실례에서 볼 수 있듯이 조선과 한국의 경제협력은 남과 북 모두에게 이익과 도움을 준다. 개성공단의 차원을 넘어 조선과 한국이 적대관계를 완전히 청산하여 남과 북의 경제인들이 서로를 자유로이 오고 갈수 있고 경제개발구 등지에 투자하고 경제개발구를 공동으로 관리·운영해 간다면 한(조선)반도 전체가 해양과 대륙세력을 잇는 연계(nexus) 그리고 융합시키는 촉매(catalyst)가 될 것이며 이로 인한 파생되는 엄청난 긍정적 경제이익(positive economic benefit)은 조선뿐 아니라 한국도 공유하고 누릴게 될 것이다.

이런 시각에서 조선의 경제성장과 발전 잠재력을 보는 세계적인 투자가라고 하는 짐 로저스(Jim Rogers)는 조선에 자신의 모든 재산을 투자하겠다고 하였다.[8] 또 미국의 45대 대통령이며 부동산개발의 귀재라는 도널드 트럼프(Donald Trump) 역시 같은 시각에서 "조선이 대단한 잠재력을 가졌으며 언젠가는 경제와 금융대국이 될 것이라 확신한다"고 하였다.[9] 그러나

---

[8] 로저스는 5일 『시엔엔 머니』와의 인터뷰에서 북한에 투자할 뜻이 있냐는 질문을 받고 "할 수만 있다면 가진 돈 전부를 투자하고 싶다"고 말했다. (조기원 기자, "세계적 투자가 짐 로저스 '북한에 전재산 투자하고 싶다'", 『한겨레신문』 2015년 5월 6일자, http://www.hani.co.kr/arti/international/globaleconomy/690045.html#csidx03357821d6b9206818f0c71e46bd02d (접속: 2015년 5월 7일).

[9] "Our United States team has arrived in North Korea to make arrangements for the Summit between Kim Jong Un and myself. I truly believe North Korea has brilliant potential and will be a great economic and financial Nation one day(emphasis added). Kim Jong Un agrees with me on this. It will happen! (Donald J. Trump@realDonaldTrump 5:09 AM - May 28, 2018: https://twitter.com/realdonaldtrump (접속: 2018년 5월 29일).

이 모든 것은 조선과 미국이 관계개선 이루어지고 나아가 한(조선)반도에서 평화체제가 정착되어야 가능한 일이다.

만약 조·미 간의 관계개선이 이루어지지 않고 평화체제가 한(조선)반도에 정착되지 않는다면 조선의 경제는 어떻게 될까? 조선은 사상초유의 경제난을 자력갱생의 틀에서 사상을 우위에 두고 정치사업을 앞세운 조선의 독특한 경제건설방식의 일종인 '선군정치'로 대처하였다. 그리고 이 방식의 토대위에서 독립채산제, 지방예산제 그리고 시장을 활용하여 경제의 합리성과 효율성을 높이고 과학기술혁신을 생산에 도입하여 생산력을 향상시켜 '고난의 행군'을 극복하고 끝낼 수 있었던 것이다.

사상 최대의 경제위기를 극복하고 '고난의 행군'을 끝낼 수 있었던 이 모든 요소들은 '사회주의기업책임관리제'에 그대로 포함되어 제도화되어 있다. 여기에 더욱 발전되고 성숙된 과학기술혁신을 적용하고 접목할 수 있다면 경제는 이전보다 더 빠를 속도로 성장하고 더 높은 수준의 발전을 이룩할 수 있을 것이다.

물론 조선의 내수시장은 규모면에서 뚜렷한 한계를 가지고 있기 때문에 경제건설에서 대외무역과 대외경제협력이 활용되지 않는 한 조선의 경제성장과 발전도 한계를 가질 수밖에 없을 것이어서 조선이 트럼프 미국대통령이 확언한 거대한 경제강국(a great Economic Powerhouse)[10]이 되기는 어려울 것이다. 그러나 조선이 경제건설에서 최종목표로 내걸고 있는 '사회주의경제강국'은 "자립성과 주체성이 강하고 과학기술을 기본생산력

---

[10] "North Korea, under the leadership of Kim Jong Un, will become a great Economic Powerhouse(emphasis added). He may surprise some but he won't surprise me, because I have gotten to know him & fully understand how capable he is. North Korea will become a different kind of Rocket - an Economic one! (Donald J. Trump@realDonaldTrump 4:50 PM - Feb. 8, 2019: https://twitter.com/realdonaldtrump (접속: 2019년 2월 9일).

으로 하여 발전하는 나라"이며 "국방건설과 경제건설, 인민생활에 필요한 물질적수단들을 자체로 생산보장하며 과학기술과 생산이 일체화되고 첨단 기술산업이 경제장성에서 주도적역할을 하는 자립경제강국, 지식경제강국"이다.[11]

위에서 보는 것과 같이 이 목표에는 무역에 의존한다거나 무역의 활용을 통해 달성한다는 의도가 애초부터 들어 있지 않다. 조선이 '사회주의 기업책임관리제'에서 자력갱생의 능력을 유지, 강화시키고 지속적으로 과학기술혁신을 이루어 낼 수 있는가? 또 그것을 얼마나 빨리 경제건설에 접목해 낼 수 있느냐?가 '사회주의경제강국건설'이라는 조선의 경제건설목표의 달성 여부와 달성되는 속도를 결정하게 될 것이다.

11) 김정은, "조선로동당 제7차대회에서 한 당중앙위원회 사업총화보고", 『로동신문』 주체105(2016)년 5월 8일자.

1. 조선 자료

1) 단행본

김일성,『김일성전집 1~100』, (평양: 조선로동당출판사, 1995~2012)

김정일,『김정일선집 1~25(증보판)』, (평양: 조선로동당출판사, 1992~2015)

_____,『김정일전집 1~24』, (평양: 조선로동당출판사, 2012~2019)

유수복 편,『위대한 령도자 김정일동지의 사상리론 경제학 1~4』, (평양: 사회과학
　　　　출판사, 1996)

조선로동당출판사 편,『위대한 수령 김일성 동지의 불멸의 혁명 업적 1~15』, (평
　　　　양: 조선로동당출판사, 1999)

_____,『우리당의 선군정치』, (평양: 조선로동당출판사, 주체95(2006)

철학연구소,『사회주의강성대국 건설사상』, (평양: 사회과학출판사, 주체2000)

2) 근로자

김창석, "당의 경공업혁명방침 관철과 일군들의 경제조직사업",『근로자』1992년
　　　　제3호

김충한, "가격과 생활비를 개정한 국가적조치가 더 큰 은을 내게 하자",『근로자』
2003년 3호

김철식, "우리 나라 련합기업소는 사회주의기업소조직의 새로운 형태",『근로자』
1985년 제2호

리영민, "우리 식 경제관리방법을 확립하는것은 경제강국건설의 중요한 요구",『근
로자』2014년 9호

리종수, "사회주의 건설의 새 임무와 직맹 단체의 교양적 역할",『근로자』1962년
제1호

문명언, "전당에 당의 유일적령도체계를 튼튼히 세우는 것은 주체의 당건설의 근
본원칙",『근로자』주체93(2004)년 제12호

오성묵, "농업 생산력에 상응하여 관리 운영 수준을 제고하자",『근로자』1966년
1월(상) 제1호

편집국, "청산리 방법은 사회주의 건설을 촉진하는 위력한 무기이다",『근로자』
1963년 제3호

3) 경제연구

김경옥, "사회주의기업체들의 확대된 계획권과 생산조직권행사의 중요요구",『경
제연구』2017년 제1호

김련아, "지역별, 계층별 주민의 화폐수지균형표작성를 위한 지표계산에서 나서는
문제",『경제연구』2013년 제3호

김성일, "경제발전의 속도와 균형조종에서 계획공간의 합리적리용",『경제연구』
2017년 제1호

김철수(박사 부교수), "사회주의기업체들에서 류동자금 보장조직의 중요요구",『경
제연구』2016년 제3호

____, "현시기 사회주의기업책임관리제가 실지 은을 내도록 하기 위한 재정적방
도",『경제연구』2018년 제4호

리상국(부교수), "재정규률과 통제를 강화랄데 대한 우리 당의 리론은 재정은행사
업의 영원한 지도적지침",『경제연구』2017년 제1호

리순화, "경제균형체계에서 수요와 공급의 균형이 차지하는 위치와 의의",『경제연
구』주체2013년 제1호

리영근, "기업소경영활동에서 번수입을 늘이기 위한 방도", 『경제연구』2003년 제1호

리원경, "인미경제적자금수요해결의 원칙적방도", 『경제연구』2002년 3호

리종서, "위대한 김정일동지께서 제시하신 혁명적경제정책은 사회주의경제강국건설의 전투적기치", 『경제연구』2000년 제1호

림태성(부교수), "사회주의기업체의 제정관리권", 『경제연구』2016년 1호

봉향미, "생활비와 가격의 균형을 보장하는것은 로동자, 사무원들의 생활을 안정향상시키기 위한 중요담보", 『경제연구』2017년 1호

양춘길, "지식경제를 세우는 것은 당의 새로운 전략적로선의 중요투쟁목표", 『경제연구』주체2018년 제4호

전룡삼(후보원사 교수 박사), "화폐류통의 공고화와 그 실현방도", 『경제연구』2017년 제1호

정 련, "현시기 상업기업소재정관리개선에서 나서는 요구", 『경제연구』2016년 제4호

한은정, "현시기 사회주의사회 화폐류통의 공고화실현에서 제기되는 중요문제", 『경제연구』2016년 제4호

홍영의(박사 부교수), "은행의 역할을 높이는 것은 경제강국건설에서 나서는 중요한 요구", 『경제연구』2014년 제3호

4) 김일성종합대학학보: 철학, 경제학

강성남, "위대한 령도자 김정일동지께서 사회주의경제관리의 개선완성에 쌓아올리신 불멸의 업적", 『김일성종합대학학보: 철학, 경제』2016년 제62권 1호

강춘식, "금속공업과 화학공업을 쌍기둥으로 하여 인민경제전반을 활성화하고 인민생활을 향상시키는데서 나서는 중요문제", 『김일성종합대학학보: 철학, 경제학』2014년 제60권 4호

구금혁, "현시기 은행기관들을 상업은행화하는데서 나서는 중요한 문제", 『김일성종합대학학보: 철학, 경제』2016년 제62권 4호

김순학, "화폐의 안정성을 보장하는데서 나서는 중요한 문제", 『김일성종합대학학보: 철학, 경제』2018년 제64권 2호

김철수(박사 부교수) "사회주의기업체들에서 류동자금 보장조직의 중요요구," 『김일성종합대학학보: 철학, 경제』2016년 제62권 3호

두광익, "기업체들에서의 가격제정방법", (『김일성종합대학학보: 철학, 경제』2014
　　　년 제60권 4호

리창하, "사회주의기업책임관리제는 우리 식의 독특한 기업관리방법", (『김일성종
　　　합대학학보: 철학, 경제』2018년 제60권 2호

장경식, "원에 의한 통제는 사회주의은행의 중요한 기능", 『김일성종합대학학보:
　　　철학, 경제』2017년 제63권 2호

조길현, "기업체들의 책임성과 창발성을 높일수 있게 인민경제계획사업을 개선하
　　　기 위한 방도", (『김일성종합대학학보: 철학, 경제』2014년 제60권 2호

차영수, "대안의 사업체계는 경제관리에서 사회주의원칙을 구현할수 있게 하는 가
　　　장 우월한 경제관리체계", (『김일성종합대학학보: 철학, 경제』2014년 제
　　　60권 4호

한영철, "금융기관 채산제와 그 운영에서 나서는 중요문제", 『김일성종합대학학보:
　　　철학, 경제』2018년 제64권 1호

홍증범, "사회주의상업은해에 관한 독창적인 사상리론", 『김일성종합대학학보: 철
　　　학, 경제』주체107(2018)년 제64권 1호

5) 조선중앙년감

조선중앙통신사, 『조선중앙년감』1949년~2016년(평양: 조선중앙통신사, 1950년~
　　　2017년)

6) 로동신문

　로동신문, 1960년 1월 1일~2019년 4월 30일

7) 문학작품

김삼복, (장편소설) "청산벌", (평양: 문학예술종합출판사, 2007)

리동구, (장편소설) "비약의 노래", (평양: 문학예술종합출판사, 2002)

＿＿＿, (장편소설) "영원한 력사", (평양: 문학예술종합출판사, 2012)

리라순, (장편소설) "은하수 흐른다", (평양: 문학예술종합출판사, 2012)

리명, (장편소설) "세월에 새기라", (평양: 문학예술종합출판사, 2012)

리영환, (장편소설) "불야성", (평양: 문학예술종합출판사, 2010)

리신현 박태수, (장편소설) "북방의 눈보라", (평양: 문학예술종합출판사, 2005)

리종렬, "(장편소설) 평양은 선언한다", (평양: 문학예술종합출판사, 1997)

림봉철, (장편소설) "아침은 빛나라", (평양: 문학예술종합출판사, 2015)

림길명, (장편소설) "젊은 시절", (평양: 문학예술종합출판사, 2006)

_____, (장편소설) "발파소리", (평양: 문학예술종합출판사, 2014)

리신현, (장편소설) "강계정신", (평양: 문학예술종합출판사, 2002)

박 윤, (장편소설) "총대", (평양: 문학예술종합출판사, 2003)

박찬은, (장편소설) "불빛", (평양: 문학예술종합출판사, 2012)

백보흠, "(장편소설) 라남의 열풍", (평양: 문학예술출판사, 2004)

백상균, (장편소설) "강자", (평양: 문학예술종합출판사, 2017)

안동춘, (장편소설) "평양의 봉화", (평양: 문학예술종합출판사, 1999)

오광철, (장편소설) "너를 선택한다", (평양: 문학예술종합출판사, 2017)

석남진, (장편소설) "너를 사랑하기에", (평양: 문학예술종합출판사, 2014)

신용선, (장편소설) "지금은 봄이다", (평양: 문학예술종합출판사, 1999)

주유훈, "(장편실화소설) 삶의 항로", (평양: 문학예술출판사, 2012)

허춘식, (장편소설) "야금기지", (평양: 문학예술종합출판사, 2018)

한영호, (장편소설) "영원한 넋", (평양: 문학예술종합출판사, 2017)

현승남, (장편소설) "불타는 려명", (평양: 문학예술종합출판사, 2009)

_____, (장편소설) "진실한 울림", (평양: 문학예술종합출판사, 2016)

2. 한국 자료

박후건, 『유일체제 리더십: 잭 웰치, 이건희 그리고 김정일 리더십의 비밀』 (서울: 도서출판 선인, 2009)

_____, 『북한경제의 재구성: 근로자, 경제연구 등 북한문헌을 중심으로』 (서울: 도서출판 선인, 2015)

이태섭, 『북한의 집단주의적 발전 전략과 수령체제 확립』, 서울대학교 대학원 정
치학과 박사논문, 2001년 2월)

임수호, 『시장과 계획과 시장의 공존: 북한의 경제개혁과 체제변화 전망』 (서울:
삼성경제연구소, 2008)

칼 폴라니 지음/홍기빈 옮김, 『거대한 전환』 (서울: 도서출판 길, 2009)

3. 외국 자료

Burns, James McGregor. *Leadership* (New York: Harpers, 1978)

Frank, Rüdiger and Burghart, Sabine. *Driving Forces of Socialist Transformation*
(Wien: Praesens, 2009)

Griffin, Keith. *Alternative Strategies for Economic Development* (London: St.
Martin's Press, 1994)

_____. *Studies in Globalization and Economic Transitions* (London: St.
Martin's Press, 1994)

Park, Phillip. *Self-Reliance or Self-Destruction?* (New York: Routledge, 2002)

4. 인터넷 자료

김영흥(김일성종합대학 경제학부), "사회주의기업책임관리제를 바로 실시하는데서
나서는 중요한 문제" 2016년 11월 4일: http://www.ryongnamsan.edu.kp
/univ/success/social/part/814

김정은, "위대한 김정일동지의 고귀한 생애와 혁명업적은 천추만대에 길이 빛날
것이다: 조선로동당 중앙위원회 정치국 성원들과 한 담화(주체100(2011)
년 12월 17일)": http://www.dprktoday.com/index.php?type=98&no=627

_____, "조선로동당 제7차대회에서 한 당중앙위원회 사업총화보고: http://www.
dprktoday.com/index.php?type=98&no=323

김지영 기자, "〈만리마의 시대/경제부흥과 생활향상 2〉 급속히 광범위하게 도입되는 통합생산체계", 『조선신보』(2017년 10월 27일: http://chosonsinbo.com/2017/10/24suk-7/

_____, "〈만리마의 시대/경제부흥과 생활향상 7〉 보다 수준높은 봉사를 위한 백화점들의 경쟁", 『조선신보』 2018년 1월 17일: http://chosonsinbo.com/2018/01/17suk-10/

_____, "[인터뷰] 사회과학원 경제연구소 김철소장: 조선이 쇠퇴가 아닌 상승의 길을 걷는 리유", 『조선신보』 2018년 1월 5일자: http://chosonsinbo.com/2018/01/27suk-8/

김치관 기자, "통일부, 북 '주체철·주체비료·주체섬유·CNC' 문제점 지적", 『통일뉴스』 2010년 12월 18일자: http://www.tongilnews.com/news/articleView.html?idxno=92981

_____, "눈길 끄는 北의 '고온공기연소기술' 무연탄 연소로 발열·축열·열전환 등 가능한 자립기술", 『통일뉴스』 2015년 4월 10일; http://www.tongilnews.com/news/articleView.html?idxno=111578

김현진 기자, "유엔 "중국, 올 1~5월 북한에 정제유 5,921t 공급…유엔 제재 상한선 크게 못 미쳐", 「Voice of America」(2018년 7월 6일: https://www.voakorea.com/a/4469490.html

심새롬 기자, "대북 제재에도 지난해 북한 경제성장률 3.9%로 17년 만에 최고", 『중앙일보』 2017년 7월 21일자, http://news.joins.com/article/21777887

조기원 기자, "세계적 투자가 짐 로저스 '북한에 전재산 투자하고 싶다'" 『한겨레신문』 2015년 5월 6일자, http://www.hani.co.kr/arti/international/globaleconomy/690045.html#csidx03357821d6b9206818f0c71e46bd02d

FAOSTAT(http://faostat.fao.org/site/567/DesktopDefault.aspx?PageID=567#ancor)

Donald J. Trump@realDonaldTrump 5:09 AM - May 28, 2018: https://twitter.com/realdonaldtrump

WikiLeaks, "The DPRK, Chun said, had already collapsed economically and would collapse politically two to three years after the death of Kim Jong-il,": https://wikileaks.org/plusd/cables/10SEOUL272_a.html

NKChosun: http://nk.chosun.com/bbs/list.html?table=bbs_22&idxno=3671&page=1&total=42&sc_area=&sc_word=

NK News. "Five years of Kim Jong Un: How has North Korea's economy fared?: In the second part of a six-part series, experts assess the new leader's economic performance," December 20th, 2016 https://www.nknews.org/2016/12/five-years-of-kim-jong-un-how-has-north-koreas-economy-fared/

UN Comtrade Database(https://comtrade.un.org/data)

박후건 Phillip H. Park

U.C. Berkeley 대학에서 경제학 학사 그리고 U.C. Riverside 대학에서 Keith Griffin 교수 지도하에 조선민주주의인민공화국(Democratic People's Republic of Korea) 경제개발전략을 연구한 논문으로 1997년 박사학위(경제학)를 받았다. 이후 미국 Columbia 대학 조교수, Boston Consulting Group 컨설턴트, 일본 와세다 대학 부교수를 거쳐 현재 경남대학교 정치외교학과 교수로 재직 중이다. 저서로는 『Self-Reliance or Self-Destruction?』(2002), 『중립화 노선과 한반도의 미래』(2007), 『유일체제 리더십: 잭 웰치, 이건희, 김정일의 리더십 비밀』(2008, 2009년 학술원 선정 우수학술도서), 『Dynamics of Change in North Korea』(편저, 2010), 『북한경제의 재구성: 근로자 경제연구 등 북한 문헌들을 중심으로』(2015), 『Rebuilding North Korean Economy』(2017) 등이 있고, 다수의 동북아시아 그리고 조선 관련 논문이 있다.